교육심리학

형정은 · 김지아 · 손혜미 · 이성하

창지사

머리말

모든 아이들은 개인차를 가지고 있으며 또한 잠재력을 가지고 있다. 아이들은 배우고 싶은 것, 배울 필요가 있는 것들을 각자의 수준과 속도에 맞게 배워 나갈 권리가 있다. 교육심리학은 얼굴 생김만큼이나 다양한 사람들에 대해 보다 깊이 이해하며 교육적 성취와 성장을 이루는 데 도움을 주는 학문이다. 이런 점에서 교육심리학은 예비교사들이 학생의 성장 과정을 이해하고 조력하는 과정에서 필수적으로 배워야 하는 중요한 과목이다.

교육심리학은 심리학적 연구의 결과를 단순히 교육현장에 적용하는 것이 아니라 교수 학습이 이루어지는 학교에서 만나게 되는 다양하고 복잡한 문제 상황을 분석하고 이해하는 데 도움이 되는 학문이다. 또한 교육현장과 학습자로서의 학생을 효율적으로 이해할 수 있는 방법에 대해 탐구하는 독립적인 학문 영역이다. 즉, 교육심리학은 학습자의 생각과 행동, 그리고 그 이면에 담긴 의미를 과학적 방법론에 따라 합리적으로 해석하고자 한다. 한 걸음 더 나아가 인간의 생각과 행동을 예측하고 그것에 영향을 주고자하는 데 본질이 있다.

강의평가를 받아보면 교육심리학이 다른 교직 과목에 비해 재밌기는 하나 교직과목을 처음 접하는 학생들의 입장에서는 생소하고 어려운 과목이라고들 한다. 본 교재는 학습자들의 이해력을 높이고 흥미나 학습동기를 유발하기 위해 가능한 많은 예시를 사용하여 어려운 개념을 쉽게 설명하고자 노력하였다.

이 책은 총 12장으로 구성되어 있다. 1장은 '교육심리학의 이해'로 교육심리학의 개념, 역사, 교육심리학의 연구방법 등에 대해 개괄적으로 서술하였다. 2장에서 4장까지는 발달이론을 다루었다. 사람의 일생은 끊임없이 변화하고 성장하는 발달 과정이다. 모든 단계마다 고유의 심리상태가 있으며 그것은 학습에 영향을 미친다. 먼저, 2장은 인지발달로, 먼저 발달의 개념을 설명하였으며 인지발달의 대표적 이론인 Piaget와 Vygotsky의 이론을 다루었다. 3장에서는 성격 및 사회성의 발달을 다루었는데, 성격발달에서는 Freud의 심리성적 발달이론, Erickson의 심리사회적 성격발달이론, 그리고 Marcia의 정체감 확립이론에 대해 설명하였다. 또 사회성 발달에서는 Bronfenbrenner의 생태학적 이론과 Selma의 사회적 조망수용이론을 설명하고 친사회적 행동의 발달을 촉진하는 요소를 중심으로 다루었다. 4장 도덕성 발달에서는 도덕성의 의미와 발달에 대해 개괄적으로 설명한 후, 도덕성 발달의 인지적 관점인 Piaget와 Kohlberg의 이론과 여성주의적 관점인 Gilligan의 이론을 다루었다. 그리고 학교 현장에서 도덕성 발달을 위한 지도방법을 덧붙여 설명하였다.

5장부터 6장까지는 학습자의 개인차에 대한 영역이다. 5장은 지능 및 창의성에 대해 서술하였다. 지능의 정의와 이론, 지능의 측정 및 지능검사를 다루었으며 창의성에서는 창의성과 지능의 관계, 창의성의 개념, 창의적 사고 기법 및 창의성 검사, 창의성 증진을 위한 교육적 함의 등에 대해 설명하였다. 6장은 학습동기이다. 전 미국 교육부 장관 Terrel Bell은 '교육에 있어서 기억할 것이 세 가지가 있는데, 첫 번째가 동기이고 두 번째도 동기이며 세 번째 역시 동기이다'라고 말하며 동기의 중요성을 강조한다. 6장에서는 동기의 의미와 역할을 다루고, 행동주의, 인본주의, 인지주의의 관점에서 보는 동기이론을 제시하고 교육현장에서 동기향상을 위한 전략을 설명하였다. 7장은 특수학습자인 영재, 학습부진아, 정서·행동장애아의 개념, 판별, 지도방법에 대한 내용이 담겨있다.

교수학습 과정에 대한 심리학적 이해를 위해 8장, 9장은 행동주의와 인지주의가 학습을 어떻게 해석하고 접근하는지에 대해 기술하였다. 교육자들은 단순히 "가르치면 배울 것이다"라는 잘못된 가설에서 벗어나 학습이 어떻게 일어나는지에 대한 기초 지식을 갖추어야 한다. 가르친다고 학습이 일어나지 않는다. 따라서 어떠한 과정을 통해 이루어지는가에 대해 이해하는 것이 필요하다. 이에 10장에서는 교수·학습이론과 효과적인 수업을 위한 전략을 설명하였다. 11장은 유능한 교사로서의 갖추어야 할 개인적 자질과 성공적인 학급운영 기술에 대해 설명하고 마지막으로 12장은 교육평가에 대한 이해 및 관점, 교육평가의 유형과 좋은 평가도구의 조건 및 다양한 평가방법을 설명하고 있다.

이 책은 예비 교사와 현직 교사들이 학습자의 특성을 이해하고 이를 바탕으로 효과적인 교육 활동을 실천할 수 있도록 돕는 것을 목적으로 한다. 또한 교육심리학 분야의 최신 연구 동향과 이론을 소개하여 교육 현장에 적용할 수 있는 실천적 지식을 제공하고자 한다. 이 책이 교육 현장에서 교사들의 전문성 향상에 기여하고, 학습자의 성장과 발달을 지원하는 데 도움이 되기를 기대한다.

마지막으로, 이 책의 출판을 위해 많은 도움을 준 김기섭 사장님과 이상대 전무님 그리고 편집과 교정에 노력해 준 직원분들께 깊은 감사의 마음을 표하고 싶다.

2024년 8월 저자일동

차례

제1장
교육심리학의 이해

1. 교육전문가로서 교사

성공한 사람들의 생애를 살펴보면 자신의 성공을 도운 학창 시절 교사가 있었다는 이야기를 자주 듣게 된다. 교육과정이 아무리 잘 마련되어 있어도, 학교의 시설이 아무리 잘 갖추어져 있어도 교사의 역량이 부족하다면 훌륭한 교육이 이루어지기는 어렵다. '교육의 질은 교사의 질을 넘을 수 없다'는 표현은 이를 의미한다고 할 수 있다. 유능한 교사는 성공적인 교육제도의 원동력이며 더 나은 사회가 되기 위한 핵심적 역할을 한다. 그러므로 교육전문가로서 교사의 전문성이 무엇인지 그리고 그 전문성이 학습에 어떠한 영향을 미치는지는 더 좋은 교육을 위해 핵심적으로 관심을 가져야 할 영역이다.

유능한 교사는 교실에서 일어나는 여러 문제를 해결하기 위해 전문적 지식과 현장에서의 경험을 효율적이고 창의적으로 활용한다. 일반적으로 유능한 교사가 가진 자질은 가르치는 영역에 대한 내용지식과 가르치고 배우는 과정에 대한 교수방법에 대한 지식, 그리고 학습자에 대한 헌신적 소명감이다.

1) 교과내용에 대한 지식

유능한 교사가 되기 위해서 가장 선행되어야 할 것은 내용지식, 즉 가르칠 과목에 대한 지식이 있어야 한다. 그로스만(Grossman, 1990)은 이를 교과지식(CK: Content Knowledge)이라고 한 바 있다. 가르칠 내용에 대해 깊이 있게 이해하고 알지 못한다면 잘 가르치는 것도 당연히 불가능하다. 지식을 체계적으로 조직하고 효율적으로 전달할 수 있는 통찰력은 그 주제에 대해 깊이 알고 있을 때 가능하다. 교사는 관련 주제에 대한 다양한 자료를 통합적으로 고려하여 실생활과 연결된 내용을 전달할 수 있어야 한다.

2) 교육에 대한 지식

유능한 교사가 되기 위해서는 교육학 지식 즉 교수방법에 대한 지식도 필요하다(Shulman, 2000). 교사가 가르치는 일을 할 때, 전공지식은 필요조건이지만 충분조건이 될 수는 없다. 많이 안다고 잘 가르치지는 않는다. 보통 초, 중, 고 교사는 사범대를 졸업한 후 교사라는 직업을 가지게 되어, 교육에 대한 지식을 배운다. 하지만 대학교수는 전공영역에서 괄목할 만한 연구를 하고 내용에 대한 전문성을 가지고 있지만 교수방법에 대한 지식은 배울 기회가 없이 가르치는 일을 하게 된다. 그래서 가르치는 일에 매우 서툰 교수를 종종 보게 된다. 이러한 예에서 알 수 있듯이 내용 전문가라 하더라도 가르치는 일에는 전문가가 아닐 수 있다. 그러므로 교육에 관한 지식은 교사로서 꼭 필요한 지식이다.

그로스만(Grossman, 1990)은 이러한 교육에 대한 지식을 교육학 지식(PK:Pedagogical, Knowledge)이라고 하였다. 교육학 지식(PK)이란 어떻게 가르칠 것인가와 관련된 교수방법, 학습자의 특성에 대한 이해, 학습의 과정과 학습방법, 학생의 동기를 향상시키는 방법 등과 같이 교수 및 학습과 관련된 지식을 의미한다.

그로스만은 교육학 지식(PK) 외에 앞서 언급한 교과내용 지식(CK:Content Knowledge)과 교육학적 내용지식(PCK:Pedagogical Content Knowledge)을 수업

전문성의 핵심으로 제시하였다. 교육학적 내용지식(PCK)은 가르칠 내용을 어떻게 가르칠 것인가와 관련된 것으로, 예를 들면 같은 내용이라도 가르치는 학년이나 학생의 성취수준 등을 고려하여 적합한 교육과정과 프로그램을 달리 계획하는 것이 이에 해당된다. 아무리 풍부한 내용지식을 가지고 있어도 그것을 어떤 학생에게 어떤 방법으로 언제, 어떻게 제시하고 어떻게 배우게 할 것인지를 알지 못한다면 유능한 교사는 되기 어렵다.

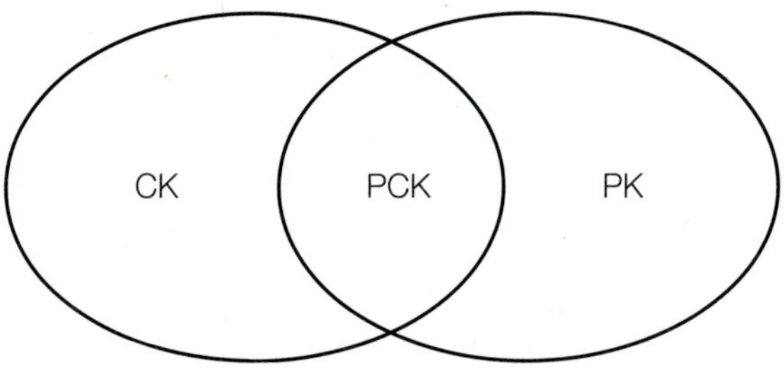

CK: Content Knowledge
PK: Pedagogial, Knowledge
PCK: Pedagogial Content Knowledge(CK+PK)

[그림 1-1] 그로스만(1990)의 수업전문성

3) 헌신적 소명감

풍부한 지식과 교육에 관한 지식을 가지고 있어도 결국 가장 교사로서 중요한 태도와 자질은 바로 소명감이다. 소명감은 교사로서 가르치는 일과 학생에 대한 열정, 헌신을 의미한다. 처음부터 유능한 교사는 없다. 유능한 교사는 완성형이 아니라 과정형이다. 즉 되어가는 것이다.

따라서 유능한 교사가 되기 위해서는 자신의 수업을 분석하여 잘하는 것과 그렇지 못한 것을 파악해 보고 그 이유를 이해하기 위해 끊임없이 자신을 성찰하는 반성적 사고(reflective thinking)를 가질 필요가 있다(Sternberg & Williams, 2010). 유능한 교사는 학생을 한 인간으로 보고 알아가며 학생에 대한 교육적 배려를 할 수 있어야 한다. 이를 위해서는 학생에게 관심을 가지고 관찰하여 학생의 요구와 필요를 파악하며 학생의 동기를 향상시켜 학습에 참여가 일어날 수 있도록 지도해야 한다. 그런데 이렇게 끊임없이 자신의 수업을 성찰하고 학생에게 지속적인 관심을 가지는 일은 소명감 없이는 어려운 일이다. 단순히 전공지식 및 교육적 지식을 많이 안다고 해서 되는 것은 아니다.

유능한 교사가 되기 위한 방법은 하나만 있는 것은 아니다. 교사는 다양한 성격과 가치관을 가진 주체이다. 사람마다 생김새가 다르고 성격이 다르듯이 지향하는 교육적 방향이 다르다. 그러므로 유능한 교사가 되는 방법도 다를 수밖에 없다. 다른 교사에게 맞는 교육방법이 나에게는 어울리지 않는 옷일 수 있다. 따라서 교육방법도 자신에게 맞는 교수학습의 방법과 문제해결 방법을 찾는 것을 목표로 삼아야 한다.

2. 교육심리학의 개념

1) 교육

교육에 대한 정의는 학자, 인간관 등에 따라 다양하지만, 여기에서는 정범모(1986)의 교육에 대한 정의를 바탕으로 교육을 이해해 보고자 한다.

정범모는 교육을 '인간행동의 계획적 변화'로 정의한다. 구체적으로 살펴보면, 첫째, 교육을 통해 변화시키려는 대상을 '인간의 행동'으로 정의한다. 여기서 행동이란 행동주의에서 말하는 관찰 가능하고 측정가능한 외현적 행동만을 포함하는 것이 아니다. 사고와 인지과정의 변화뿐만 아니라 가치, 태도, 자아개념과 같은 눈으로 확인할 수 없는 내면적인 행동도 포함한다. 즉, 수학에서 덧셈 문제를 풀 수 있게 된 것 뿐만 아니라 수학에 대한 학문적 자아개념이 긍정적으로 변한 것 또한 인간행동에 포함되는 것이다.

둘째, 교육이 추구하는 목표는 '변화'이며 그 변화의 방향은 바람직해야 한다. 앞서 예를 든 상항에서 학생이 수학 덧셈을 풀 수는 있지만 수학을 싫어하게 되었다면 이는 바람직한 방향으로의 변화가 아니기 때문에 교육이 이루어졌다고 하기는 어렵다. 또 교육에 의한 '변화'는 후천적이며 장기적이어야 한다. 그러므로 생리적 반사에 의해 나타나는 변화나 성숙에 의해 특정 시기가 되면 자연스럽게 나타나는 변화 등은 교육에서 의미하는 변화의 범위에서 제외된다.

셋째, 교육에 의한 변화는 '계획적'으로 이루어져야 한다. 교육 활동은 즉흥적이고 상황에 따라 이루어지는 것이 아니라, 교사가 수입목표를 달성하기 위해 어떤 내용으로 어떻게 가르칠 것인가를 사전에 계획하고 이를 실천하는 것이다. 즉 교육은 의도성을 포함하는 활동으로 목적을 달성하기 위해 치밀하게 계획을 하여야 한다는 것이다.

2) 교육과 심리학의 관계

교육과 심리학은 인간을 연구대상으로 하며 인간행동의 특성을 기술하고 그 행동이 어떻게 형성되었는지를 설명하는 이론과 법칙을 찾아내려고 한다. 그리고 궁극적으로 이러한 이론과 법칙을 활용하여 인간행동을 예측하고자 한다는 공통점이 있다.

교육학과 심리학은 차이점도 있는데(이성진, 2000), 첫째, 학문의 목적이 다르다. 심리학은 인간의 심리적 상황과 행동에 대한 보편적인 원리와 법칙을 탐구하는데 목적이 있지만 교육학은 학습자 개인의 의미 있는 변화에 그 목적이 있다. 둘째, 심리학은 보편적인 법칙을 확립하는 데 목적이 있기 때문에 가치중립적이고 기술적(descriptive)이다. 반면 교육학은 명백하게 규정된 바람직한 가치를 실현하거나 우리가 가치 있다고 생각하는 것만을 대상으로 하기 때문에 가치지향적이며 처방적이다. 셋째, 심리학의 이론과 법칙은 주로 실험실에서 통제된 환경에서 확립되지만, 교육학은 예측 불가능한 교육현장을 기반으로 연구되어야 한다. 교실에서의 수업 상황은 교실마다 다르며 예측 못 한 다양한 돌발적인 일이 나타나 수업의 과정에 영향을 미친다. 따라서 교육학에서는 생태학적 타당성(ecological validity)이 중요하다. 넷째, 보편적인 법칙을 확립하고자 하는 심리학은 방법적 측면에서 정밀성과 경제성(parsimony)을 중요시하며 일관성만 있다면 세밀한 변화라도 중요하게 고려한다. 그러나 교육은 인간 행동의 변화에 관심이 있기 때문에 정밀성과 경제성이 떨어지더라도 의미 있는 변화를 일으키는 변인에 관심을 가진다.

이러한 교육학과 심리학의 차이로 인해 일반심리학의 지식체계와 원리를 교육에 그대로 적용하는 것은 한계가 있다. 따라서 가치를 기반으로 하는 교육활동 과정에서 인간행동의 변화를 이해하고 적용하기 위해 독립된 학문으로서의 교육심리학이 대두되기 시작하였다.

3) 교육심리학

미국의 손다이크(E. L. Thorndike)는 교육심리학을 독립된 학문으로 정립하려고 노력한 최초의 학자로 알려져 있다. 그의 동물학습 연구를 통해 알려진 조작적 조건형성, 효과의 법칙, 시행착오학습 등은 현재까지도 교육심리학이 관심을 가지고 연구하는 내용이다. 특히, 그는 '양 측정'의 연구방법을 강조하여 교육심리학이 독립된 학문으로 자리매김을 하는데 중요한 역할을 하였다. 그러나 이 시기의 교육심리학은 심리학적으로 교육문제를 발견하고 이를 해결하려는 학문이라고 할 수 있다. 즉 심리학의 여러 가지 개념, 원리, 법칙, 혹은 이론과 방법을 적용하여 교육문제를 연구하는 학문이었다. 이는 넓은 의미에서는 교육심리학이라고 할 수 있지만, 교육심리만의 독자적 탐구분야가 없어 심리학과 교육심리학의 구분이 모호하다.

이러한 관점이 1950년대까지 유지되다가 1960년대 무렵 교육심리학에 관계되는 각종 학술지들이 창간되면서 독립학문으로서의 교육심리학이 등장하게 되었다. 오수벨(Ausubel, 1969)은 교육심리학을 학교학습에 관한 심리적 분과라고 하여 교육심리학이 심리학의 응용학문 중의 하나라고 하면서도 학교에서의 학습에 초점을 둔다는 점에서 교육심리학과 심리학이 구별되어야 한다고 하였다. 또 학습경험과 교육현장의 문제는 실험실 연구로부터 이끌어 낸 심리학의 연구결과나

이론으로는 해결할 수 없다고 하였다.

위트록(Wittrock, 1992)은 교육심리학은 그 근본 목적이 교육에 대한 이해와 개선이기 때문에 심리학과 구별된다고 하였다. 그는 '교육심리학은 교육 장면에서 인간행동을 과학적으로 연구하는 학문'이라고 정의함으로써 교육심리학이 독립된 학문이라는 점을 분명히 하였다. 교육심리학이 단순히 심리학적 원리를 교육에 응용하는 학문이라는 생각을 버리고 교육현장에서 인간의 행동을 기술하고, 이해하고, 예언하고, 통제하려는 노력을 해야 한다고 주장하였다. 이러한 입장을 좁은 의미에서의 교육심리라고 한다. 이 입장에서의 교육심리학은 교육이 일어나는 대표적인 상황인 학교에서, 교사는 가르치고 학생은 배우는 교수와 학습에 대한 심리학적 연구를 뜻한다.

한편, 심리학의 역사를 살펴보면 학습, 측정, 개인차, 발달, 인지 등 수 많은 분야에서 교육심리학이 일반심리학의 발전에 상당한 공헌을 했다. 예를 들어 손다이크(Thorndike, 1921)는 학습과 학습의 전이에 대한 연구의 발전에 기여하였고 스키너(Skinner, 1938)의 강화이론, 조건형성이론, 프로그램 교수법 등의 연구는 심리학의 학습이론을 구축하는 데 도움을 주었다. 또 오수벨(Ausubel, 1968)의 유의미 학습이나 브루너(Bruner, 1959, 1961)의 발견학습 연구는 인지모형 성립에 중요한 역할을 하였다. 이러한 교육심리학의 기여를 볼 때 교육심리학은 단지 심리학의 응용학문이 아니라 독자적인 이론체계와 연구방법을 가진 독립적인 학문으로 보는 것이 더 타당하다고 할 것이다.

스키너(1957)는 교육심리학을 교육적 현상 속에서 반응하는 인간의 경험과 행동을 연구대상으로 하는 학문이라고 정의하였다. 그는 교육활동에서 무엇을, 왜라는 질문에 답하는 것은 교육철학의 역할이고 어떻게, 언제라는 물음에 답하는 것은 교육심리학의 영역이라고 하였다. 이는 교육심리학이 인간의 올바른 이해와 효과적인 교육실천을 돕는 학문이라는 의미를 잘 보여준다고 할 수 있다.

이상을 종합해 보면, 교육심리학은 교수 및 학습의 과정에 관한 과학적인 이해를 통해 바람직한 인간을 형성해 가는 교육에 대한 연구를 한다고 할 수 있다. 즉 교육과 관련된 현장을 연구 대상으로 하며 교육의 목표를 보다 바람직하고 효과적으로 달성하기 위해 심리학적 측면에서 이론과 실천적 방법을 탐구하는 과학적인 학문인 것이다.

4) 교육심리학의 영역

교육심리학의 주제를 영역별로 정리하면 다음과 같다.

첫째, 교육의 대상인 학습자에 관한 영역이다. 교육은 학습자의 변화를 추구하기 때문에 학습자의 특성에 대한 올바른 이해 없이는 제대로 된 교육이 이루어질 수 없다. 따라서 학습자의 특성에 관한 이해가 교육심리학에서 가장 비중 있게 다루어지는 영역이다. 학습자의 특성으로는 지능, 창의성과 같은 인지적 요인과 성격, 사회성, 도덕성과 같은 정의적 요인이 있다. 교육심리학은 이러한 요인의 발달과정, 학습들 간의 개인차를 이해하는 것 외에도 학습자 특성이 학습에는 어떤 영향을 미치는지, 다양한 영역의 적응과 부적응에는 어떠한 영향을 미치는지에 대해 관심을 가진다,

둘째, 교수자에 대한 영역이다. 교육은 교육의 대상인 학습자와 교육의 주체인 교수자 간의 상호작용 과정으로 이루어진다. 그러므로 교수자에 대한 이해는 학습자에 대한 이해 못지않게 중요하게 다루어져야 한다. 교사의 특성은 다양한 교수활동에 관련되어 있을 뿐 아니라 학습자의 학업수행에도 큰 영향을 미친다. 예를 들어 교수자가 학습자에게 긍정적인 기대를 하고 있으면 학습자도 자신의 학습 수행에 긍정적인 기대를 하고 실제로 높은 학업성취를 보인다는 것이다(Rosenthal & Jacobson, 1968). 따라서 교수의 어떤 자질이 학습자의 수행에 긍정적인 영향을 미치는지 아는 것은 교육심리학에서 중요하다.

셋째, 교수-학습 과정에 대한 영역이다. 효과적인 교실수업을 위한 교수이론과 다양한 교수방법에 대한 이해도 교육심리학의 중요한 영역이다. 학습자에 대한 충분한 이해가 이루어졌다고 하더라도 실질적으로 학습이 이루어지는 기제를 이해하지 못한다면 효과적으로 교육이 이루어질 수 없다. 교육심리학에서는 행동주의와 인지주의를 바탕으로 학습의 본질을 탐구하며 효과적인 교실수업이 이

루어지는 데 도움이 되는 교수이론과 교수방법과 관련하여 연구한다.

넷째, 교육의 효율성을 따져 보는 평가활동의 영역이다. 교육현장에서 학생의 학업 성취를 측정하고 적절한 피드백을 제공하는 평가활동은 학습목표 달성 여부를 측정하고 앞으로의 학습목표를 설정하는 기반이 된다. 교수자 입장에서 평가는 자신의 교수과정에 대한 피드백을 받을 수 있는 기회가 된다. 평가를 통해 학습자는 자신이 무엇을 알고 무엇을 모르는지에 대한 학습상태를 점검받을 수 있다. 이는 학습자의 동기유발에 영향을 준다. 따라서 교사는 학습자의 지적, 정의적 특성과 학습의 정도를 어떻게 하면 정확하게 측정할 수 있는지 알아야 하며, 측정도구의 조건, 측정의 방법, 점수 해석의 방법 등에 대한 지식을 가지고 있어야 한다.

이상과 같이 교육심리학은 학습자, 교수자, 교수학습과정, 평가를 중심으로 교육과 관련된 광범위한 영역에서 이론체계를 확립하고 이를 실제 학교현장에 효과적으로 적용하기 위한 방법을 탐구하는 학문이라고 할 수 있다.

3. 교육심리학의 연구방법

교육심리학은 교육 문제에 대한 최선의 해답을 과학적으로 탐구하여 제공함으로써 유능한 교사가 되는 데 도움을 준다. 예를 들어 수업 시간에 어떤 방법으로 지명하는 게 효과적인가, 자리에 앉아 있지 않고 계속 돌아다니거나 소란을 피우는 학생에게는 어떤 방법으로 지도해야 하는가, 칭찬은 어떻게 하는 게 효과적인가 등의 물음에 대한 연구를 과학적 방법으로 탐구해 나가는 것이다.

교육심리학자들은 종종 당연한 것을 연구한다는 비판을 받는다. 그러나 당연한 것이 항상 옳은 것은 아니다. 예를 들어, 대부분의 사람들은 능력별 학급편성이 교사가 효과적으로 가르칠 수 있어 학업성취를 높이는 결과를 가지고 올 것이라고 생각한다. 그러나 실제 연구결과는 낮은 수준의 학급에 속한 학생들의 학업성취가 오히려 떨어지는 것으로 나타났다. 당연히 그럴 것이라는 생각이 틀린 것이다(Good & Marshall, 1984; Slavin, 1987). 이런 이유로 게이지(1991)는 학습과 관련된 요인들 중에서 애매한 문제뿐만 아니라 명백한 문제에 대해서도 과학적이고 객관적인 방법을 통해 연구할 필요가 있다고 강조한 바 있다.

모든 과학적 학문은 연구하고 있는 현상에 대한 기술, 설명, 예언, 통제를 기본 목적으로 한다. 교육심리학 역시 교육현상을 기술하고, 설명하고, 예언하고, 통제하려고 한다. 기술(記述)이란 어떤 현상을 그대로 요약, 정리하여 서술하는 것을 말한다. 초등학교 남학생과 여학생의 도덕성 지수를 조사하여 그대로 제시하면 기술이다. 설명(說明)이란 어떤 현상에 대한 이유를 밝히는 일이다. 남학생과 여학생 사이에 도덕성 지수의 차이가 있을 때 그 이유를 설명하는 것이 해당된다. 예언(豫言)이란 특정 현상에 대한 정보에 근거하여 다른 현상을 추측하는 것을 말한다. 도덕성 지수 평균에 근거하여 학업성적을 추측하는 것은 예언에 해당한다. 통제(統制)는 특정 현상을 유발하는 요인을 조작하여 그 현상이 나타나거나 나타나지 않게 하는 것을 의미한다. 토론을 적용한 수업으로 학생들의 도덕성 지수를 향상시키려고 한다면 이는 통제에 해당된다. 교육심리학은 교육현상을 기술, 설명, 예언하는 데 관심이 있지만 궁극적으로는 통제에 초점을 두고 있다. 왜냐하면 교육은 어떤 현상에 영향을 주는 요인이 무엇인지 밝혀내어 학생을 바람직한 방향으로 가도록 하는 데 더 중요한 목적이 있기 때문이다.

교육과 관련된 문제에 답하기 위한 시도로 교육심리학자들은 다양한 연구를 설계하고 실행한다. 교육심리학의 연구방법은 크게 양적연구와 질적연구로 구분될 수 있다. 양적연구(quantitative research)란 수량화할 수 있는 자료를 수집하여 분석하는 연구방법이며 질적연구(qualitative research)는 자연스러운 연구 상황에서 연구자가 관찰이나 면접, 대화 등의 자료를 수집하여 분석하는 연구방법이다. 이 두 연구는 여러 가지 면에서 차이가 있다(권대훈, 2003).

양적 연구 방법은 연구를 수행되기 전에 가설과 연구 절차를 체계적으로 계획하며 연구 장면을 엄격하게 통제한다. 통계적으로 의미 있는 결과를 얻기 위해 많은 표본을 대상으로 연구를 하며 주로 통계적인 방법을 활용해 자료 분석을 한다. 대부분의 자료는 지필검사나 설문지 등 수량화 가능한 방법으로 수집되며 연구자는 연구 대상과 접촉할 기회가 거의 없다.

반면 질적 연구 방법은 현장 중심적이어서 연구자가 직접 현장에서 관찰, 면접, 대화 등의 질적 자료를 수집하고 해석한다. 연구자는 생동감 있는 표현을 사용해서 기술하고 설명하므로 연구자에게는 고도의 해석 능력이 필요하다. 소수의 연구 대상을 장기간 동한 심층적으로 분석하며 신뢰성, 일관성, 해석의 논리 등을 통해 연구 결과를 도출한다.

〈표 1-1〉 양적연구와 질적연구의 비교

구분	양적 연구	질적 연구
접근	연역적 접근	귀납적 접근
목적	이론 검증, 예측, 사실 확인, 가설검증	다양한 현상 기술, 심층적 이해
연구초점	변인의 통제, 연구 대상과 접촉 없음, 양적 자료 수집	전체 맥락 검토, 연구대상과 상호작용, 면대면의 관계에서 자료 수집
자료분석	통계적 자료 분석	해석적, 기술적 자료 분석
연구방법	상관연구, 실험연구	사례연구, 발달연구

출처: 허승희, 이영만, 김정섭(2015)

이러한 연구방법들은 각각 장단점이 있어 가장 좋은 연구방법이 무엇인지 말하기는 어렵다. 연구자는 각 연구방법의 장단점을 숙지하여 연구문제를 해결하는데 가장 적합한 방법으로 연구를 진행할 수 있어야 할 것이다(Kennedy, 1997).

1) 기술연구

기술연구는 연구자가 관심을 갖고 있는 현상이나 사건에 대하여 아무런 통제나 조작을 가하지 않고 자연적인 상황에서 있는 그대로 정확하게 기술하는 것을 목적으로 한다.

첫째, 조사연구(survey study)는 어떤 대상들의 태도, 신념, 견해, 현상 등을 파악하여 드러난 사실을 있는 그대로 기술하고 해석한다. 예를 들어 최근 학교폭력의 심각성이 사회적 문제가 되고 있는 상황에서 학교폭력의 실태, 가해학생 및 피해학생의 특성에 대한 조사를 하는 것이다. 이때 해당되는 연구대상을 모두 연구하기는 어려우므로 대부분의 경우 모집단의 일부를 추출한 표본을 대상으로 자료를 수집하고 이를 바탕으로 모집단에 대한 정보를 추론한다.

둘째, 사례연구(case study)는 한 개인 혹은 집단을 집중적이고 심층적으로 조사하고 분석하는 연구이다. 즉 소수의 연구 대상을 선정하여 다양한 방법으로 필요한 정보나 자료를 수집하고 이러한 자료들을 기초로 하여 연구대상이 가지고 있는 특성이나 문제점을 종합적으로 기술한다(이성진, 2000). 유능한 교사가 어떻게 수업을 계획하고 진행하는지를 밝히거나 가출청소년의 개인, 가정, 학교, 사회 및 환경 특성 등을 조사하여 학교 부적응 문제와 원인을 진단하고 그에 대한 치료 및 예방방법을 제기하는 것 등이 해당된다.

셋째, 발달연구(developmental study)는 인간의 행동 변화를 추적하여 그 과정을 기술하고 발달에 영향을 주는 요소들을 확인하는 연구방법이다. 발달연구는 주로 인간의 연령 증가에 따른 변화 과정에 관심을 가지며 이러한 성장과 발달에 작용하는 여러 변인들을 밝히고 그 변인들 간의 관계를 탐구한다. 피아제(J. Piaget)도 자신의 자녀가 여러 가지 과제를 수행하는 것을 지속적으로 관찰하고 연구하여 그 결과를 인지발달이론으로 발전시켰다. 이러한 발달 연구에는 한 시점에서 동시에 여러 연령층의 연구 대상들을 선택해서 발달상의 특징을 알아보는 횡단적 연구(cross-sectional study)와 동일한 대상을 오랜 기간 동안 계속 추적하면서 관찰하는 종단적 연구(longitudinal study)가 있다. 그리고 횡단적 연구와 종단적 연구의 장점과 단점을 고려하여 두 연구방법의 장점만을 활용하는 횡단적-단기종단연구(cross-sectional/short-term longitudinal study)가 있다.

2) 상관연구

상관연구(correlational study)는 연구자가 인위적인 상황을 만들지 않고 여러 변수의 상호 관계를 동시에 연구할 수 있으며 한 변수의 정보를 통해 다른 변수의 높고 낮음을 예측할 수 있기 때문에 교육심리학에서 가장 많이 사용되는 연구 방법 중 하나이다.

상관(correlation)이란 두 개 이상의 변수 간의 관계 정도와 방향을 나타내며 정적 상관과 부적 상관이 있다. 정적 상관(positive correlation)은 한 변수의 값이 높아질 때 다른 변수의 값도 높아지는 것을 의미한다. 학생의 지능지수가 높을수록 학업성취도도 증가하는 경우이다. 부적 상관(negative correlation)은 한 변수의 값이 높아질 때 다른 변수의 값이 낮아지는 것을 의미한다. 교사가 수업과 관계없는 행동을 많이 할수록 학생들의 성취는 낮아지는 것(Brophy & Good, 1986)을 예로 들 수 있다.

이러한 상관관계가 어떤 방향으로 얼마나 큰지를 나타내는 것이 상관계수이다. 즉 상관계수(correlation coefficient=r)는 변수 간의 관계의 정도를 수치화한 것이다. 상관계수의 크기는 관계의 강도를 의미하고 부호는 관계의 방향을 의미한다. 상관계수는 －1.00에서 +1.00 사이의 값을 가진다. －1.00과 +1.00에 가까울수록 상관관계가 강하며 0에 가까울수록 상관관계가 약하다고 할 수 있으며 상관계수가 0인 것은 두 변수가 전혀 상관이 없음을 뜻한다. 또, +는 정적상관을, −는 부적상관을 의미한다. 그러나 실제 상황에서는 완전한 정적상관, 부적상관은 거의 드물다.

상관관계의 의미를 해석할 때 주의해야 할 점은 상관계수는 두 변수 간의 관계가 있다는 것을 말하는 것이지 인과관계가 있다는 의미는 아니라는 점이다. 예를 들어 지능과 학업 성적은 상당한 정적 상관관계가 있다. 그렇지만 지능지수가 높다고 해서 반드시 학업성적이 좋은 것은 아니며 반대로 학업성적이 좋다고 반드시 지능지수가 높은 것도 아니다. 대신 지능지수가 높은 학생이 있다면 성적이 좋을 것이라는 예측은 해볼 수 있다. 즉, 상관계수가 높다는 것은 두 변인 간의 인과관계가 성립하는 것이 아니라 한 변인의 값을 알면 다른 변인의 값을 어느 정도 예측할 수 있다는 의미인 것이다. 한편, 상관계수(r)를 제곱하면 결정계수(r^2)가 되는데 이를 통해 상관에 영향을 미치는 정도를 해석할 수 있게 된다. 예를 들어 지능과 학업성적 사이의 상관계수가 +.70일 때 지능이 학업성적을 49%

(r^2=.49)나 설명할 수 있을 정도로 강력한 관계라는 해석이 가능하다.

3) 실험연구

상관연구가 자연적 상황에서 변수 간의 관계를 찾는다면 실험연구(experimental study)는 연구자가 관심을 가지고 있는 하나 이상의 변인이나 요인을 의도적으로 조작하고 그 결과를 확인하여 변인 간의 인과관계를 밝히는 연구이다.

실험연구에서는 두 개 이상의 변인을 다루게 되는데 여기서 영향을 주는 변인을 독립변인(independent variable), 영향을 받는 변인을 종속변인(dependent variable)이라고 한다. 독립변인은 다른 변인에 미치는 영향을 알아보기 위해 연구자가 직접통제하거나 조작한 변인이다. 반면 종속변인은 독립변인의 조작에 따라 영향을 받는 변인으로 독립변인의 효과 혹은 결과를 말한다. 예를 들어 플립러닝을 활용한 교수방법이 중등학생의 학업성취도에 미치는 효과를 밝히고자 한다면, 이때 '플립러닝을 활용한 교수방법'은 독립변인이고 '학업성취도'는 종속변인이 되는 것이다.

독립변인이 종속변인에 미치는 효과를 정확하게 밝히기 위해서는 인위적으로 무선할당을 하여 실험집단(experimental group)과 통제집단(control group)을 구성한다. 예를 들어 실험집단에는 실험처치, 즉 플립러닝을 활용한 교수법을 실시하고 통제집단에는 실험처치를 하지 않는 것, 즉 일반 수업을 실시하는 것이다. 실험집단과 통제집단의 학업성취도가 통계적으로 의미 있는 차이가 있다면 플립러닝이 효과적인 교수법이란 결론을 얻을 수 있는 것이다.

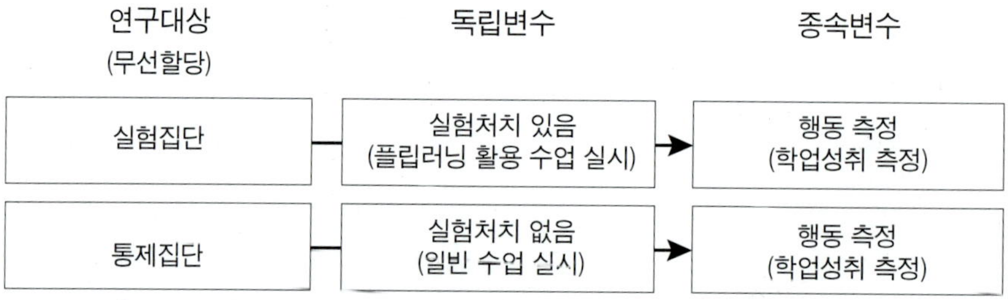

[그림 1-2] 단순실험설계(플립러닝 수업이 학업성취에 미치는 영향)

실험연구가 변수들 간의 인과관계를 밝히는 연구방법이기는 하지만, 처치변수 외에 결과에 영향을 줄 수 있는 다른 변수를 철저하게 통제하기 어려울 수 있다. 또 무선할당으로 실험집단과 통제집단을 구분하여 두 집단 간의 동질성을 확보하였더라도 학습자의 모든 특성을 철저하게 통제할 수는 없다. 그럼에도 불구하고 실험연구의 경우 실제 교실 상황에서 비교적 장기간의 실험이 이루어졌다는 점에서 실험결과를 일반화하는데 어느 정도 타당성이 있다. 즉 실험결과를 실제 상황에 적용할 수 있다는 것이다. 실제로 현장실험연구(experiment research) 결과는 교수법 개선이나 교육프로그램을 설계하거나 평가하는 데 많이 활용되고 있다.

전문가 되기 연구문제

01 기억에 남는 유능한 교사들은 다른 교사와 어떻게 달랐는지, 유능한 교사들의 공통점은 무엇인지 생각해 보고 유능한 교사와 그렇지 못한 교사의 차이점에 대한 목록을 작성해 보세요.

02 당신이 초등학교 1학년의 담임이라면 1년간 학급을 운영할 때 그로스만의 수업전문성([그림 1-1] 참조)을 가지는 것이 얼마나 중요한지, 또 어떤 지식이 가장 중요하다고 생각하는지 서술하시오. 만약 내가 고등학교 1학년의 담임이라면 세 가지 교수 지식 중 중요하다고 생각되는 지식이 어떻게 다를 지도 서술해 보세요.

03 교육심리와 관련된 연구를 할 때, 일반적으로 관심영역에 대해 질문을 제기하고 그에 대한 답이나 설명을 생각하면서 연구를 시작한다. 자신의 관심 영역 중에 하나를 연구문제로 제시하고 어떤 연구 방법으로 연구를 할 지, 그 이유는 무엇인지 설명해 보세요.

제2장
인지발달

1. 발달의 개념과 원리

교수자가 교육을 통해 학습자 행동의 변화를 효과적으로 이끌 교수학습과정을 설계하기 위해서는 발달(development) 관점에서 학습자의 특성과 상태를 이해하는 것이 중요하다. 발달이란 개체가 태어나서 죽음에 이르기 전까지의 전 생애 동안 연령이 증가하면서 일어나는 신체, 행동, 인지, 정서 및 성격에 나타나는 여러 가지 변화를 의미한다. 발달은 유전적 요인 즉 성숙(maturation)[1]과 성장(growth)[2], 경험이나 학습 상황 등 환경적 요인에 의한 긍정적이고 부정적인 변화를 모두 포함한다.

1) 성숙: 대부분 유전적인 신체적, 생리적인 측면의 양적인 변화로서, 특정한 학습이나 훈련 없이도 일정한 연령이 되면 나타나게 되는 자연스러운 변화

2) 성장: 개체의 전 생애 동안 일어나는 양적인 변화

1) 발달의 요인

오랫동안 학자들은 발달에 미치는 영향 요인에 관심을 가지고 뜨겁게 논쟁하면서 상이한 이론들을 주장해 왔다. 그러나 최근에는 유전과 환경이 상호작용함으로써 발달에 영향을 미친다는 주장이 설득력을 얻고 있다(강경미 외, 2005).

(1) 유전적 요인

인간 발달에 있어서 유전적 요인이 영향을 미친다고 주장하는 학자들은 환경적 요인은 거의 영향을 미치지 않는다고 설명한다. 이 학자들은 '아기들은 앉고, 기고, 걷는 일정한 발달순서를 거치며 일정한 시기가 되면 사춘기를 맞고 일란성 쌍생아의 경우 발달의 상관관계가 높다'고, '유전이 인간 개인의 발달에 중요하게 작용하고 있다'고 설명하면서 가계연구, 쌍생아 연구, 입양연구의 결과를 자신들의 입장을 증명하는 근거로 제시하고 있다(구광현, 2019).

(2) 환경적 요인

인간의 생활이나 발달이 외부의 환경적 요인에 영향을 받는다고 주장하는 학자들은 사회적 환경 즉, 개인과 개인에 의해 구성되는 가정, 집단, 사회 및 국가 등이 포함되는 환경이며 제도적·문화적·정치적·경제적 요인 등이 어떠한가에 따라 발달에 개인차를 보일 수 있다고 말한다. 늑대 소녀의 발달과정이나 '맹모삼천지교(孟母三遷之敎)' 등이 여기에 해당된다(강경미 외, 2005).

(3) 유전적 요인과 환경적 요인의 상호작용

인간의 발달은 유전과 환경 두 가지 요인 모두의 영향을 받는다고 주장하는 학자들은 '성숙이 선행되어야 학습이 효과가 있으며, 동일한 성숙 단계에 있다고 하더라도 어떠한 환경의 영향을 받는가에 따라 발달의 개인차가 있을 수 있다고 말한다(박성연 외, 2003). 즉, 인간의 발달을 유전과 환경 간의 역동적인 상호작용의 결과로 이해하고 있다.

2) 발달의 원리

인간의 발달은 개인에 따라 또는 사회·문화적 환경에 따라 다를 수 있지만, 사람의 대부분은 대체로 일정한 원리와 순서에 따라 발달하는 경향을 보인다. 이러한 '발달의 원리'를 요약하면 다음과 같이 몇 가지로 집약할 수 있다(이병승 외, 2019).

(1) 발달은 일정한 순서가 있다.

발달은 신체의 상부에서 하부로, 즉 머리에서 팔, 다리로, 심장에서 모세혈관으로, 대뇌에서 말초 신경으로 나아가면서 발달한다. 예를 들면, 출생 후 수개월 된 유아가 손으로 바닥의 물건을 잡다가 성장하면 마지막 손가락으로 물건을 집어 올리는 것을 볼 수 있다. 이러한 순서가 거꾸로 진행되는 일은 결코 없다. 이러한 예시는 인간의 발달에 있어 일정한 순서와 방향이 있다는 사실을 보여 주며 발달에 단계가 있음을 추정할 수 있는 근거이다.

(2) 발달속도는 개인차가 있다.

신체나 정신 기능은 동일 속도로 발달하는 것이 아니라 특정한 시기에 어떠한 기관이나 기능의 발달이 급격히 진행되는 결정적 시기(critical period)가 있다. 이러한 시기에 정상적인 발달이 이루어지지 않으면 영구적인 결함을 지니게 될 수 있다. 예를 들면, 신체적 발달은 유아기와 사춘기에 급격히 증가하지만 다른 시기에는 발달의 속도가 상대적으로 느리다. 어휘는 유아기에 급격히 발달하고 추리력은 서서히 발달하여 아동기를 지나 청년기에 완숙된다.

(3) 발달은 성숙과 학습에 상호 의존한다.

발달의 변화는 연령이 증가하면서 나타나는 생물학적 또는 유전적 요인 즉, 성숙요인과 환경이나 경험적인 학습요인에 긍정적, 부정적 영향을 받는다. 하지만 성숙요인과 환경요인 중 어떠한 쪽의 영향이 더 큰지는 명확한 결론을 내리지 못하고 있다. 대체적으로 유전과 환경 즉, 성숙과 학습의 상호작용으로 발달이 이루어지고 있다는 시각이 주를 이룬다. 예를 들면, 아기가 혼자 서게 되는 것은 다리 근육 즉, 신체적 성숙이 선행되어야 하지만 어른이 손을 잡고 일어서는 연습을 시키면 빨리 서게 되는 것을 볼 수 있다. 이처럼 성숙과 학습은 상호 영향을 주며 발달에 영향을 미친다고 볼 수 있다.

(4) 발달의 각 측면은 상호 관련성을 지닌다.

발달은 신체적, 지적, 성격적 측면과 서로 밀접하게 관련이 있다. 사회성이 좋은 아동은 언어가 발달 되는 경향이 있고 인성이 좋은 아동은 높은 도덕성을 보이며, 신체가 발달한 아동은 지적 발달에서도 앞서고 긍정적이고 적극적인 성격으로 발달하는 경향이 있다.

2. 피아제(Piaget)의 인지발달이론

9세 민영이와 5세 노아는 친구 생일 파티에 초대를 받았다. '어떤 선물을 준비할까?'하고 서로 이야기를 나누고 있다. 민영이는 동갑내기 다영이가 좋아하는 손거울을 선물하려고 한다. 노아는 동갑내기 진희에게 자신이 좋아하는 장난감 로봇을 선물하려고 한다. 둘의 대화를 들어보자.

노아: 나는 진희에게 장난감 로봇을 선물할 거야. 왜냐하면 내가 가장 좋아하는 장난감이니까 진희도 분명 너무 좋아할 거야.

민영: 나는 다영이에게 손거울을 선물할 거야. 왜냐하면 지난 크리스마스 때, 다영이는 자주 손거울을 보며 자신이 가장 좋아하는 손거울이라고 자랑했었거든.

5세 노아는 왜 진희가 로봇 장난감을 제일 좋아한다고 생각할까요? 9세 민영이는 친구 다영이가 왜 손거울을 좋아한다고 생각할까요? 이들의 대화는 인지발달 측면에서 어떤 의미를 지닐까요?

생각하기

1) 5세 노아는 왜 진희가 로봇 장난감을 제일 좋아한다고 생각할까요?
2) 9세 민영이는 다영이에게 선물할 손거울은 어떤 의미를 가질까요?

1) Piaget 인지발달의 개념과 인지구조

Jean Piaget(1896~1980)

스위스에서 태어난 Jean Piaget는 어렸을 때부터 생물학에 관심이 많았다. 그는 11세에 공원에서 색소가 결핍된 참새를 관찰하여 논문을 발표하였고, 고등학교 시절에는 연체동물에 대한 논문을 발표하였으며, 22세에는 생물학 박사학위를 받았다. 그의 논문들은 과학자들로부터 큰 호평받았고, 대학도 들어가기 전에 자연사 박물관 관장을 맡아 달라는 제의를 받았다.

박사학위를 받은 후, Piaget는 취리히 대학교에서 새로운 학문 분야인 심리학에 관심을 가지기 시작하였고, 1920년 파리에 있는 Binet 연구소에서 지능검사를 표준화하는 작업에 참여하게 되었다. 그곳에서 Piaget는 비슷한 연령의 아동들이 어떤 문제에 같은 오답을 한다는 발견을 한 것이다. 이러한 발견을 통해 Piaget는 아동의 사고과정이 성인의 사고과정과 근본적으로 다르다는 결론을 내리고 아동의 사고발달을 본격적으로 연구하기 시작하였다.

1923년 Piaget는 결혼하여 세 자녀를 두었는데, 세 자녀가 성장하는 과정을 주의 깊게 관찰함으로써 인지발달 이론을 정립하였다. 발달심리학자이기 이전에 과학자였던 Piaget는 생물학적 원리와 방법을 인지발달 연구에 상당 부분 적용하였다. 그는 수백 편의 논문과 60권이 넘는 책을 집필하였고, 73세가 되는 1969년 유럽인으로서는 최초로 '미국심리학회'로부터 '특별 과학 공헌상'을 수상하였다. 오늘날 그는 심리학 역사상 가장 영향력 있는 발달심리학자로 평가받는다.

자료: 신명희 외(2020), 교육심리학(4판), 33p.

인지(cognition)란 지각, 상상, 추리, 판단 등과 같은 지각 활동을 포괄하는 개념이며, 인지발달은 기존 정보를 보존하고 새로운 사실이나 개념을 확장해 나가는 것이라고 할 수 있다. 피아제(Jean Piaget, 1896~1980)는 '인간은 외부의 자극을 받아들이고 해석하고 조절하고 조직하는 일련의 정신 구조를 지니고 있다'고 보았으며, 이와 같은 정신 구조를 인지구조(cognitive structure)라고 정의하였다. 그는 생물학자이며, 과학자로서 생물학적 개념과 철학적 인식론을 접목하여 인간의 사고 본질을 설명하고자 했다. 특히, 피아제는 인지발달이 어떻게 일어나는지, 왜 일어나는지를 도식(schema), 동화(assimilation), 조절(accommodation), 평형화(equilibration)라는 네 가지 개념을 가지고 설명하고자 했다.

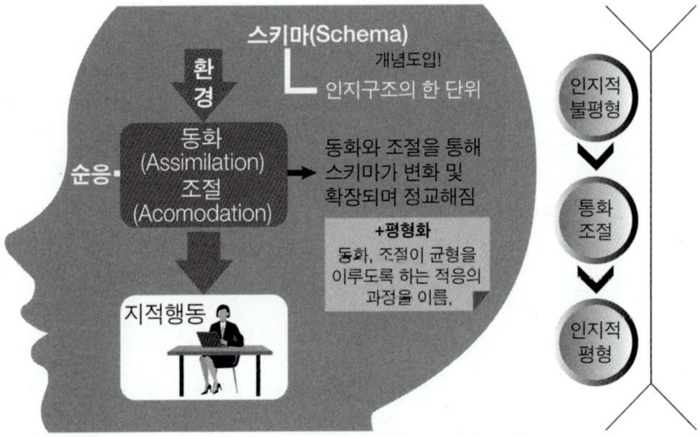

출처: https://www.slideshare.net/slideshow/ss-29375445/29375445 재구성

(1) 도식(schema)

흔히 도식이라고 번역되는 스키마는 세상을 이해하는 틀로서, 한 개인이 환경을 지적으로 조직하여 그 환경에 성공적으로 적응할 수 있도록 해주는 인지구조를 말한다. 스키마는 개인의 머릿속에 외부의 세계와 상호작용하면서 이미 저장된 지식, 행동 유형, 가상적 인지구조를 일컫는다. 예를 들면, 어린아이가 뜨거운 물체를 잡았다고 가정할 때, 아이는 그 순간 손에 화상을 입거나 아주 뜨거운 경험을 했을 것이다. 그리고 깜짝 놀란 아이는 이러한 지각적 경험을 통해 '불'이라는 개념, 뜨거움, 놀람 등과 같은 개념을 총체적으로 학습하게 된다. 이러한 경험을 통해 인간은 도식을 만들어 나가게 된다.

(2) 동화(assimilation)

동화는 오감각을 통해 머릿속으로 유입되는 외부 정보가 개인의 머릿속에 이미 형성되어 있는 도식 또는 인지구조에 받아들여지는 인지과정이다. 다시 말해, 새로운 환경에 따른 자극을 자신의 기존 이해의 틀에 맞도록 변형하여 흡수하는 현상을 일컫는다. 예를 들면, 네 개의 다리를 가지고 움직이는 동물을 강아지로만 알고 있던 유아가 어느 날 고양이를 보고 '강아지'라고 부르는 현상을 말한다.

(3) 조절(accommodation)

조절은 새로운 외부의 정보가 개인의 머릿속에 유입될 때, 자신이 이미 갖고 있는 도식과 다르면 인지적 갈등이 생긴다. 이 인지적 갈등은 인지적 균형을 깨는 불평형 상태가 되고 자신의 기존 이해의 틀을 새로운 경험에 알맞게 바꾸는 인지과정을 거친다. 즉, 외부로부터 정보를 수집하여 기존의 인지구조 및 체계를 재구성하거나 수정하는 것을 뜻한다. 예를 들면, '장미꽃의 색깔은 빨갛다.'라고만 인식하는 유아가 푸른색의 장미를 보며, 생긴 모양은 장미꽃인데 색깔이 빨갛지 않고 파란데… 저것은 장미인가?라는 인지적 갈등이 생기고 인지적 불평형 상태가 되었다가 '파란 장미도 있구나'를 인식하여 인지구조를 변형해서 새로운 정보를 조절해서 받아들이게 되는 과정을 뜻한다. 인간은 '인지적 갈등–인지적 불평형–동화 또는 조절–인지적 평형'의 인지과정을 끊임없이 반복한다. 이러한 인지과정을 통해 사물과 사물의 개념 차이를 발견하고 새로운 개념을 형성하고 확장해 나간다.

(4) 평형화(equilibrium)

평형화는 동화와 조절 중 한쪽에 치우치지 않고 두 과정의 평형 혹은 균형을 유지하는 것으로서 새로운 정보에 의한 인지적 갈등이 해결된 상태를 의미한다. 예를 들면, 앞서 네 발 가진 동물이 '강아지'라고 알고 있는 유아가 네 발 가진 모든 동물을 '강아지'라고 인식하는 것은 동화이다. 빨간 장미꽃을 보며 '장미꽃은 빨갛다'라고 인식하는 것도 동화이다. 그러나 강아지와 고양이를 구별하는 것, 장미꽃 중에 파란 계열의 장미도 있을 수 있다는 것을 인식하는 것은 조절이다. 평형화란 외부의 정보가 동화와 조절을 통해 새로운 도식으로 만들어지고 인지적 갈등을 통한 인지적 불평형에서 인지적 갈등이 해결된 인지적 평형에 이르게 되는 일련의 과정을 의미한다. 피아제는 동화와 조절 사이의 적절한 균형을 이루는 것이 중요하다고 강조하였다.

다음은 물건을 잡아 자기에게 끌어당기는 도식을 가진 아기가 자신이 가진 도식대로 행동(동화)하였으나 칸막이에 걸려 당겨 가져올 수 없게 되자, 비틀어 칸막이를 피해 잡아당겨(조절) 목표를 달성하는 인지 활동 장면이다(평형).

물건을 잡아 자기에게 끌어당기는 도식을 가진 아이가 자신이 가진 도식대로 행동하였으나(동화) 칸막이에 걸려 가져올 수 없게 되자, 이번에는 자신의 도식을 바꾸어 물건을 다른 방향으로 잡아 달리 끌어당겨(조절) 목표를 달성하였다(적응).

자료: 신명희 외(2020), 교육심리학(4판), 33p.

2) Piaget 인지발달 단계

피아제는 세 자녀의 성장을 직접 관찰하면서 인간사고 과정의 발달단계를 구축하였고 발달심리학적 이론을 체계화하고자 연구하였다. 그는 과학적 관점에서 논리적인 사고를 강조하면서 사고발달에서 조작의 개념을 정립하였다. 그 결과로 그는 영유아기부터 청소년 시기까지의 사고 과정을 단계별로 구분했다. 피아제에 의하면 인지발달은 질적으로 서로 다른 네 단계를 거쳐 이루어진다. 인지발달의 네 단계는 감각운동기, 전 조작기, 구체적 조작기, 형식적 조작기를 말한다. 여기서 조작이란 논리적인 정신작용, 즉 논리적 사고를 말한다. 수학에서 더하기나 빼기 등의 수리적 개념을 이해하는 것, 흩어진 퍼즐을 맞추는 것, 추상적인 문제를 해결하는 것 등이 조작의 예가 된다. 피아제는 인간의 조작 능력 발달에 따라 인지발달을 구분하여 설명하였다.

출처: https://blog.naver.com/vanessa_han/221727226245 재구성

감각운동기는 구체적 조작기는 7세에서 11세의 시기로 구체적인 안내와 절차적 가이드가 있으면 논리적인 정신작용 즉 논리적 사고가 가능한 단계이다. 형식적 조작기는 11세 이후의 시기로 추상적인 문제를 논리적인 사고를 통해 해결할 수 있는 단계이다. 각 단계의 주요 특징을 살펴보면 다음과 같다.

(1) 감각운동기 단계(0~2세)

출처: https://youtu.be/IhcgYgx7aAA?t=7 재구성

감각운동기는 출생에서 24개월 시기로, 시각, 청각, 후각, 미각, 촉각 즉 오감각을 통해 외부의 새로운 정보를 받아들이는 경험을 통해 인지가 발달하는 단계이다. 출생에서 약 2세까지의 영유아는 감각과 운동을 통해 세상과 접촉하면서 외부의 자극을 받아들이고 적응해 간다. 이 시기에 나타나는 유아 행동의 특징은 주로 빨기, 울기, 잡기 등으로 나타난다. 감각운동기에 일어나는 가장 중요한 변화는 '대상영속성(object permanence)'의 개념을 습득하는 것이다. 대상영속성이란 사물과 같은 대상이 시야에서 사라지더라도 계속 존재한다는 것을 인식하는 능력을 말하는데 갓 태어난 영아는 대상영속성을 지니고 있지 않다.

우리는 대상영속성 실험을 통해 영아의 인지발달 정도를 확인할 수 있다. 예를 들면, 영아가 관심을 보이며 가지고 놀던 인형을 영아의 시야에서 사라지게 해보자. 이때, 영아가 사라진 인형에 관심을 가지고 찾는다면 대상영속성을 획득한 것이고, 시야에서 사라져도 인형을 찾지 않고 별로 관심이 없다면 아직 대상영속성이 습득되지 않은 것이다. 따라서, 부모, 교사 등 주 양육자는 영아의 대상영속성 획득 유무에 따라 인지발달 수준을 이해하고 인지발달을 위한 놀이 지도를 계획할 수 있다.

(2) 전 조작기 단계(2~7세)

전 조작기는 2세에서 7세의 시기로, 논리적인 사고를 잘하지 못하는 단계, 즉 조작이 일어나기 전 단계를 의미한다. 전 조작기 단계는 감각운동기 아이들이 조작적 사고의 단계로 넘어가는 과도기로서 표상적 사고 또는 개념적 사고 능력이 내면화되는 단계이다. 오감을 통해 인지가 발달하는 감각운동기에서 벗어나 개념적이고 상징적인 사고를 하지만 아직 논리적인 사고가 충분히 발달하지 못한 상태이다. 이 단계의 유아는 다음과 같은 특징을 보인다.

① 자기중심적 사고

사물을 판단할 때, 눈에 보이는 것을 직관에 의지해서 판단한다. 또한, 모든 사물을 자신 입장에 바라보기 때문에 타인의 관점을 이해하지 못하는 특징을 보인다. 예를 들어, 자기가 로봇을 좋아하면 다른 사람도 로봇을 좋아한다고 생각한다. 피아제는 유아에게 세 산의 모형을 제시하고 유아에게 반대편에 앉아 있는 인형이 바라보는 세 산의 모형 단면을 찾는 실험을 하였다. 이 실험을 통해 피아제는 인형이 바라보는 세 산 모형 단면을 선택할 수 있다면 타인의 관점을 이해할 수 있는 인지발달 단계에 있다는 것과 유아가 자신이 바라보는 세 산 모형 단면을 선택한다면 자기중심적 사고를 한다는 것을 밝혔다. 이러한 실험 결과로 전 조작기 단계에 있는 유아는 타인의 감정을 이해하지 못하는 자기중심적인 경향을 보인다는 것을 확인하였다. 이러한 자기중심성은 나이를 먹으면서 점차 사라진다.

② 전 인과적 사고

전 인과적 사고란 사회에서 다양한 문제가 발생 경우에 이에 대한 원인과 결과에 대한 논리적인 추론 능력이 부족하여 나타나는 비논리적이고 주관적인 인과적 사고를 말한다. 즉, 문제의 원인 무엇인지, 이에 따른 결과는 어떠한지를 논리적으로 사고하지 못한다는 것을 의미한다.

③ 물활론적 사고

물활론적 사고(animism hylozoism)란 유아들이 장난감을 생명체와 동일시하며 대화를 나누는 것과 같이 생명이 없는 대상을 살아있는 것으로 여기는 것을 말한다. 이 시기의 유아들은 "밤에는 비행기가 어디로 가지?"라고 질문을 받을 때, "꿈나라로 가요"라고 대답하는 것을 예로 생각해 볼 수 있다.

④ 비가역적 사고

출처: https://youtu.be/IhcgYgx7aAA?t=7 재구성

전 조작기 유아는 비가역적(inability to reverse operations), 즉, 사고를 거꾸로 하지 못하는 특징을 지니고 있다. 이는 보존개념의 발달과 관련이 있다. 보존개념이란 동일한 크기의 컵 A와 B에 동일한 양의 주스가 들어 있다고 가정할 때, 이 중 A 또는 B의 주스를 컵의 크기가 다른 C컵에 옮겨도 A 또는 B와 C컵의 주스량이 같다는 것을 인식하는 것을 말한다. 이러한 보존 실험을 유아를 대상으로 진행하고 질문을 하면, 전 조작기에 해당하는 유아는 주스의 양이 동일하다는 것을 인식하지 못하고 보통 크고 좁은 컵의 주스의 양이 많다고 대답한다. 만약, 이 유아가 올바른 대답을 하려면 자기의 행동을 거꾸로 생각 즉, 가역적 사고를 해야 하는 데 전 조작기의 유아는 이러한 사고를 하지 못한다.

(3) 구체적 조작기 단계(7~11세)

전 조작기와 대조적으로 구체적 조작기(concrete operational stage)의 유아는 구체적인 문제를 해결할 수 있는 논리적인 사고를 한다. 전 조작기의 유아는 물의 양이 동일하다는 가역적 사고를 못하는 반면, 구체적 조작기 유아는 가역적

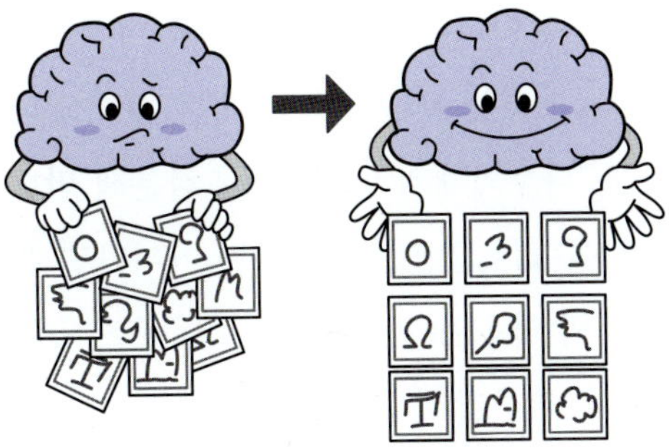

출처: https://youtu.be/IhcgYgx7aAA?t=7

사고가 가능하며, 보존개념 획득도 가능하다. 구체적 조작기 단계의 유아는 다른 사람을 설득하는 방법을 익힐 수 있고, 단어 논리를 이해할 수 있으며, 은유(metaphor)로 이야기하는 것을 이해할 수 있으며 공부를 하는데 필요한 시간을 정확히 판단하기 시작한다. 또한, 범주를 나누고 그 하위 범주를 분류할 수 있고 순서를 지키는 보드게임을 할 수 있다. 즉 교수자가 단계적인 절차 또는 안내를 구체적으로 제시하면서 수업을 이끌면 논리적 사고가 가능하다. 구체적 조작기의 주요 특징은 다음과 같다.

① 탈중심화

피아제는 Inhelder(1963)년 연구에서 어린 유아에게 모양과 크기와 색이 다른 세 개의 입체적 산을 보여주었다. 앞서 전 조작기의 유아는 세 산 모형실험에 자기가 보는 세 산 모형의 단면을 선택했으나 구체적 조작기 단계의 유아는 인형이 바라보는 세 산 모형의 단면을 선택할 수 있다. 이는 인지가 자기중심성에서 탈피한 탈중심화가 일어났음을 의미하고 타인의 관점으로 이해할 수 있다.

② 가역적 사고

가역성(reversibility)이란 전술한 바와 같이 사고가 진행되어 온 과정을 거꾸로 되밟아 가수 있다는 것을 의미한다. 구체적 조작기 유아는 진흙덩이로 만들어진 비행기 모형이 다시 진흙덩이로 돌아간다는 사실을 이해할 수 있으며 8+6=14가 되고 14−8=6이 된다는 개념을 이해할 수 있다.

③ 분류화

구체적 조작기 유아의 또 다른 주요 변화는 문제해결을 함에 있어 분류(classification) 개념을 획득하는 것이다. 예를 들어, 유아에게 15개의 검은색 나무막대기와 3개의 흰색 막대기를 제시한다. 모든 막대기는 나무이고 15개는 검은색, 3개는 흰색이라는 사실을 확인하고 유아에게 "나무막대기가 많은가? 검은색 막대기가 많은가?"라고 질문할 때, 질문에 대한 올바른 답을 할 수 있는 아이라면 분류화라는 개념을 획득한 구체적 조작기 단계의 아동이다. 이 시기의 아동은 공통점과 차이점, 범주와 하위 범주 사이의 관계를 추론할 수 있다.

④ 서열화

서열화(seriation)는 크기나 부피, 무게 혹은 색상에 대한 서열 개념은 사물 간의 관계를 이해하는 것을 전재한다. 만약 A< B< C의 길이 비교에서, 아동은 A는 B와 C보다 작다는 것에 생각이 고정되어 있을 수 있고, B가 A보다 크고 C보다 작다는 사실은 간과할 수 있다. 이러한 서열에 대한 개념 획득 여부에 따라 아동의 인지 발달 정도를 추정할 수 있다.

(4) 형식적 조작기(11세 이상)

형식적 조작기(formal operational stage) 추상적인 문제를 논리적 사고를 통해 문제에 접근하고 해결할 수 있는 시기이다. 논리적 추론, 가설 검증, 추상적 사고 등이 능력이 더욱 발달한다.

출처: https://youtu.be/IhcgYgx7aAA?t=7

① 가설적 추론(hypothetical reasoning)

가설적 추론은 어떤 가설을 제시하고 이를 바탕으로 예측하여 문제를 해결하거나 결론을 도출하는 과정을 말한다. 가설적 추론은 주로 논리적이고 추론적인 사고를 기반으로 하며, 과학적 탐구, 문제해결, 의사결정 등 다양한 상황에서 활용될 수 있다. 가설적 추론의 주요 특징은 살펴보면 다음과 같다.

- 가설 수립: 가설은 문제나 상황에 대한 정보나 경험을 기반으로 주어진 상황에 대한 가정이나 예측을 말한다. 가설적 추론을 위해 가설을 먼저 수립한다.
- 예측과 실험: 가설을 수립한 후, 그 가설을 검증하기 위해 예측을 하고 실험이나 조사를 통해 검증한다. 이를 바탕으로 가설이 현실과 얼마나 부합하는지를 확인하고 가설의 타당성을 평가한다.
- 결과 해석: 실험 결과나 조사를 통해 얻은 데이터를 분석하여 가설의 타당성을 평가한다. 가설이 옳다면 해당 결론을 받아들이고, 그렇지 않다면 새로운 가설을 수립하고 검증 과정을 반복한다.

가설적 추론은 가설과 예측을 세우는 과정, 실험을 설계하고 진행하는 과정, 결과를 분석하는 과정을 거치는 과학적 탐구에서 주로 활용되며, 과학적 방법론에 따라 문제를 해결하고 지식을 쌓아가는 과정에 적용될 수 있다.

② 유추적 추론(analogical reasoning)

유추적 추론은 주어진 정보나 사실을 바탕으로 새로운 정보나 결론을 도출하는 데 사용되는 추론 방법이다. 주어진 정보에 대한 일반적인 규칙이나 패턴을 파악하여, 그 규칙이나 패턴이 적용될 때 어떤 결과가 나올 것으로 가정하는 과정을 포함한다. 유추적 추론은 논리적인 연역적 사고에 기반하며 일상생활에서 많이 사용되는 사고 과정 중 하나이다. 예를 들면, 유추적 추론은 일반적인 패턴이나 규칙을 찾아내어 이를 적용함으로써 새로운 정보를 유추하거나 주어진 상황에서 얻은 특별한 사실을 기반으로 일반적인 규칙이나 패턴을 찾아내고, 이를 새로운 상황에 적용하여 결과를 도출한다.

이외에도 유추적 추론은 일상생활에서도 많이 활용된다. 예를 들어, 하루 중 일정한 시간에 항상 버스를 놓치게 되면, 이를 토대로 다음 날도 놓칠 가능성이 높다고 유추한다. 그리고 과학적 연구에서도 실험 결과를 분석하고 일반적인 법칙이나 원리를 도출하는 과정에서 유추적 추론이 사용된다. 유추적 추론은 주어진 상황에서 발생한 사건 간의 인과관계를 이해하고 설명하는 데에 유용하다.

③ 연역적 추론(deductive reasoning)

연역적 추론은 특정한 전제가 참이라면 그로부터 유도되는 결론이 반드시 참일 것이라는 논리적인 사고 방법을 말한다. 연역적 추론은 논리학에서 중요한 개념으로 다양한 분야에서 사용되며, 특히 수학과 과학 분야에서 많이 활용되고 있다. 연역적 추론은 주어진 전제로부터 논리적으로 결론을 도출하는 것이 주된 목적이다. 하나 또는 그 이상의 전제가 주어지고, 이를 기반으로 특별한 상황이나 결론을 도출한다. 일반적으로 받아들여진 법칙이나 규칙에서 특정한 경우를 도출한다. 법칙이 참이라면 결론도 참이 된다.

예를 들어 보자.

전제 1: 모든 사람은 죽을 것이다. (일반적 법칙)

전제 2: 소크라테스는 사람이다. (특별한 경우)

결론: 소크라테스는 반드시 죽을 것이다.

이 예시에서 전제로 제시된 법칙은 "모든 사람은 죽을 것이다."라는 것이고, 소크라테스는 사람이므로 소크라테스는 반드시 죽을 것이라는 결론을 도출할 수 있다.

〈표 2-1〉 Piaget의 인지발달 단계

발달 단계	연령	주요 특징
감각운동기	출생~2세	• 감각과 운동을 통해 세상을 이해 • 대상영속성의 개념 형성 • 반사행동으로부터 목표지향적 사고로 이동 • 모방, 기억, 사고, 언어의 시작
전 조작기	2~7세	• 직관적 · 비가역적 · 비논리적 사고 • 자기중심성, 중심화, 물활론적 사고 • 상징적 형태로의 사고 능력, 개념 획득능력 발달

구체적 조작기	7~11세	• 논리적 조직(구체적 · 실제적 · 물질적 문제에 한함) • 가역적 사고, 보존개념의 획득 • 탈자기중심성, 탈중심화 • 분류, 서열화, 부분과 전체의 개념 발달
형식적 조작기	11세 이후	• 가설 · 연역적 사고 • 추상적 사고, 사회 인식 능력의 발달

출처: 강유정 외(2021). 교육심리학, 52p. 재구성.

3) Piaget 이론의 교육적 시사점

Piaget의 인지발달 이론은 현대 교육과정의 구성과 교수 이론에 많은 시사점을 제공한다. 학습자의 인지발달을 유도하기 위해서는 적당한 인지적 갈등 즉, 인지적 불균형이 유지될 필요가 있으며, 학습자의 능동적인 발견 과정이 중요하므로 일방적인 지식 전달의 전통적 교수 방법이 아닌 아동의 인지발달 단계에 따라 정보의 구체성, 추상성을 고려하여 다양한 교수 방법 채택을 고려할 수 있다. 또한, 조기교육을 통해 학습자의 지적 발달을 가속화하는 무리한 시도는 금지해야 한다. Piaget의 인지발달 이론에 근거한 교육은 인지발달이 자발적이고 자연스럽게 발달하도록 돕는 것이어야 하며 모든 아동이 동일한 인지발달 과정을 겪게 되지만 속도에서는 개인차가 있으므로 아동의 인지 단계에 알맞은 교육을 해야 함을 시사한다. 주요 시사점을 정리하면 다음과 같다.

① 층계적 발달 이해: 피아제는 어린이의 발달이 단계적이라고 주장했다. 교육자들은 어린이들의 발달 단계를 이해하고, 그에 맞는 교육 방법을 적용하여 학습을 지원할 수 있다.

② 능동한 학습 강조: 피아제는 학습이 능동적이고 체험 중심이어야 한다고 주장했다. 교육자들은 학습자들이 직접 체험하고 탐구하며 지식을 구축하는 과정을 존중하고 지원해야 한다.

③ 동등성과 양면성 강조: 피아제는 어린이들이 새로운 지식을 습득할 때 기존

의 지식과 조화를 이루려고 노력한다고 설명했다. 교육에서는 학습자의 기존 지식과 새로운 지식을 연결시키며 학습의 양면성을 강조하는 방향으로 접근할 수 있다.

④ 문제 해결 능력 강화: 피아제는 문제 해결이 지적 발달에 중요한 역할을 한다고 강조했다. 교육에서는 학습사들이 문제를 직접 해결하고 논리적으로 사고하는 능력을 키울 수 있는 환경을 제공하는 것이 중요하다.

⑤ 사회적 상호작용 강조: 피아제는 동료 간의 상호작용이 지적 발달에 기여한다고 봤다. 교육에서는 학습자들 간의 협력, 토론, 그리고 상호작용을 통해 학습을 촉진하는 방법을 도입할 수 있다.

⑥ 고차 인지 능력 강화: 피아제는 고차 인지 능력(추론, 추상화 등)이 발달 단계를 통과한 후에 나타난다고 주장했다. 따라서 교육에서는 고차 인지 능력을 강화하기 위한 활동과 자료를 통합하여 제공하는 것이 중요하다.

이러한 교육적 시사점을 통해 교육자들은 피아제의 인지발달 이론을 기반으로 한 교육 방법을 디자인하고, 학습자들의 지적 발달을 존중하며 지원할 수 있다.

3. 비고츠키(Vygotsky)의 인지발달이론

민호와 민수는 농구 골대 앞에서 슈팅 연습을 하고 있다. 공은 링 근처에도 가지 못하고 그냥 떨어졌다. 이것을 지나가다가 본 선생님은 슈팅 시범을 보이면서 "무릎을 최대한 낮추고 용수철처럼 뛰어올라 봐"라고 했고, 민호와 민수는 선생님의 말씀대로 따라 했다. 민호는 공을 링 안에 넣었지만 민수는 공을 링 안에 넣지 못했다. 여기서 선생님의 동일한 도움을 받았는데, 민호는 슈팅을 성공하고, 민수는 슈팅을 성공하지 못했다. 그 이유는 무엇일까?

Vygotsky는 인지발달에서 스스로 능동적 학습자가 되어야 하고, 인지발달 단계에 따른 학습자 맞춤형 교수법을 강조했던 Piaget와는 달리 아동은 자신뿐만 아니라 부모와 친구, 교사와의 상호작용을 통해 많이 배운다는 사실에 주목했다. 즉, 사회관계 속에서 인지가 발달한다고 주장했다. 그러나 사회적 관계 속에서 누군가의 도움을 받아 성공적인 학습을 하기도 하고 그렇지 않을 수도 있다. 즉, Vygotsky는 인지발달이 학습자를 둘러싼 가족이나 교사, 친구들 사이에서 발달한다고 가정함으로써 인지발달에 있어서 사회적 관계의 중요성을 강조하였다.

Lev Vygotsky(1896~1934)

Vygotsky는 1896년 11월 17일에 러시아 제트미린스크(현재의 벨라루스)에서 태어났다. 그는 청소년 시기에 예술과 문학에 관심을 갖기 시작했으며, 러시아 혁명의 영향을 받아 사회주의 이념에 동참했다. 비고츠키는 몬테소리 학교에서 교육을 받은 후, 무려 20세에 의학 대학에 입학했다. 그러나 건강 문제로 의학 공부를 중단하고 대학에서 문학과 인문학을 공부했다. 그 후, 비고츠키는 교육심리학에 관심을 가져 심리학 연구로 전환하게 되었다.

1920년대, 비고츠키는 모스크바에서 심리학과 교육 강의를 하면서 자신의 이론을 개발했다. 그의 주요 이론은 "사회문화적 발달이론"으로 알려져 있으며, 이는 아동의 발달이 사회적 상호작용과 문화적 맥락에서 이루어진다는 것을 강조한다. 그러나 비고츠키는 조바니스트 정부의 압박과 정치적 간섭으로 어려움을 겪었고, 1934년에 37세의 나이로 사망했다. 그의 주요 저작 중 일부는 그의 사후에 발표되었으며, 그의 이론은 후세의 심리학과 교육학자들에 의해 계속해서 연구되고 적용되어 왔다.

자료: ChatGPT 3.5.

1) 근접발달영역

근접발달영역(Zone of Proximal Development, ZPD)은 레프 비고츠키(Lev Vygotsky)가 개발한 개념으로, 개인이 혼자서는 해결하기 어려운 과제를 다른 사람의 도움을 받아 해결할 수 있는 지적 능력의 범위를 말한다. 비고츠키는 아이들의 학습과 발달이 다른 사람과의 상호작용을 통해 이뤄진다고 주장했다. 가령, 어떤 아이가 숫자 덧셈을 배우고 있다고 가정할 때, 아이의 현재 수준(Current Level of Development)은 숫자의 개념을 이해하고 간단한 덧셈을 할 수 있는 수준이다. 이 아이의 근접발달영역(Zone of Proximal Development)은 아이가 혼자 하기에 어려운 수학 문제 즉, 아이가 혼자서는 이해하지 못하지만, 더 높은 수준의 지도자나 도움을 받으면 해결할 수 있는 좀 더 복잡한 덧셈이나 빼기 문제일 수 있다. 아이가 도움을 받아 어떤 과제를 해결한 후에 나타나는 실제 발달 수준(Actual Developmental Level)은 아이가 도움을 받아 새로운 개념을 이해하고 적용한 수준을 의미한다. 즉, 근접발달영역은 아이가 스스로는 이뤄내기 어려운 일을 지도자나 더 숙달된 동료의 도움을 받아 성취하는 과정을 나타내며, 이를 통해 개인의 학습과 발달이 이루어진다는 개념을 강조한다.

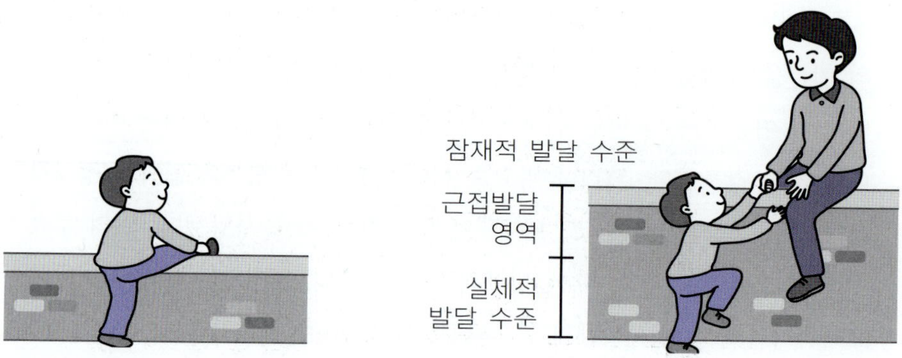

[그림 2-1] 근접발달영역

출처: 신명희 외(2018). 교육심리(4판), 49p. 그림 2-8. 서울: 학지사

비고츠키는 두 아동의 현재 인지발달 수준이 같더라도 근접발달영역은 개인에 따라 차이가 있음을 제시하였다. 아래의 그림에서 A 아동과 B 아동은 도움이 없는 상황에서 비슷한 수준의 성취 수준을 보여주지만 도움을 주는 상황에서는 B 아동이 A 아동에 비해 더 높은 성취 수준을 보인다. 결과적으로 보면 B 아동이 A 아동보다 더 큰 근접발달영역을 가지고 있음을 알 수 있다. 이는 두 아동이 아무런 도움 없이 혼자 힘으로 문제를 해결할 수 있는 수준이 비슷하다 할지라도 도움을 받을 경우, 문제를 해결할 수 있는 수준은 크게 다를 수 있음을 시사한다. 즉, 아동은 유능한 또래나 교사, 부모 등과의 상호작용을 통해 근접발달영역이 더 넓어질 수 있다. 그러나 그 도움이 적절하다면 성공적인 학습 경험을 얻을 수 있고 적절하지 않다면 성공적인 학습 경험을 얻지 못했을 것이다.

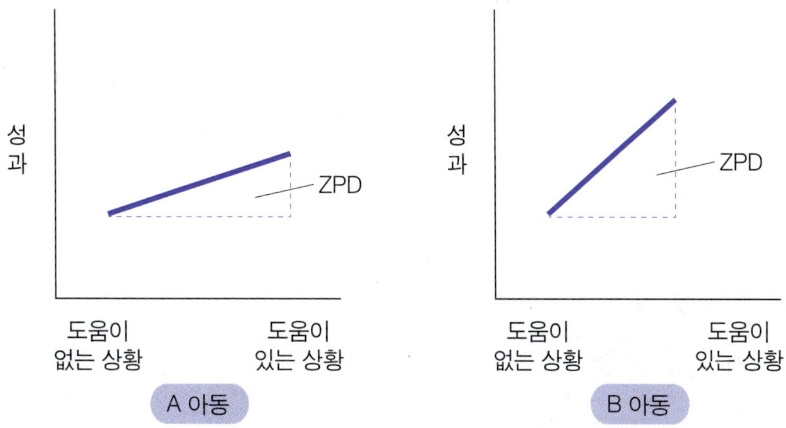

[그림 2-2] 두 아동의 근접발달영역의 예

출처: 신명희 외(2018). 교육심리(4판), 49p. 그림 2-9. 서울: 학지사

2) 비계설정

비계설정(scaffolding)이란 근접발달영역에서 부모, 교사, 더 뛰어난 친구 또는 동료의 도움을 뜻한다. 그 도움이 아동의 근접발달영역 안에서 적절하게 주어지면 성공적인 학습 경험을 할 수 있지만 그렇지 못하면 실패한 학습 경험을 하게

된다고 설명한다. 교수과정에서 제공될 수 있는 비계설정 유형을 살펴보면 다음과 같다.

〈표 2-2〉 비계설정 유형

<table>
<tr><td>모델링
예시) 체육 교사는 농구 수업에서 슈팅 시범을 보인다.</td><td>소리 내어 생각하기
예시) 수학 교사는 이차방정식 풀이 과정을 칠판에 판서하면서 똑같이 소리 내어 말한다.</td></tr>
<tr><td></td><td>
</td></tr>
<tr><td>질문하기
예시) 수학 교사는 이차방정식 문제를 푼 후, 이차방정식에 대한 이해를 높이기 위하여 일차방정식의 공통점과 차이점에 대한 질문을 던진다.</td><td>수업 자료 조정하기
예시) 체육 교사는 뜀틀 수업에서 처음에는 3단 뜀틀로 연습시키다가 학생들이 능숙해지면 4단 뜀틀로 높이를 조절한다.</td></tr>
<tr><td>
</td><td>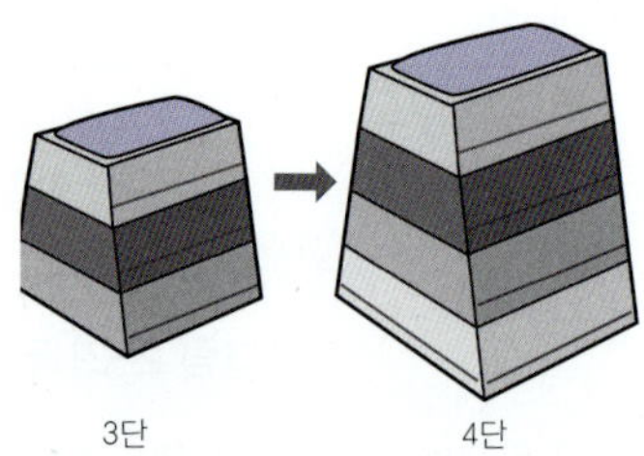
</td></tr>
</table>

출처: 신명희 외(2018). 교육심리(4판), 51p. 〈표2-2〉 재구성. 서울: 학지사

만약, 아동이 교사, 부모, 더 뛰어난 친구 또는 동료에게 도움을 받았는데도 불구하고 학습을 성공적으로 수행하지 못한다면 비계설정을 잘못했다는 의미가 된다. 이는 도움을 제공하는 누군가는 아동의 근접발달영역의 개인차를 고려하여 적절한 비계를 다시 설정해야 함을 시사한다.

일반적으로, 비계란 건물을 짓는 공사장에서 임시로 설치하는 안전 가설물을 칭한다. 비계는 건물을 더 빨리 그리고 효율적으로 지을 수 있도록 돕는 역할을 한다. 학습에서의 비계설정도 이러한 의미에서 접근하면 문제 해결을 위한 교사의 단서, 동료와의 협동학습 등이 아동의 인지발달을 촉진할 수 있다. 그러나 아동의 근접발달영역 안에서의 적절한 비계가 아니면 인지발달이 늦어지거나 불완전해질 수 있다. 다른 누군가의 도움과 지원은 때때로 한계가 있다. 그러므로 도움을 제공하는 사람은 자전거를 처음 배울 때, 시작 단계에서는 뒤에서 양손으로 잡아주다가 어느 정도 아동이 중심을 잡게 되면 한 손을 놓고, 결국에는 두 손을 다 놓아주듯이 학습의 주체자가 아동이 될 수 있도록 학습 초기에는 많은 도움을 제공하다가 점점 지원을 줄여서 스스로 할 수 있는 단계까지 이끌 필요가 있다. 만약, 아동에게 도움을 제공했는데 성공적인 학습을 경험하지 못하였다면, 비계의 난이도를 조절하여 제공해야 할 것이다.

4. Piaget와 Vygotsky의 공통점과 차이점

Piaget와 Vygotsky는 인지발달에 관한 중요한 이론을 제시한 심리학자이다. 이 이론들의 공통점과 차이점은 다음과 같다.

(공통점)

- (사회적 상호작용의 중요성 강조) Piaget와 Vygotsky는 사회적 상호작용이 아동의 인지발달에 중요한 역할을 하며 다른 사람과의 상호작용이 아동이 지적 기능을 발달시키는 데 도움이 된다고 주장했다.
- (구조화된 단계) 두 이론은 모두 아동의 발달이 단계적이라고 보았다. Piaget는 감각운동기, 전 조작기, 구체적 조작기, 형식적 조작기를 거치면서 단계적으로 인지가 발달한다고 주장했다. Vygotsky는 아동 스스로 할 수 있는 실제 수준과 교사나 부모의 도움을 받아 도달할 수 있는 잠재적 수준의 차

가 근접발달영역이라고 제시하였고, 근접발달영역의 개인차가 있음을 강조하였다. 두 이론 모두, 아동 스스로의 자발적 발달의 두 가지 형태를 구분하면서 발달이 일정한 구조에 따라 진행된다고 주장했다.

(차이점)

- (발달 원인에 대한 관점) Piaget는 아동이 환경과 상호작용하면서 직접 경험을 통해 개념을 구축한다고 보았다. Vygotsky는 아동이 지도자나 다른 전문가와의 상호작용을 통해 더 높은 수준의 기능을 습득한다고 주장한다. 따라서, Piaget는 아동의 자립적 발달을 강조하고, Vygotsky는 사회적 지도의 역할을 강조한다.
- (문화와 언어의 역할) Vygotsky는 문화적 맥락에서의 언어 사용이 아동의 인지발달에 큰 영향을 미친다고 강조한다. 언어는 사회적 상호작용과 연결되어 있으며, 언어를 사용하면서 아동은 다른 사람의 지식과 문화를 습득하게 된다고 Vygotsky는 주장한다. Piaget는 언어 역시 중요하지만, 그것은 아동이 개념을 정립하는 도구로의 역할을 중시한다.
- (발달 단계의 특성) Piaget는 고정된 발달 단계를 제안하고, 아동이 특정 단계에 도달할 때 특정 종류의 지적 활동을 할 수 있다고 보았다. Vygotsky는 더 동적이고 유연한 발달 모델을 제안하며, 아동의 발달이 계속해서 변하고 적응하는 과정으로 이해하였다.

이러한 차이와 공통점을 고려하면, Piaget와 Vygotsky의 이론은 서로 보완적이며, 각각의 관점에서 아동의 인지발달을 이해하는 데 도움이 된다.

전문가 되기 연구문제

01 아동이 다음의 Piaget의 인지발달 단계에 있다고 가정할 때, 교사나 부모 등은 아동의 인지발달을 어떻게 도울 수 있을까요?

감각운동기		전 조작기		구체적 조작기		형식적 조작기	
연령		연령		연령		연령	

02 다른 사람의 도움을 받아 성공했던 경험, 성공하지 못했던 경험을 이야기 봅시다. 다른 사람의 똑같은 도움을 받았는 데는 어떤 학생은 성공적으로 문제를 해결했고, 어떤 학생은 성공적으로 문제를 해결하지 못했다면, Vygotsky 인지발달 원리에 따라 그 원인을 분석하여 설명해 보세요.

03 선행학습의 필요성과 교육적 효과에 대한 자신의 의견을 Piaget의 인지발달의 원리와 비고츠키의 인지발달의 원리에 근거하여 논리적으로 진술해 보세요.

제3장
성격 및 사회성 발달

1. 성격

1) Freud의 심리성적 발달이론

(1) Freud의 심리성적 발달이론의 개념

Sigmund Freud(1856~1939)

프로이트는 성격발달 단계를 설명한 학자로 인간의 성격발달에 있어 초기 아동기 경험의 중요성을 강조하였다. 그는 인간의 행동을 의식과 무의식의 세계로 설명하였다. 무의식 속에 존재하는 인간의 본능과 욕망이 성격형성과 행동에 많은 영향을 끼친다고 보았다. 무의식이란, 마음 속 깊이 억압된 사고와 감정, 기억 등을 뜻한다. 이러한 무의식 속에 잠재되어 있는 억압된 욕구가 바람직하지 못한 행동으로 표출된다고 보았다.

프로이트는 인간의 성격을 크게 원초아(id), 자아(ego), 초자아(superego)로 구분하였다.

① **원초아(id)**

원초아(id)는 무의식 영역에 존재하는 성격구조로 인간의 생물학적 본능적 욕구를 뜻한다. 즉 원초아는 욕구에 대한 즉각적인 만족을 추구하는 쾌락원리를 추구한다. 원초아의 예시로는 식욕, 성욕, 수면욕, 공격성 등 본능적 욕구 등이 포함된다. 원초아가 강한 사람은 자신의 본능적 욕구를 충족하기 위해 외부의 현실이나 도덕적 상황을 고려하지 않은 채 행동한다.

② **자아(ego)**

자아(ego)는 현실을 고려하여 원초아의 본능적 욕구를 현실에 맞게 조정하는 역할을 한다. 자아는 본능적 쾌락을 추구하는 원초아와 도덕적 규범을 추구하는 초자아 간의 갈등을 중재하는 역할을 한다. 자아가 발달한 사람은 원초아의 욕구를 조절하거나 다른 방식으로 표출할 줄 안다.

③ **초자아(superego)**

초자아(superego)는 성격구조 중에 가장 나중에 완성되는 성격구조로 사회규범이나 가치, 도덕, 이상 등이 내면화되면서 형성된다. 초자아는 부모의 영향과 사회적 교육을 통해 주로 형성되어진다. 초자아의 예시로는 도덕성, 양심, 죄책감 등이 있다. 초자아가 잘 발달된 사람들은 사회적 가치가 부여하는 옳고 그름의 판단에 따라 주로 행동을 한다. 그러나 초자아가 지나치게 높은 사람은 본능적 욕구가 무의식 속에 억압되어 있다가 신경증, 만성적 수치심 등 다른 형태로 표출될 수도 있다.

프로이트가 말하는 좋은 성격의 구조는 원초아(id), 자아(ego), 초자아(superego) 이 세 가지 성격 구조들이 한쪽에 치우치지 않고 균형 있게 중심을 잡고 있는 것을 말한다. 그는 이 세 가지 성격 구조가 조화를 이루지 못할 때 성격의 내적 갈등 및 불안을 가져올 수 있다고 보았다.

(2) Freud의 심리성적 발달단계

프로이트는 태어나서 5~6세까지의 경험이 인간의 성격발달에 지대한 영향을 끼친다고 보았다. 생애 초기 성격발달의 중요성을 강조한 프로이트의 이론은 유아교육을 비롯해 초기 아동기 자녀 양육에 큰 변화를 가져왔다.

프로이트는 성격발달에 영향력이 가장 큰 것은 성적 에너지인 리비도(libido)라고 말하였다. 리비도는 각 발달 단계마다 집중하게 되는 신체 부분이 달라지는데, 이때 각 발달단계에서 욕구 충족이 원만하지 못할 경우 각 단계별로 고착현상이 나타날 수 있다. 고착이란 각 발달단계에서의 충분한 욕구 충족이 이루어지지 않아 다음 단계로 발달하지 못하고 그 단계에 계속 머무는 현상을 뜻한다.

① 구강기(oral stage, 0~18개월)

구강기는 리비도가 구강에 집중되어 주로 빠는 행동으로 욕구 충족이 이루어지는 시기이다. 입을 통해 배고픔의 욕구를 만족시키고 불안과 갈등의 감정을 해소시킨다. 이 시기의 욕구 충족은 주로 수유를 통해 이루어지며, 새로운 물건들을 탐색할 때도 입으로 가져가 탐색하게 된다. 따라서 양육자는 아이의 욕구에 맞게 적절한 시간에 수유를 제공하여야 하며, 책이나 장난감 등을 입으로 가져가 빨거나 깨무는 행동에 대해 지나치게 제지하는 것은 바람직하지 않다. 이 시기에 욕구 충족이 충분히 되지 못하면 성장 후에도 손가락 빨기, 손톱 물어뜯기, 음식에 집착, 지나친 수다쟁이, 언어적 공격성, 의존적 성향 등의 고착 현상이 나타난다. 반면 이 시기 욕구 충족이 잘 된 아이는 안정적이고 낙천적이며 독립적인 성격을 지니게 된다.

② 항문기(anal stage, 18개월~3세)

항문기는 리비도가 항문에 집중되는 시기로, 변을 배출하거나 보유하는 것을 통해 긴장을 완화하고 만족을 얻는다. 이 시기는 처음 배변 훈련이 이루어지는 시기로 이를 통해 배설을 조절하는 경험을 처음 함으로써 이를 통해 유아는 처음으로 자신의 욕구를 관리하는 방법을 배우게 된다. 이 시기에 배변 훈련을 서두르거나 지나치게 엄격하게 하면 고착 현상을 보이게 된다. 즉 성장 후에 결벽증, 완벽주의자, 타인을 지배하려는 성격, 고집스럽고 인색한 성격의 소유자가 되거나 또는 낭비벽이 심하고, 무질서, 반항적 성향을 보이게 된다. 반면, 이 시기에 욕구 충족이 충분히 된 경우는 생산적이고 창의적인 성격을 지니게 된다.

③ 남근기(phallic stage, 3~6세)

남근기는 리비도가 성기에 집중되는 시기로 자신의 성정체성에 대해 생각하게 되며, 남자와 여자의 신체 구조가 다르다는 것에 관심을 보이는 시기이다. 이 시기에 남아들은 아버지를 경쟁자로 여기며 이성인 어머니를 차지하기 위해서 동성인 아버지에게 적대감을 느끼는 오이디푸스 콤플렉스(oedipus complex)를 경험하게 된다. 여아들은 이성인 아버지를 소유하기 위해 동성인 어머니를 자신의 경쟁자로 여기며 질투하게 된다. 프로이트는 이를 엘렉트라 콤플렉스(electra complex)라고 설명하였다. 이와 같이 이 시기에는 동성의 부모와 자신을 동일시하게 되는데 이런 과정을 통해 올바른 성역할을 습득하며 초자아를 잘 발달시키게 된다. 이 시기에 콤플렉스를 잘 극복해야 성인이 되었을 때 건강한 성정체성이 확립된다. 만일 이 시기에 고착이 되면 어른이 되어서도 성숙된 사랑을 할 수가 없으며, 여성성과 남성성에 대한 지나친 과시욕, 이성에 대한 거부감 등이 나타날 수 있다.

④ 잠복기(latency stage, 6~11세)

잠복기는 6세~11세까지로, 이 시기는 초자아의 형성과 자아의 성숙으로 리비도의 에너지가 무의식에 잠재되는 시기이다. 즉 리비도의 에너지와 공격적 에너지를 공부나 놀이로 승화시키고, 지적 탐색의 욕구가 활발하게 이루어진다. 다른 단계에 비해 평온한 시기로 동성 친구에게 관심이 많아지고 사회성이 발달되는 시기이다.

이 시기에 고착이 되면 이성에 대한 수치심과 혐오감 등이 생길 수 있다.

⑤ 생식기(genital stage, 12세~성인기)

생식기는 사춘기가 시작되는 시점부터 성인이 되기 직전까지의 시기이다. 이 시기에는 전 단계인 잠복기에 무의식 속에 잠복되어 있던 리비도의 에너지가 의식의 세계로 나오게 된다. 이전 발달단계들에서 고착의 현상들이 있었다면 이 시기에 이성과의 성숙된 사랑을 할 수 없고, 권위에 대한 반항심도 크게 나타나게 된다. 반면, 이 시기까지의 전 단계 발달들이 긍정적으로 이루어진 경우는 이성과 친밀한 관계를 형성하고, 이타적인 사람으로 성장하게 된다.

(3) Freud의 이론의 평가

프로이트는 생애 초기의 경험이 인간의 성격형성에 결정적인 영향을 미친다고 주장하였다. 즉 그의 이론은 성격형성에 있어 생애 초기 부모의 양육 태도, 부모와의 애착관계 등의 중요성을 강조하였다는 점에서 영·유아 교육에 큰 기여를 하였다.

또한 유아기 아동발달단계에 있어서 나타나는 다양한 문제행동 등의 원인을 무의식적 동기 및 발달단계에 있어서의 고착현상 등으로 설명함으로써 심리상담에 기여하였다.

그러나 한편으로 Freud의 이론은 다음과 같은 비판을 받기도 한다.

첫째, 그의 이론이 아동을 직접 관찰한 결과가 아닌 성인 정신병 환자의 치료과정에서 얻어진 자료에 근거하여 추론된 것이어서 비과학적이라는 비판을 받는다.

둘째, 성격이 생물적 성숙요인에 의해 형성된다고 주장한 점과 학령 전 단계 5~6세 이전에 모든 성격이 형성된다고 주장한 점에서 비판을 받는다.

셋째, 프로이트 이론은 인간의 성격을 성적 본능인 리비도에 초점을 두어 설명한 점에서 지나치게 성적 욕구에 초점을 두었다는 비판을 받는다. 인간의 성격은 성적 본능보다 자신이 태어난 기질과 환경 등 좀 더 복합적인 요인에 의해 형성된다는 점을 고려하지 않았다.

(4) Freud의 이론의 교육현장 적용

첫째, 아동기에 나타나는 부적응 행동과 불안 등을 치료할 때, 프로이트의 구강기 시기의 고착의 문제가 없었는지를 살펴보며 부모와의 관계를 재조명함으로써 아동의 심리치료에 도움을 줄 수 있다.

둘째, 프로이트의 이론은 부모나 어린이집 교사가 배변 훈련에 어려움을 지닌 영아를 보육할 때 고착현상이 일어나지 않도록 양육할 수 있도록 도움을 줄 수 있다. 부모나 교사는 항문기 시기의 영아들이 배변 훈련에 성공할 수 있도록 "배변"을 주제로 한 동화책이나, 이야기를 통해 자연스럽게 훈련 해주는 것이 필요하다. 이를 통해 이 시기의 영아들이 자기통제, 자기조절력을 잘 키울 수 있도록 지도해주어야 한다.

셋째, 잠복기 아동을 위한 교육으로는 동성 친구들과 함께할 수 있는 사회성 발달에 도움이 되는 다양한 프로그램을 제공하여 주고 지적 탐색의 기회를 많이 제공해 주는 교육환경을 만들어 주는 것이 필요하다.

2) Erickson의 심리사회적 발달이론

(1) Erickson의 심리사회적 발달이론의 개념

Erickson(1902~1994)

에릭슨의 성격발달이론을 우리는 심리사회적 발달이론이라고 한다. 프로이트의 원초아(id)를 좀 더 강조했던 심리성적 성격발달이론과는 달리 에릭슨은 성격발달에 있어 자아(ego)의 중요성을 더 강조하였다. 자아는 생물학적 본능과 사회적 요구 사이의 갈등을 조정하는 역할을 하는데, 에릭슨은 이러한 사회적 관계와 상호작용 속에서 개인의 성격이 발달한다고 보았다. 에릭슨의 이론은 성격에 영향을 주는 사회 문화적 요인에 관심을 두었다는 점에서 프로이트의 이론과 차이가 있다. 또한 프로이트는 생애의 초기 단계에서의 개인적 경험을 통해 성격발달이 이루어진다고 본 반면, 에릭슨은 성격발달이 전 생애주기를 통해 개인적, 사회적, 문화적 요인에 기초하여 이루어진다고 주장하였다. 또한 에릭슨은 각각의 발달단계마다 요구되는 과업이 있고 이 과업을 어떻게 잘 해결하느냐에 따라 개인의 성격형성에 영향을 준다고 보았다.

(2) Erickson의 심리사회적 발달단계

에릭슨이 주장하는 심리사회적 발달단계 8단계는 다음과 같다.

① 신뢰감 대 불신감(0~1세)

태어나서 1년 동안에 영아가 맺게 되는 첫 사회적 관계는 주로 양육자(어머니)이다. 따라서 이 시기에는 양육자의 일관성 있는 양육 태도와 사랑이 매우 중요하며, 이를 통해 영아들의 욕구 충족이 안정적으로 잘 이루어진 경우 신뢰감을 형성하게 된다. 그러나 이 시기에 주 양육자가 일관성 없는 양육 태도 또는 무관심, 부적절한 반응 등을 보이면 영아는 불신감을 지닌 성격을 형성하게 된다. 따라서 이 시기에 양육자는 자녀의 기본적인 욕구 충족과 안정적인 양육을 통해 세상은 안전하고 믿을 수 있는 곳임을 아이에게 확립시켜 주는 것이 필요하다.

이 시기의 신뢰감 형성은 다음 단계들에서 맺게 되는 모든 사회적 관계성의 성패에 매우 중요한 영향을 주기 때문에 매우 중요하다. 이 시기에 불신감이 아닌 신뢰감을 잘 형성하게 되면 희망이라는 덕목을 가지게 된다.

② 자율성 대 수치심(1~3세)

이 시기의 영아는 부모의 도움을 받던 수동적인 자세에서 벗어나, 처음으로 스스로 걷기 시작하면서 주변을 탐색하며 스스로 선택하고자 하는 자율성을 보이기 시작한다. 즉 타인의 도움 없이 혼자서 숟가락을 잡고 밥을 먹으려 시도하고, 배변 활동도 혼자 힘으로 하려하는 의지를 보인다. 아직은 미숙하지만 혼자 힘으로 스스로 무언가를 시도해 보려는 영아의 행동을 양육자가 지나치게 통제하거나 반대로 부모가 대신 다 해주며 과잉보호를 하는 경우 영아는 자신의 행동과 능력에 대해 의심하며 수치심을 느끼는 성격을 형성하게 된다. 이 시기에 수치심이 아닌 자율성이 잘 형성하게 되면 의지라는 덕목을 지닌 사람으로 성장하게 된다.

③ 주도성 대 죄책감(3~6세)

이 시기의 유아는 인지, 언어, 운동 능력이 더 발달하면서 보다 더 활발하게 환경을 탐색하고 독립적인 활동을 더 많이 하고자 한다. 특히 놀이를 통해 목표나 계획을 세워 그 목표를 이루기 위해 노력하는 목표지향적인 행동을 하기 시작한다. 자신의 활동에 스스로 세운 목표와 계획들을 인정받고 지지받는 경험이 많을수록 주도성이 발달하게 된다. 반면에 자신의 주도적 활동에 대해 꾸중, 비난, 염려 등과 같은 부정적인 반응들을 자주 접하면 새로운 것을 시도하는 것에 대한 죄책감이 발달하게 된다. 따라서 이 시기에 부모나 교사는 유아가 놀이 활동에서 자기 주도적으로 계획하여 놀 수 있도록 기다려주면서 유아에게 선택권을 주는 것이 필요하다. 이 시기에 죄책감이 아닌 주도성을 잘 형성하게 되면 목적의 덕목을 지니게 된다.

④ 근면성 대 열등감(6~12세)

이 시기의 아동들은 학교에 입학하면서 자신의 사회적 세계가 넓어지고 학교생활에서 영향을 많이 받기 시작한다. 이때 아동들은 다양한 성공경험을 통해 근면성이 발달하게 되는데, 타인(특히 교사, 친구들)의 인정과 격려의 영향력이 매우 큰 시기이다. 만일 이 시기에 놀이나 학습활동에서 실패 경험이 반복되면 부정적인 자아상이 형성될 수 있으며, 열등감이 발달하게 된다. 따라서 이 시기에 부모와 교사는 아동 수준에 적절한 성공 가능한 과제, 성취감을 느낄 수 있는 과제를 제공하여 성공 경험을 많이 할 수 있도록 도와주어야 한다. 또한 실패상황에 대해 지나치게 비난하거나 또래와 비교하지 말아야 하며 스스로 다시 도전하도록 진심 어린 격려를 해주어야 한다. 이 시기에 열등감이 아닌 근면성이 잘 발달되면 유능감이라는 덕목을 지니게 된다.

⑤ 정체성 대 역할 혼미(청소년기)

이 시기는 청소년기로 급격한 신체 변화와 자아정체성에 대한 자기 탐색을 시작하게 된다. 청소년들은 자신이 누구이며, 자신이 무엇을 잘하는지, 자신의 미래는 어디로 향해있는지에 대한 끝없는 질문 속에서 갈등과 혼란에 직면하게 된다. 특히 이 시기에는 다른 사람들이 자신을 어떻게 생각하는지에 매우 민감하며 아동도 아닌 성인도 아닌 자신의 지금의 위치에 불안감과 혼란을 느끼게 된다. 이전 단계에서 신뢰감, 자율성, 주도성, 근면성이 잘 형성되었다면 이 시기에 느끼는 혼란과 불안을 보다 더 잘 극복하며 자아 정체성을 확립해 나갈 것이다. 그러나 이전 단계에서 부정적인 성격발달을 이루어왔다면 정체성의 혼란으로 역할 혼미에 빠지게 된다. 청소년들이 역할 혼미에 빠지게 되면 무기력해지거나, 군중에 이끌려 다니거나, 비행에 빠질 확률이 높아진다. 따라서 이 시기에 부모와 교사들은 지나친 통제나 간섭보다 청소년들 스스로가 자신의 가치, 역할, 진로 등을 충분히 탐색하고 받아들일 수 있도록 지켜봐 주고 지지해 주어야 한다. 이 시기에 역할 혼미가 아닌 자아정체성이 잘 형성되면 충실함이라는 덕목을 지니게 된다.

⑥ 친밀감 대 고립감(성인전기)

이 시기는 청소년기를 지나 성인 전기에 접어드는 20대에 해당하는 시기이다. 부모로부터의 독립을 하고 부모가 아닌 다른 사람들과의 관계를 통해 자기 자신의 가치를 찾고자 하는 시기이다. 따라서 이 시기에 사람들은 직업을 선택하고 배우자를 만나 결혼을 하게 되는 시기이기도 하다. 이전 단계에서 긍정적인 자아 정체감을 획득한 사람은 이 시기에 사람들(연인, 직장 동료 등)과 친밀감을 형성하게 된다. 반면 그렇지 못한 사람들은 사람들과의 친밀감에 실패하여 사회적으로 고립되거나 외로움과 고독감을 느끼게 된다. 이 시기에 고립감이 아닌 친밀감이 잘 형성된다면 사랑이라는 덕목을 지니게 된다.

⑦ 생산성 대 침체성(중년기)

중년기인 이 시기에 주된 발달은 생산성이다. 이 시기에 사람들은 주로 자녀를 양육 및 교육하거나 다음 세대를 위한 후배 양성 등을 통해 가정과 사회에서 생산성을 경험함으로써 자기의 존재가치를 확립하고자 한다. 이 시기에 생산성을 경험하지 못한다면 침체성에 빠지게 된다. 침체성에 빠진 사람들은 타인에 대한 배려심이나 관대함이 결여된 자기중심적인 성향의 부모나 지도자가 될 수 있다. 이 시기에 침체성이 아닌 생산성을 잘 형성한다면 배려라는 덕목을 지니게 된다.

⑧ 통합성 대 절망감(노년기)

노년기는 자신의 삶을 뒤돌아보는 시기이다. 이 시기에는 신체적, 정신적 기능이 모두 쇠퇴해 가며, 가정에서나 사회에서의 주류에서 벗어나 뒤로 물러나게 되는 시기이다. 이때 내가 살아온 삶을 뒤돌아보며 보람을 느끼고, 현재의 삶에 만족하는 자세, 지금의 변화를 현명하게 수용할 때 자아 통합감을 느끼게 된다. 반면에 삶을 무미건조하게 받아들이고 노년에 대한 고독감과 허무함에 빠진다면 절망감 속에서 남은 여생을 보내게 된다. 이 시기에 절망감이 아닌 통합성을 잘 형성한다면 지혜라는 덕목을 지니게 된다.

이와 같이 에릭슨은 성격발달에서 개인과 사회와의 상호작용을 중요하게 생각하였다. 그리고 각 발달단계 마다 주어지는 심리사회적 위기를 잘 극복하고 발달과업에서의 긍정적인 요인을 잘 습득하였을 때 안정적인 성격발달이 이루어진다고 설명하였다.

〈표 3-1〉 에릭슨의 심리사회적 발달단계

단계	심리사회적위기	주 사회적 관계	주요 발달 과업	덕목
1단계	신뢰감 대 불신감	어머니 (주 양육자)	일관성 있는 양육자의 사랑과 보살핌을 통해 신뢰감을 형성	희망
2단계	자율성 대 수치심	부모	지나친 통제나 과잉보호가 아닌 스스로 할 수 있는 허용적인 기회를 통해 자율성 발달	의지
3단계	주도성 대 죄책감	가족	자기 주도적 놀이 활동의 경험을 통해 주도성 발달	목적
4단계	근면성 대 열등감	학교, 교사	성취에 대한 인정과 과제에 대한 성공 경험을 통해 근면성 발달	유능감
5단계	정체성 대 역할 혼미	또래집단	자신의 존재, 가치에 대한 인식으로 정체성 발달	충실
6단계	친밀감 대 고립감	친구, 연인, 동료	가족 이외의 타인과의 친밀한 인간관계 형성을 통해 친밀감 발달	사랑
7단계	생산성 대 침체성	배우자, 자녀	가족, 타인, 사회를 위한 노력과 기여를 통해 생산성 발달	배려
8단계	통합성 대 절망감	지역사회, 종교	자신이 살아온 삶에 대한 만족, 지금의 삶에 대한 수용 등을 통해 통합성 발달	지혜

(3) Erickson이론의 평가 및 교육현장 적용

에릭슨의 이론은 초등학교와 중등학교 학생들이 발달과정에서 직면하는 해결해야 할 심리적 과제를 각 단계에서 다루고 있다는 점에서 교육현장에 시사하는 바가 크다.

첫째, 영아기 때는 신뢰감 형성이 매우 중요한 시기이므로 이 시기에는 무엇보다도 부모의 일관된 양육 태도가 필요하다. 따라서 교육기간에서는 예비 부모나 영아기 자녀를 둔 양육초보부모들을 위한 다양한 부모 교육이 보급해야겠다.

둘째, 유아기 때는 자율성과 주도성 발달을 위하여 다양한 놀이나 활동의 기회를 제공하는 것이 필요하다. 부모나 교사는 안전한 범위 내에서 자유로운 활동을 허용해 주어야 하며 지나친 통제나 과잉보호를 하지 말아야 한다. 놀이 활동에 있어 스스로 선택하고 목표를 설정하여 달성하도록 격려해야 한다.

셋째, 아동기인 초등학교 때는 아동들의 근면성 발달을 위하여 과제수행과정과 노력에 대한 교사의 적절한 칭찬과 격려가 필요하다. 성과중심의 지나친 비판은 금물이며, 성공 가능한 적절한 수준의 과제들을 제시함으로써 아동들이 성취감을 통해 근면성이 잘 발달하도록 도와주는 것이 필요하다.

넷째, 청소년기 때는 스스로의 자아정체성 탐색의 시간이 필요함을 인식하며 부모나 교사는 인내심을 가지고 그들의 성장을 기다려주고 한 발 뒤로 물러서 지켜보며 지도해주어야 한다. 학교나 교육기관에서는 정체성 혼란으로 힘들어하는 청소년들을 위한 정체감 형성을 위한 다양한 프로그램을 제공하는 것이 필요하다. 즉 자신의 마음을 글로 표현하게 하는 활동, 진로 탐색을 통해 자신이 진정 원하는 미래의 꿈이 무엇인지를 알아가는 활동, 나라는 사람이 어떤 사람인지 깊게 탐색하는 활동 등이 필요하겠다.

3) Marcia의 정체감 확립이론

마르시아는 정체감에 대한 에릭슨의 이론을 좀 더 발전시킨 이론을 제시하였다. 그는 청소년의 정체감 지위를 설명하기 위해 위기(crisis)와 전념(commitment)의 두 가지 기준에 따라 정체감 혼미, 정체감 유실, 정체감 유예, 정체감 성취 총 네 가지로 분류하였다.

① 정체감 혼미(identity diffusion)는 정체감 지위 중에서 가장 낮은 상태로 삶에 대한 방향성이 결여되어 있는 상태이다. 정체감 혼미 상태에서는 정체감의 위기나 전념을 아직 경험하지 못하였으며 자신의 신념, 직업에 대한 의사결정도 하지 못한다. 그대로 두면 부정적 정체성으로 빠져들 수 있다.

② 정체감 유실(identity foreclosure)은 정체감을 갖기 위한 스스로의 노력과 고민은 충분히 하지 않으면서 직업이나 이념에 전념하고 있는 상태이다. 즉

이들은 정체감 위기를 경험하지 않기에 스스로 자신의 삶을 구성하는 과정이 결여되어 있으며, 사회나 부모의 가치를 그대로 수용하는 경우가 많다. 그래서 청소년기를 비교적 안정적으로 보내는 듯 보이지만 성인기 이후 뒤늦게 정체감의 위기를 맞이하여 혼란스러워하기도 한다.

③ 정체감 유예(identity moratorium)는 정체감의 위기를 경험하고 고민하고 있지만, 아직 무엇인가에 전념하지는 못한 상태이다. 정체감 위기 극복 과정에서 반드시 거쳐야 할 중요한 단계이며, 정체감 유실과 정체감 혼미 상태보다는 좀 더 바람직한 상태이다.

④ 정체감 성취(identity achievement)는 삶의 목표, 가치, 직업, 인간관계 등에서 정체감 위기를 경험하고 대안을 탐색하며 성공적으로 극복하여 자아정체감을 확립한 상태이다. 타인의 가치를 고려하지만 스스로 충분한 생각을 통해 의사결정을 한다. 따라서 이들은 현실적이고 대인관계가 안정적이며, 자아존중감도 높다. 정체감 지위 중에 가장 바람직한 상태이다.

2. 사회성

사회성 발달에 영향을 주는 요인으로 Bronfenbrenner의 생태학적 이론과 Selman의 사회적 조망수용이론에 대해 살펴보고자 한다. 더 나아가 아동들의 사회성 발달에 영향을 주는 요인들에 대해 정리해 보고자 한다.

1) Bronfenbrenner의 생태학적 이론

브론펜브레너(Bronfenbrenner)의 생태학적 이론(ecological theory)에서는 사회적 맥락에서 개인의 발달을 설명하였다. 즉 개인에게 영향을 주는 가족, 그 외의 환경체계(이웃, 학교, 국가 등)를 제시하며 개인이 환경과의 다양한 상호작용을 통해 발달해가는 과정을 설명하였다. 개인에게 영향을 주는 다섯 가지 수준의 환경을 미시체계, 중간체계, 외체계, 거시체계, 시간체계로 제시하였는데 그 내용은 다음과 같다.

첫째, 미시체계(microsystem)는 아동이 직접 접하는 환경으로 가정, 학교, 부모, 친구, 선생님 등을 포함한다. 이 환경에서 아동의 활동은 직접적인 환경에 의해 강하게 영향을 받고 아동의 기질, 능력, 성격과 같은 특성이 성인의 행동에 영향을 미치므로 모든 관계는 상호적이다.

둘째, 중간체계(mesosystem)는 아동과 다양한 미시체계 간의 상호 관계를 말한다. 아동과 부모, 형제, 교사, 또래 친구들은 연결되어 서로 영향을 미친다. 부모가 자녀의 학교생활에 관심을 가지고, 교사가 아동의 학습에 열정적으로 가르칠 때 아동에게 긍정적인 영향을 미친다. 반대로 부모와의 관계가 원만하지 못한 아동은 학교에서 친구와의 관계가 어려울 수 있다. 이는 중간체계가 아동의 발달에 영향을 주기 때문이다.

셋째, 외체계(exosystem)는 아동에게 간접적인 영향을 주는 외부체계이며 기관과 미시체계 사이의 연결로 이루어진다. 즉 대중매체, 사회복지관, 지역정부기관, 문화시설, 이웃, 가족의 친구 등이 포함된다. 이 환경에는 아동이 직접 참여하지 않지만 아동의 행동에 큰 영향을 주는 체계이다. 사회적으로 고립된 가족의 경우에는 외체계의 부족으로 아동발달에 부정적인 영향을 줄 수 있다.

넷째, 거시체계(macrosystem)는 문화적 영향을 의미한다. 개인에게 영향을 미치는 관념, 법, 관습, 사상 등이 포함된다. 사회의 공통된 가치가 아동발달에 바람직한 방향으로 형성되는 것은 중요하다.

다섯째, 시간체계(chronosystem)는 시간의 차원으로 일생 동안 일어나는 인간의 변화와 사회역사적 환경의 변화를 포함한다. 아동이 어떤 시대에 출생하여 성장하였는가에 따라 발달에 큰 영향을 받게 된다. 즉 1950년대 태어난 아동과 2020년대 태어난 아동은 그 발달 속도와 생활방식 등에 차이가 있을 수 있다.

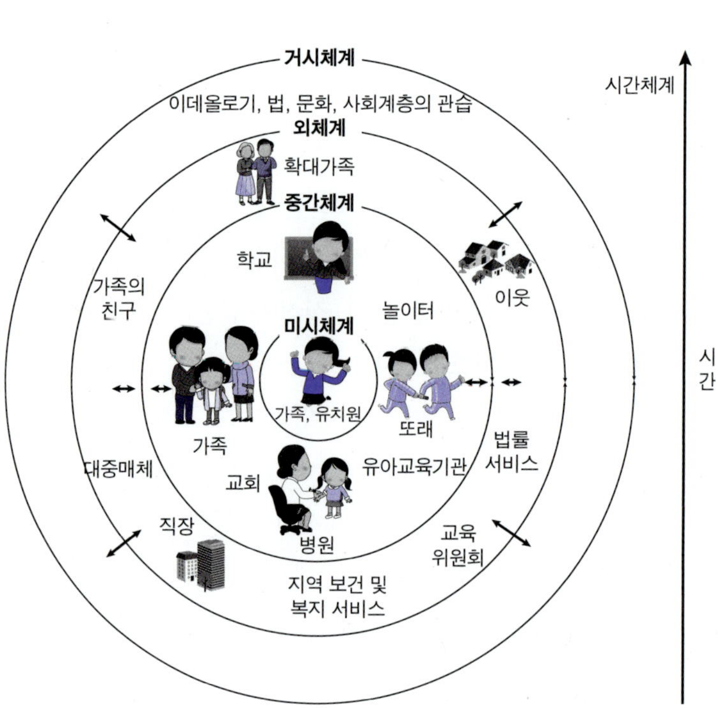

[그림 3-1] Bronfenbrenner의 생태학적 체계 모델

출처: 김현호 외(2015), 유아발달.

2) Selman의 사회적 조망수용이론

사회적 조망수용능력(social perspective taking ability)이란 자신과 타인과의 사회적 관계를 인지하는 것으로 타인의 입장, 생각, 감정을 이해할 수 있는 것을 의미한다. 사회적 조망수용 능력을 지닌 사람은 다른 사람들의 정서상태를 잘 파악하고 느끼는 감정이입, 동정심, 사회적 문제해결 능력을 지닌다. 이들은 타인의 요구에 적절하게 반응하고, 의사소통을 원만하게 하며, 타인과의 관계를 잘 지속할 수 있다.

셀먼(Selman)은 사회적 조망수용능력의 발달단계를 다음과 같이 5단계로 제시하였다.

(1) 0단계: 자기중심적 관점 수용단계(3~6세)

이 단계에서는 타인을 자기중심적으로 보기 때문에 타인이 자신과 다른 생각이나 감정을 가지고 있다는 것을 이해하지 못한다. 즉 다른 사람도 자신의 생각이나 감정과 동일할 것이라고 생각한다. 예를 들면, 유아기의 아이들은 자신이 좋아하는 물건(뽀로로 스티커 등)을 다른 사람들도 모두 좋아할 것이라 생각하고 선물한다.

(2) 1단계: 주관적 조망수용단계(5~9세)

이 단계에서는 동일한 상황에 대한 다른 사람들의 관점이 자신의 관점과 다를 수 있다는 것까지는 이해하지만 아직도 자기의 입장에서 이해하려고 한다. 따라서 다른 사람의 의도나 감정을 추측할 수 있으나 그 안에 숨은 의도나 감정까지는 알아차리지 못한다.

(3) 2단계: 자기반성적 조망수용단계(7~12세)

이 단계에서는 다른 사람의 관점을 이해할 수 있고 다른 사람의 관점에서 자신을 바라볼 수도 있다. 즉 다른 사람이 자신의 행동에 대해 어떻게 생각하는지 알 수 있으며, 다른 사람이 서로 다르게 생각하고 느낀다는 것을 알 수 있다. 타인의 입장이 되어서 그 사람의 의도와 목적, 행동을 이해할 수는 있지만, 제삼자 입장에서 자신과 타인의 입장을 객관적으로 바라보는 것은 하지 못한다.

(4) 3단계: 상호적 조망수용단계(10~15세)

이 단계에서는 자기의 관점과 타인의 관점을 동시에 각각 이해할 수 있다. 다른 사람과의 상호작용 속에서 발생하는 문제에 대해 제삼자의 입장에서 객관적으로 생각하게 된다.

(5) 4단계: 사회적 조망수용단계(12세~성인)

이 단계에서는 사회관계를 이해하는 능력이 더욱 깊게 발달하게 되어 제삼자의 입장에서 생각하는 것에서 더 나아가 사회 구성원이 갖는 일반화된 관점으로 이해할 수 있다. 즉 사회적 합의나 사회 구성원의 견해 등에 관심이 많아지게 된다. 즉 자신의 행동이 타인에게 뿐만 아니라, 더 나아가 사회질서를 어지럽히는 일인지 아닌지까지도 생각하게 되는 단계이다. 이것은 사회관계를 이해하는 능력이 더욱 심층적으로 발달하게 된다고 볼 수 있다. 따라서 이 단계에서는 사회체계의 관점을 이해하는 최상의 사회인지 능력을 가지게 된다.

학교에서 사회적 조망수용능력이 뛰어난 학생들이 많아지면 학생들의 상호작용 속에서 발생되는 갈등은 줄어들 것이고, 타인의 관점에서 생각하는 이타적 행동은 증가 될 것이다. 따라서 학교에서 교사들은 학생들이 보다 높은 사회적 조망수용단계에 도달하도록 지도하고 도와주어야 한다. 특히, 공격성을 보이는 학생들이나 학교폭력 가해자의 학생들에게는 타인의 입장에서 생각하고 타인의 아픔을 공감할 수 있도록 사회적 조망수용능력에 대한 교육이 필요하겠다.

3) 사회성의 발달

아이들의 사회성 발달에 긍정적인 영향을 주는 친사회적 행동을 촉진하는 요인들을 중심으로 살펴보고자 한다. 친사회적 행동의 발달을 촉진하는 요소들로 이타심, 부모의 양육 태도, 공감능력, 자기조절능력 등을 있다.

(1) 이타심

이타심이란 자신에게 이익이 되는 상황이 아니더라도 다른 사람을 배려하고 도움을 주려고 하는 심리적 성향이다. 이타심에는 공유, 돕기, 협동, 협조와 같은 친사회적 행동이 포함된다. 이는 배려심과 비슷하며 타인의 행복에 대해 함께 추구하고자 하는 특성을 지닌다. 이타심을 지닌 아이들은 어릴 때부터 또래에게 장난감을 빌려주거나, 부모의 일을 스스로 도우려 하는 친사회적 행동을 보인다. 이타심은 4~6세부터 증가하기 시작하고, 9~10세에 가장 높은 수준이 된다. 이타심의 발달을 촉진하는 방법으로는 주변의 가까운 사람 즉 부모, 교사, 친구가 행하는 이타적인 행동을 모방하며 습득될 수 있다.

(2) 부모의 양육 태도

인간이 최초로 경험하는 작은 사회는 가족이다. 특히 인간이 태어나 처음 유대관계를 맺는 부모와의 관계가 긍정적일수록 더 큰 사회(유치원, 학교, 회사 등)에서 만나게 되는 친구, 사람들과 긍정적인 관계를 맺을 수 있다. 이러한 측면에서 부모의 양육 태도는 아동의 사회성 발달에 지대한 영향을 준다. 부모의 양육 태도 중에 바움린드(Baumrind)의 양육방식에 대해 설명하고 아동의 사회성 발달에 긍정적인 영향을 주는 양육 유형과 부정적인 영향을 주는 양육 유형을 살펴보고자 한다.

바움린드는 부모의 양육 태도를 애정과 통제의 정도에 따라 권위 있는 부모, 허용적 부모, 무관심한 부모, 독재적 부모 4가지 유형으로 나뉘어 설명하였다.

첫째, 권위있는 양육방식의 부모는 애정과 통제를 적절하게 사용하며 일관성 있는 태도로 자녀를 대하고, 자녀의 의견을 수용하고 부모의 의견을 제시할 때 충분한 설명과 대화를 통해 전달한다. 이러한 환경 속에서 성장한 아이들은 친구들의 관계 속에서 친절하고, 자신감 있고, 책임감 있으며 독립적인 태도를 보인다. 즉 또래 아동들과 잘 어울리며 높은 사회성을 지닌다.

둘째, 허용적 양육방식의 부모는 자녀에게 지나치게 허용적이며, 어떠한 통제나 처벌도 하지 않는다. 즉 통제는 없고 애정만 있는 환경을 제공한다. 자녀가 잘못된 행동을 했을 때도 통제가 없는 자유를 허용하므로 그들의 자녀는 유치원이나 학교의 집단생활 속에서 첫 규율과 통제를 경험할 때 매우 힘들어한다. 즉 지나친 자신감을 지니거나 자기 통제력이 부족하며 충동적인 아이로 성장할 수 있다.

셋째, 무관심한 양육방식의 부모는 자녀에게 어떠한 애정도 없고, 냉담하며 통제도 하지 않는 태도를 보인다. 즉 자녀의 요구에 무관심하고 거부적이며 자유방임적 태도를 보인다. 이러한 양육방식에서 성장한 아동은 인생의 목표나 동기가 없으며 쉽게 좌절하고 자기 통제력도 부족하게 된다. 더 나아가 우울, 문제행동

등을 보일 수 있다.

넷째, 독재적 양육방식의 부모는 엄격하며 애정 없이 자신의 절대적 기준에 따라 자녀를 통제하려 한다. 자녀가 부모의 말에 무조건 순응하도록 요구하며 자녀에게 자율성을 부여하지 않는다. 이러한 양육방식에서 성장한 아동은 항상 불안하고 위축되거나 의존적이며 낮은 자존감을 형성할 수 있다. 또한 감정의 억압으로 분노, 반항적인 태도를 보이기 쉽다.

이와 같이 권위있는 양육방식을 제외한 세 가지 양육방식 속에서 자란 아동은 사회성 발달에 저해를 가져올 수 있다. 이들은 학교에서 규칙을 준수해야 할 상황이나, 친구들과 어울리며 단체생활을 할 때 공격적이거나 반항적이거나 지나치게 위축되거나 충동적인 행동을 보일 수 있다.

따라서 부모는 자녀에게 권위있는 부모가 되어야 한다. 여기서 말하는 권위란 독제적인 지시와 군림이 아닌 적절한 통제와 애정을 잘 사용하여 자녀를 양육하는 것을 뜻한다. 자녀의 요구에 민감하게 반응하고 일관성 있는 태도로 지도하며, 잘못된 행동에 대해서는 정확한 통제와 그에 대한 적절한 행동의 지침을 알려주어야 한다. 이러한 환경에서 성장한 아동은 더 큰 사회에 나갔을 때 인내심과 자기조절능력을 발휘하여 친구들을 배려하고 협동하는 등 친사회적 행동을 보이게 된다.

(3) 공감능력

공감능력이란 타인의 기분이나 상황 등과 같은 정서를 아는 능력이다. 공감능력을 설명하기 위해 정서지능에 대해 먼저 설명하고자 한다. 정서지능에 대한 개념은 1990년 미국 예일 대학교 심리학 교수인 피터 샐로비와 뉴햄프셔대학교 존 메이어 교수에 의해 처음 정의되었다. 정서지능은 자신의 감정과 타인의 감정을 잘 파악하고 받아들이는 능력을 뜻하며, 다른 사람의 감정을 잘 읽고 거기에 공감할 수 있는 능력을 말한다. 이러한 능력의 발달은 아이들이 다양한 사회적 관계 속에서의 갈등을 줄여주며, 또래관계에서의 친사회적 행동을 높여줄 수 있다는 점에서 사회성 발달에 중요한 요소이다.

이미 많은 연구들에서 정서지능이 높은 아이들이 또래관계, 사회성, 학교적응 능력 및 학업성취 등이 높다고 보고하였다.(곽윤정, 1997; 이민숙, 2003; 민혜경, 2005).

학교에서 아동들의 공감능력을 키우기 위해서는 교사는 자신과 타인의 정서를 잘 관리하고 통제하고 조절하는 능력인 정서지능 능력을 키워줄 수 있는 다양한 수업들을 구상하여 수업에서 활용할 필요가 있다. 수업 전 아침 조회 시간에 학생들의 감정이 어떤지를 날씨로 표현하게 한다든가, 자신의 기분 상태를 숫자로 표현해 봄으로써 자신의 현재 기분을 점검하게 하는 등 간단한 활동을 해볼 수 있다. 또한 화가 난 아이들에게 감정 신호등을 사용하여 감정을 조절하는 방법을 가르칠 수 있다.

(4) 자기조절능력

자기조절능력이란 목표 달성을 위해 바람직한 행동은 하고 그렇지 않은 행동은 억제함으로써 충동적이거나 즉각적이지 않고 스스로 문제를 신중하게 계획, 해결, 평가할 수 있는 능력을 말한다. Kopp(1982)는 자기조절력을 자신의 행동에 책임을 질 수 있는 사회화 과정 중에 요구되는 핵심능력이라고 정의하였다.

자기조절능력이 잘 발달한 아이들은 친사회성과 사회적 유능성이 높으며, 친구들과 좋은 관계를 유지하며 학교생활에서의 적응력이 높다. 자기조절력에 대한 연구들에서는 자기조절능력이 친구 관계 및 학교 적응에 긍정적인 영향을 끼친다고 보고하고 있다(노현미 외, 2009). 자기조절능력이 높을수록 아이들은 공감 능력, 도덕성, 사회성이 높으며, 불안이나 분노와 같은 부정적인 감정들을 잘 조절할 수 있다. 반면에 자기조절능력이 부족한 아동은 원만한 대인관계를 맺지 못하고 학교에서의 조기이탈 가능성이 높아질 수 있으며, 또래관계에서 충동적이며 공격적인 행동을 보인다(Henry et al, 1996).

이러한 점에서 자기조절능력은 아이들의 사회성 발달에 매우 중요한 요인이다.

전문가 되기 연구문제

01 에릭슨의 이론을 적용하여 유아기, 아동기, 청소년기에 긍정적인 성격형성을 할 수 있도록 교사의 역할과 지도방법을 각각 설명하세요.

02 Marcia가 분류한 4가지 정체성 중에 나는 어느 상태에 해당하는지 선택해 보고 그렇게 생각하는 이유를 설명하세요.

03 학교에서 학생들의 사회성을 증진 시킬 수 있는 수업 활동을 구체적으로 구상해보세요.

제4장
도덕성 발달

1. 도덕성의 의미와 발달

우리는 많은 순간에 도덕적 의사결정을 한다. 기말시험에 문제의 답이 있는 요약정리 노트가 바로 옆에 있는데 하필 감독관이 창밖을 보고 있을 때, 아르바이트비를 받았는데 원래 말했던 금액보다 더 많을 때, 수업에 늦었는데 무거운 짐을 겨우 들고 가고 있는 할머니가 좀 도와 달라고 할 때 등, 우리는 수도 없이 도덕적 갈등을 당면하고 자신의 가치와 생각에 따라 판단하고 행동한다.

도덕적 발달은 개인이 자신과 타인의 행동을 평가하는데 사용하는 옳고 그름에 대한 개념을 획득하는 과정이며(Turiel, 1998) 정서, 행동, 사고와 관련되어 있다(Santrock, 2003). 즉 무엇이 도덕적인 행동인가를 생각해 낼 수 있는 인지적 요소, 이타심, 공감, 죄책감 등과 관련된 정서적 요소, 마지막으로 도덕적 행동을 실천에 옮길 수 있도록 하는 행동적 요소로 이루어져 있다. 도덕성 연구는 정서, 행동, 인지의 세 가지 측면 중 어느 하나에 초점을 맞추어 주로 연구되어 왔으며 정신분석이론은 정서, 학습이론은 행동, 인지발달이론은 인지 측면에서 도덕성 발달 이론을 전개하였다.

1) 정신분석 측면의 도덕성 발달이론

프로이트(S. Freud)는 인간의 성격구조가 원초아, 자아, 초자아로 구성되어 있다고 하였다. 인간의 원초아는 본능의 충족을 추구하는데 자아가 현실원리에 따라 원초아를 조절하여 행동하게 한다. 이 때 그 행동이 도덕적인지 여부를 판단하는 것이 초자아이다.

초자아는 남근기(phallic stage, 3~6세)에 오이디푸스 콤플렉스와 외디푸스 콤플렉스를 해결하는 과정에서 형성된다. 초자아는 아동이 도달하고자 지향하는 가치체계인 자아이상(ego ideal)과 옳고 그름을 판단하는 양심(consciousness)으로 구성된다. 자아이상은 부모의 행위를 닮도록 행동하는 동일시를 통해 획득되는데 이것은 부모가 인정한 이상적 도적기준과 관계되어 있다. 그래서 아동이 도덕적 기준에 따라 행동했을 때 아동은 자부심과 자긍심을 느끼게 된다. 반면 양심은 물건을 훔치지 않기, 친구를 때리지 않기 등과 같은 행동목록과 관련되어 있으며 이러한 잘못된 행동에 대한 처벌 경험으로 아동은 수치심과 죄의식을 느끼게 된다(Santrock, 2003). 즉, 동성부모에 대한 선망과 동일시로 자신의 욕망과 충동을 억누르고 부모의 행동이나 가치 기준을 내면화하는 과정을 통해 초자아가 형성되는 것이다.

프로이트의 이론의 한계점으로는, 첫째, 프로이트는 초자아가 동성부모의 두려움 때문에 발달된다고 하였다. 그렇다면 동성의 부모가 처벌적이고 위협적일 때 더 강한 초자아가 발달해야 한다. 하지만 부모가 심한 처벌을 할 때 아동은 오히려 나쁜 행동을 자주하며 죄책감이나 수치심을 표현하지 않는 경향이 있다(Kochanska, 1997). 둘째, 남근기 이전 영아기(13~15개월)에도 외적 감시 없이 규칙을 따르며(Kochanska, Murray, & Coy, 1997) 3세가 되면, 기준을 따르지 못했을 때는 수치심을, 기준을 따랐을 때는 자긍심을 느껴 남근기 이전에도 도덕적인 내면화가 이미 진행되고 있음을 보여준다. 이러한 한계점에도 불구하고 프로이트의 이론은 아동의 도덕성이 어떻게 발달해 나가는지에 대한 명확한 참조 틀을 제공해 주므로 도덕성 발달을 이해하는데 중요한 역할을 하고 있다.

2) 학습이론적 측면의 도덕성 발달이론

도덕적 갈등 상황에서 결국 도덕적 행동을 실제로 하기 위해서는 '도덕적 수행'이 필요한데, 행동주의에서는 사람들이 어떻게 느끼고 사고하느냐 보다 실제로 행동으로 옮기는 행동요소에 더 많은 관심을 두었다(Shaffer, 2002).

스키너(B. F. Skinner)는 도덕적 행동의 결과로 인해 아동이 도덕적 규칙을 따르게 된다고 보았다. 바람직한 행동을 했을 때 아동은 강화를 받고, 도덕적이지 않은 행동을 했을 때 아동은 처벌을 받게 된다. 그러한 강화와 처벌이 반복되면서 아동은 나이가 들수록 더 도덕적인 행동을 하게 된다. 즉 강화받는 바람직한 행동은 더 많이 하게 되고 처벌받는 도덕적이지 않은 행동은 감소하게 되는 것이다.

반두라(A. Bandura)는 사회학습이론에서 아동이 직접적인 보상이나 처벌을 통해서 도덕성이 발달하기도 하지만 다른 사람의 행동 결과에 대한 보상 및 처벌, 즉 대리강화와 처벌을 통해서도 도덕적 행동을 학습한다고 주장한다. 예를 들어, 형이 과자를 몰래 먹어 처벌받는 것을 보는 것만으로도 동생은 몰래 과자를 먹지 않으려고 한다는 것이다. 이때, 도덕적으로 행동하는 데 꼭 필요한 것이 자기통제(self-control)이다. 바람직하지 못한 행동은 억제하고 바람직한 행동은 지향하도록 자기통제를 내면화해야만 도덕적 행동을 하게 된다는 것이다.

정신분석이론과 사회학습이론은 도덕성 발달에 영향을 미치는 부모와의 동일시, 훈육, 모델링, 강화의 방법을 강조하며 도덕성이 기존의 규칙과 기대 등을 내면화하는 과정에서 발달한다는 관점을 가지고 있다. 이들은 아동이 실제로 도덕적 가치판단과 행동을 하는 기제를 잘 설명해 주는 이론이다. 그러나 이 이론은 도덕성이 외적인 통제에 의해 학습된다고 주장함으로써 인간이 스스로 옳고 그름을 판단하고 행동할 수 있다는 점을 간과한다. 즉, 인간이 스스로 내적 인식과 통찰을 통해 도덕적 가치체계를 형성해 나갈 수 있다는 인간 고유의 능력을 근본적으로 도외시하고 있는 것이다.

인지적 요소를 강조하는 도덕성 발달이론은 도덕성이 발달하기 위해서는 인지발달이 선행되어야 한다고 주장한다. 즉 인지적 판단 능력을 가지고 있을 때 비로소 도덕적 행동이 가능하다는 것이다. 왜냐하면 도덕성 발달은 분화되고 통합되는 인지구조를 형성해 나가는 과정인 인지발달과 함께 이루어지기 때문이다. 인지적 요소에 초점을 두는 도덕성 발달이론은 피아제에 의해 처음으로 제시되었으며 이것을 토대로 발전된 콜버그의 도덕성 발달이론은 도덕교육의 기초가 되는 중요한 이론이다.

2. Piaget 도덕성 발달이론

1) Piaget의 도덕성 발달 단계

피아제(Piaget, 1965)는 놀이의 규칙과 도덕적 딜레마에 대한 아동의 반응을 관찰하여 아동이 자신의 행동의도에 대한 도덕적 추론을 할 수 있는지 알아보았다. 그는 5~13세 아동들이 규칙을 어떻게 보는지, 이야기 속 주인공의 행동을 어떻게 도덕적으로 판단하는지 등에 대한 아동의 반응을 연구하여 도덕성의 발달을 전도덕성, 타율적 도덕성, 자율적 도덕성 단계로 제시하였다.

(1) 전도덕성

전도덕성(premoral morality, 2~4세) 단계의 아동은 규칙이나 질서에 대한 도덕적 인식이 거의 없다. 이 시기의 아동은 아무런 규칙 없이 가상적 놀이나 게임을 즐긴다. 규칙을 이해하지 못하며 규칙을 따라야 한다는 생각도 없는 상태이다. 그리고 도덕적 갈등 상황에 대해서도 일관성 있는 도덕적 관점을 가지지 못한다.

(2) 타율적 도덕성

타율적 도덕성(heteronomous morality, 5~7세)은 피아제의 인지발달단계에서 전 조작기(2~7세)에 해당되며 행위의 결과를 중심으로 옳고 그름을 판단하는 단계이다. '타율적'이란 다른 사람에 의해 도덕적 규칙이 정해진다는 것을 의미한다. 여기서 규칙은 부모, 교사 등과 같은 권위적 존재에 의해 만들어지기 때문에 변경할 수 없는 것이며 이를 위반하면 벌을 받아야 한다고 생각한다. 예를 들어 출산이 임박한 산모를 병원으로 데려가기 위해 과속을 하는 상황에서 이 시기의 아동은 과속의 이유에는 관심이 없고 속도는 지켜야 하기 때문에 처벌을 받아야 한다고 생각한다. 피아제는 이와 같이 규칙이나 도덕이 절대로 변하지 않는다고 생각하는 절대주의적 도덕적 사고를 도덕적 사실주의(moral realism)라고 한다.

이 단계에서는 행동의 옳고 그름을 의도나 동기로 평가하는 것이 아니라 결과로 판단한다. 비록 행위자의 의도가 좋았다 하더라도 그 결과가 부정적이면 그것은 나쁘다고 생각한다. 예를 들어, 엄마의 설거지를 도우려고 컵을 싱크대에 가져다주는 과정에서 컵 열 개를 깨뜨린 진우가 엄마 몰래 주스를 먹으려고 컵을 한 개 깨뜨린 영희보다 더 나쁘다고 말한다.

(3) 자율적 도덕성

자율적 도덕성(autonomous morality, 8세 이후) 단계는 인지발달단계의 구체적 조작기(7~11세) 이후의 시기에 해당된다. 이 단계의 아동은 사회규칙이나 질서가 다른 사람과의 협의에 의해 결정된다는 것을 이해하고 이는 구성원 간의 합의와 필요에 의해 변경할 수 있는 것으로 생각한다. 또한 아동은 규칙을 위반하더라도 그 의도와 상황을 고려해야 한다는 것을 깨닫게 된다. 출산이 임박한 산모를 데려가기 위해 과속하는 운전자가 반드시 처벌받아야 한다고 생각하지 않는 것이다. 또, 이 단계에서는 결과가 아닌 행위자의 의도나 동기를 고려하여 행동의 옳고 그름을 판단한다. 따라서 주스를 먹으려다 컵 한 개를 깨뜨리는 것이 설거지를 하다가 실수로 컵을 열 개 깨뜨리는 것보다 더 나쁘다고 생각하는 것이다.

이렇듯 아동이 인지적으로 성숙해지고 사회적 경험을 쌓아감에 따라 타율적 도덕성 단계에서 자율적 도덕성 단계로 발달해 나간다. 인지가 발달해 나감에 따라 자기중심적 사고는 감소하고 다양한 관점으로 도덕적 문제를 생각해 볼 수 있는 조망수용능력이 발달하며 다양한 관계들 간의 관계성을 이해할 수 있는 능력이 생기게 되는 것이다.

조작적인 사고가 가능해지는 형식적조작기(11세~)가 되면 도덕성 발달도 매우 성숙해지게 된다. 이때가 되면 새로운 규칙을 만들 수 있으며 가설적 상황에 대한 규칙도 미리 설정할 수 있다. 도덕적 추론은 인지의 발달에 따라 개인적 차원에서 환경, 전쟁, 기아 등과 같은 보다 폭넓은 사회 및 정치적 차원으로 확대하여 발달해 나간다.

2) Piaget도덕성 발달이론의 평가

피아제는 도덕성이 인지발달 수준에 따라 발달해 나간다고 하였다. 이러한 피아제의 도덕성 발달이론을 검증한 연구들을 살펴보면 많은 연구에서 실제로 나이가 어린 아동들이 타율적 도덕성 특성을 더 많이 보였으며(Jose, 1990; Lapsley, 1996) 도덕적 판단과 관련해서도 IQ나 조망수용 능력과 같은 인지발달 수준이 높을수록 도덕적 판단의 수준도 높게 나타났다(Ambron & Irwin, 1975; Lapsley, 1996).

이러한 연구 결과들의 지지에도 불구하고 피아제의 도덕성 발달이론은 아동의 도덕적 판단능력을 과소평가하고 있다는 지적을 받고 있다. 피아제는 타율적 도덕성 단계의 아동은 행위의 의도보다는 결과가 도덕적 판단의 기준이라고 하였지만 타율적 도덕성 단계에 속하는 3세의 아동들도 행위자의 행동에 대한 사전 정보를 분명하게 보여준 경우, 결과에 관계없이 좋은 의도를 가진 행동을 더 좋은 것으로 평가하였다(Nelson, 1980). 이러한 연구결과는 피아제가 생각한 것보다는 더 이른 시기에 자율적 도덕성을 가질 수 있음을 시사한다고 할 수 있다.

3. Kohlberg 도덕성 발달이론

1) Kohlberg의 도덕성 발달 단계

콜버그(Kohlberg, 1963)도 피아제와 마찬가지로 도덕성 발달은 인지발달과 병행한다고 하였다. 그는 피아제의 도덕성 발달이론이 지나치게 단순하다고 비판하고 20여 년간 다양한 연령의 개인을 대상으로 임상 면접을 실시하여 성인으로까지 확대하여 연구하였다. 그는 도덕성 발달 수준은 옳고 그르다는 도덕 판단 자체에 의해 결정되는 것이 아니라 그러한 판단을 낳게 한 사고의 내용에 의해 결정된다고 보고 도덕성 발달을 측정하기 위해 도덕적 딜레마(moral dilemmas)나 갈등 상황을 제시하고 그 상황에 대한 판단과 그 이유에 대한 설명을 분석하였다.

콜버그는 인간의 도덕성 발달단계를 전인습수준, 인습수준 및 후인습수준으로 나누고 각 수준에 따라 두 단계의 도덕성 발달단계를 제시하여 6단계의 발달단계를 제시하였다(Kohlberg, 1984).

(1) 수준1: 전인습수준(preconventional morality)

전인습적 도덕성 수준은 기본적으로 자기중심적 사고에 근거한 도덕적 추론을 하며 대체로 7~10세의 아동이 이에 해당된다.

① 1단계(복종과 처벌 지향)

행위의 결과가 옳고 그름의 판단 기준이 되며 규칙을 정하는 사람의 권위에 따라 도덕성을 고려하여 판단한다. 즉 처벌을 피하려고 하며 힘을 가진 사람에게 복종하는 것 자체가 도덕적 가치를 갖는다.

② 2단계(개인적 쾌락주의 지향)

자신과 타인의 욕구충족이 도덕판단의 기준이 되며 자신의 욕구가 충족된 이후에 다른 사람의 욕구를 고려한다. 공정성, 상보성, 분배의 평등성 등에 대한 인식이 시작되지만 진정한 정의보다는 자신에게 돌아오는 이익을 먼저 생각하는 수단적인 호혜성 수준에 그친다.

(2) 수준2: 인습수준(conventional morality)

인습적 도덕성 수준은 사회적 규칙이 옳다고 믿으며 사회적 규칙을 내면화하고 이에 동조하는 단계이다. 개인적 기대나 사회적 질서에 동조하는 것뿐 아니라, 적극적으로 질서를 유지하고 지지하며 집단이나 구성원들과 동일시하고 충성하는 것을 포함한다. 콜버그는 10~16세의 아동이 이 수준에 해당된다고 했지만 성인들 가운데도 이 수준에서 추론하는 사람이 많다.

① 3단계(착한 소년/소녀 지향)

이 단계의 아동은 자신에게 중요한 타인의 기대에 부응하기 위해 노력한다. 착한 것이 행동의 동기가 된다. 올바른 행동이란 다른 사람에게 칭찬받는 행동이며 다른 사람이 착한 행동이라고 인정하는 것이다. 행동의 의도에 따라 도덕성의 여부를 판단하기 시작한다.

② 4단계(사회질서와 권위지향)

이 단계는 법과 개인적 의무 및 사회질서를 기준으로 도덕적 행동을 판단한다. 자신의 의무를 다하며 권위자를 존중하고 사회적 질서를 유지하는 행동이 옳다고 생각한다.

(3) 수준3: 후인습수준(postconventional morality)

후인습적 도덕성 수준은 보편적인 원리와 윤리에 초점을 두고 도덕적 추론을 하는 단계이다. 사회적 규칙이나 법에 일치하지 않더라도 양심과 같은 내면화된 도덕적 절대성에 근거하여 판단한다.

① 5단계(사회적 계약 지향)

5단계에 이르면 사회적 계약과 개인의 권리가 모두 중요하다는 것을 알게 된다. 즉 개인의 자유와 존엄성을 보장해야 한다고 생각한다. 사람들은 여러 가지 다른 가치를 가지고 있고 그 가치는 대부분 상대적이라는 것을 깨닫는다. 이러한 가치는 사람들이 합의하여 만든 것이므로 바꿀 수 있다는 사실을 인식한다. 즉 도덕적 융통성을 갖는다. 또 소수라 하더라도 개인의 권리를 보호하는 것이 중요하다고 생각한다. 청소년의 약 20%만이 실제로 이 단계에 도달한다.

② 6단계(보편적 윤리적 원리 지향)

이 단계는 법이나 관습을 넘어서서 인간의 존엄성, 정의, 평등, 공정성 등과 같은 추상적이고 보편적인 원리를 지향한다. 도덕적 행동은 자신이 선택한 윤리적 원칙과 일치하는 양심에 의해 결정된다. 6단계는 현실세계에서는 매우 드물며 이상에 가깝다. 이 단계에 도달한 사람은 자신의 양심이 가하는 처벌을 사회가 가하는 처벌보다 더 고통스럽게 생각한다.

콜버그의 도덕적 갈등 상황 중 대표적으로 하인츠 딜레마가 있다.

하인츠(Heinz)의 딜레마

유럽의 어느 마을에 한 부인이 희귀한 암으로 죽어가고 있었다. 부인을 살릴 수 있는 유일한 치료법은 같은 마을에 사는 약사가 최근에 개발한 약을 먹는 것이었다. 이 약의 원가는 200달러가 들었지만 그 약사는 약값의 10배인 2,000달러를 요구하였다. 남편인 하인츠는 약값을 빌리기 위해 아는 사람들을 찾아다녔지만 약값의 절반인 1,000달러밖에 모으지 못했다. 할 수 없이 하이츠는 약사를 찾아가 약을 싸게 팔거나 아니면 나중에 모자란 약값은 다음에 갚을 테니 약을 팔면 안되냐고 부탁했다. 그러나 약사는 단호하게 거절하였다. 절망에 빠진 하인츠는 그날 밤 약국을 부수고 들어가 그 약을 훔쳤다.

도덕적 추론을 위해 다음과 같은 질문을 해 볼 수 있을 것이다.

하인츠는 약을 훔쳤기 때문에 벌을 받아야 하는가?

약사는 10배나 되는 비싼 약값을 요구할 권리가 있는가?

하인츠가 약을 훔치지 않아 결국 부인이 죽었다면 약사가 부인을 죽인 것이나 다름없다고 비난받아야 하는가?

만약 하인츠의 부인이 사회적으로 매우 중요한 인물이라면, 약사는 더 큰 비난을 받아야 하는가?

〈표 4-1〉 하인츠 행동에 대한 구체적인 반응 예

단계	판단기준	
	찬성	반대
1단계	훔친 약값의 원가는 200달러밖에 안 될지도 모른다.	약을 훔치면 감옥에 갈 수도 있기 때문에 약을 훔쳐서는 안 된다. 약값은 비싸니까 비싼 것을 훔치면 그만큼 큰 죄를 짓는 것이다.
2단계	약사가 양쪽 모두 이익이 되는 거래를 거절했기 때문에 하인츠는 그 약을 훔칠 수밖에 없다.	약사가 돈을 받고 약을 팔려는 것은 당연한 일이다. 약사는 이익을 내야 하는 정당한 사업을 하고 있는 것이다.
3단계	하인츠가 약을 훔치는 것은 좋은 남편으로서 자연스러운 일이다. 잠깐 동안 감옥살이를 피하기 위해 아내를 살리려 하지 않는 것은 냉정한 일이다.	하인츠의 아내가 죽는 것은 그의 잘못이 아니며 그가 아내를 사랑하지 않기 때문이 아니다. 오히려 약사는 이기적이고 냉정한 사람이다.
4단계	하인츠가 약을 훔치지 않는다면 그는 아내를 죽게 내버려두는 것이다. 아내가 죽는다면 그의 책임이 크다.	하인츠는 그 약을 훔쳐서는 안 된다. 법은 어떤 경우에도 지켜져야 하기 때문이다. 모든 사람이 법을 어긴다면 사회는 혼란에 빠지고 말 것이다.
5단계	하인츠가 약을 훔친 것은 잘못이나 인명을 구하기 위한 일이므로 정당화될 수 있다.(법과 규칙의 융통성 강조)	약을 훔쳐서 결과적으로 아내를 살릴 수 있지만 목적이 수단을 정당화하지는 못한다. 하인츠가 전적으로 나쁘다고 말할 수는 없지만 상황이 그렇다고 해서 그의 행동이 옳은 것이 될 수는 없다.
6단계	인간 생명의 가치는 그 무엇보다 중요하기 때문에 하인츠는 그 약을 훔쳐야 한다. 생명을 존중하고 지키기 위한 행동은 무엇보다 우선되어야 한다.	하인츠의 아내처럼 절실하게 그 약이 필요한 다른 사람에 대한 고려도 필요하다. 아내에 대한 사적인 감정에 따라 행동하는 것이 아니라 모든 생명의 가치를 고려하는 행동을 해야만 한다.

2) Kohlberg 도덕성 발달이론의 평가

콜버그의 도덕성 발달이론은 다음의 몇 가지 측면에서 비판을 받아왔다.

첫째, 콜버그의 이론은 실제 아동의 도덕적 행동이 아닌 주어진 상황에 대한 인지적 추론 능력을 기준으로 발달단계를 구분한다. 그러나 하인츠의 딜레마에서 옳고 그름을 판단할 때, 어떤 사람이 '법은 어떤 경우에도 지켜져야 하기 때문에 하인츠의 행동이 옳지 않다'고 생각하는 4단계에 있다고 하더라도 실제 본인의 상황이 되면 약사가 나의 제안을 거절했다는 이유로 약을 훔치는 행동을 할 수도 있다. 즉 도덕적 사고를 할 수 있다고 하여 도덕적 행동으로 이어지는 것은 아니다(Kurtines & Grief, 1974).

둘째, 콜버그 이론에서 도덕성 발달 여부에 대한 기준은 개인주의를 강조하는 서구 사회의 가치가 강조되어 있기 때문에 모든 문화에 적용하기에는 한계가 있다. 즉 도덕적 가치에 대한 문화적 편향성이 있다. 예를 들어, 서구 사회는 개인의 자유와 존엄성의 원리에 따라 법을 준수하는 것을 강조하는 문화권이므로 5단계에 속한 사람이 많을 수 있으나 가족 중심적이고 집단 지향적인 동양 문화권에서는 개인의 양심보다는 집단의 의견과 가치를 중시하는 3단계에 속한 사람이 많을 수 있는 것이다. 즉 문화에 따라 각 단계에 있는 사람들의 비율이 다른 것이다(Harkness, Edwards, & Super, 1981).

셋째, 한 개인의 도덕적 추론은 한 단계에만 해당되지 않기 때문에 도덕성 발달단계 판정에 어려움이 있다. 성인은 대체로 어느 한 단계의 도덕적 추론을 바탕으로 도덕적 판단을 하지만 부분적으로는 그 위 혹은 아래 단계의 추리 내용도 포함된다. 특히 아동 및 청소년의 경우는 도덕적 발달이 진행되고 있기 때문에 여러 단계의 추론이 동시에 나타나게 된다. 따라서 본인의 도덕성 단계가 아닌 그 위 혹은 아래의 단계로 평가될 가능성이 있게 된다.

넷째, 콜버그의 도덕성 발달이론은 오직 남성에 대한 종단 연구에 근거하여 만들어진 것이다. 그의 이론은 남성의 도덕성 발달에 대해서는 호의적이지만 여성의 도덕성 발달에 대해서는 제대로 설명하지 못한다. 여성은 사회적으로 타인에 대한 보살핌과 관계의 유지를 강조 받아왔기 때문에 실제로 여성의 경우 남성보다 관계 중심적인 사고를 하는 것으로 나타났다. 이러한 가치를 바탕으로 추론하는 단계는 3단계이다. 그러나 과연 이 단계가 남성이 추구하는 정의와 공평, 보편의 원칙을 강조하는 5단계보다 덜 도덕적이라고 할 수 있는가에 대해서는 의문점이 있다.

4. Gilligan의 도덕성 발달이론

길리건(Gilligan, 1982)은 「다른 목소리로(In a Different Voice)」라는 저서에서 남성 중심의 성차별적인 기존의 윤리관을 비판하고 대안으로 배려의 윤리를 강조하였다. 길리건은 콜버그의 도덕성 발달이론이 도덕적 판단의 과정에서 나타나는 대인관계적 요소를 평가절하였기 때문에 콜버그의 연구결과에서는 대부분의 남성은 4단계 수준이고 대부분의 여성은 3단계 수준인 결과가 나타났다고 보았다.

길리건에 따르면 남아는 독립적이고 추상적 사고를 할 수 있도록 교육받는 반면, 여아는 양육적이고 돌보는 것을 강조 받으며 성장하므로 각각 다른 유형의 도덕적 추론을 할 수밖에 없다. 즉, 남성은 정의와 타인의 권리 존중 등 추상적이고 합리적 원리에 초점을 두는 경향이 있는 반면 여성은 인간관계와 타인을 돌보는 것을 기초로 하는 배려와 책임감을 더 중요시한다.

1) Gilligan의 도덕성 발달 단계

길리건은 낙태여부를 결정해야 하는 여성 29명의 응답을 분석하여 세 가지 단계와 각 단계 사이의 전환기로 도덕성 발달단계를 제시하였다.

(1) 1단계 : 개인적 생존 지향(orientation to individual survival)

자신의 이익과 생존에 몰두하는 단계이다. 어떤 상황이 자신의 욕구와 일치되지 않을 때에만 도덕적 사고와 추론을 하며 자신이 원하는 것이 도덕적 판단의 기준이 된다.

※ 전환기 1 : 이 시기는 타인과의 관계 형성과 애착이 점차 중요하게 된다. 도덕적 판단기준도 이기적인 것에서 관계와 책임감으로 옮겨가기 시작하며 책임감과 배려를 도덕적 판단 기준으로 통합해 간다.

(2) 2단계 : 자기희생으로서의 선(goodness as self-sacrifice)

자신의 욕구보다는 타인의 입장을 중요시하여 타인에 대한 책임감, 배려뿐만 아니라 그에 대한 자기희생을 지향한다. 이 수준에서는 타인과의 관계를 중시하여 자신의 주장을 포기하기도 한다. 타인과의 갈등 관계에서 배려와 자기희생을 선으로 간주한다. 이 수준에서의 타인은 사적인 관계이며 공적인 관계를 의미하지 않는다. 전통적인 여성들이 일반적으로 이 단계에 속해 있다.

※ 전환기 2 : 타인에 대한 자신의 희생에 대하여 의문을 가진다. 자신의 주변보다는 더 넓은 범위에서의 배려와 희생을 생각하게 된다.

(3) 3단계 : 비폭력 도덕성(the morality of nonviolence)

일방적인 자기희생보다는 자신을 포함하여 관련된 모든 사람에게 최선의 방법을 모색하고자 한다. 개인의 권리와 타인에 대한 책임의 중요성을 함께 인식하기 때문에 비폭력, 평화, 박애 등은 이 시기 도덕성의 중요한 지표이다. 이 단계는 콜버그의 후인습수준의 도덕성 발달 단계와 유사한 특징을 가지고 있다.

5. 도덕성 발달 지도를 위한 교육현장에서의 시사점

앞서 언급된 도덕성 발달이론을 종합하여 도덕성 발달을 위한 학생 지도의 시사점을 제시하면 다음과 같다.

첫째, 도덕성 발달을 위해 자아이상과 양심을 길러주도록 돕는 것이 필요하다.

프로이트는 도덕성 발달을 위해서 중요한 것으로 양심과 자아이상을 강조하였다. 자아이상은 도덕성 형성의 목표를 설정하고 양심은 개인의 도덕적 판단에 영향을 미치는 중요한 내면의 도덕적 기준이다. 따라서 두 요소는 개인의 도덕적인 성장과 발전에 영향을 미치며 옳은 행동을 취할 수 있는 도덕적인 지침을 제공한다. 교사는 정의로운 행동을 격려하고 예시를 보여주며 스스로 양심적인 행동을 하여 학생의 자아이상에 부합하는 모습을 보여줌으로써 자아이상과 양심을 형성하는데 영향을 미칠 수 있다.

둘째, 학습자의 도덕 판단 수준에 따른 적합한 도덕교육을 해야 한다. 아동의 연령에 따른 행동과 도덕 판단 수준을 이해하고 그에 따라 대응해야 한다. 콜버그의 이론을 예로 들면, 1, 2단계의 어린 아동에게는 즉각적인 훈육이 필요하고, 3단계에 해당되는 아동에게는 착한 사람은 그런 행동을 하지 않는다는 등의 사회적 제재가 더 효과적이다. 4, 5단계로 올라갈수록 보편적 가치 기준이나 양심을 기반으로 도덕적 판단을 하도록 하는 것이 적절한 도덕교육 방법이다.

셋째, 토론식 도덕교육의 방법이 필요하다. 콜버그의 이론은 토론식 도덕교육 방법의 중요성을 제시하였다. 우리나라의 도덕교육은 '사람을 때리면 안된다.', '다른 사람의 물건을 훔쳐서는 안 된다.' 등의 도덕적 행동목록을 제시하는 방식으로 수업이 이루어지고 있다. 이러한 방법 대신 왜 그런 행동을 하면 안되는지를 생각해 보도록 도덕적 사고력을 키워주는 교육이 필요하다. 교사는 학생에게 도덕적 딜레마 상황을 제시하고 다른 학생들과 자신의 도덕적 판단을 비교해 보는 기회를 가지도록 한다. 이러한 토론의 과정은 자신보다 복잡한 도덕적 추론과정을 분석하는 기회가 되어 도덕적 판단능력을 신장할 수 있게 된다(Kruger, 1992). 즉, 더 높은 차원의 도덕적 사고방식을 접해봄으로써 도덕적 안목이 넓어지며 보다 높은 수준의 도덕적 판단이 가능하게 되는 것이다.

넷째, 도덕교육에서 보살핌과 배려의 마음을 가질 수 있도록 한다. 연구에 의하면 배려심이 높은 사람은 타인을 배려하고 돕는 행동을 자주 보이며 도덕적 판단력도 더 뛰어난 것으로 나타났다. 학생들이 배려와 보살핌의 도덕성을 키우기 위해서는 다른 사람의 생각과 감정에 공감하는 능력을 키우는 것이 우선적으로 필요하다. 그러므로 교사는 학생들이 다양한 관계에서 타인에 대한 공감을 할 수 있도록 지도방안을 강구해 봐야 한다. 역할극을 통해 도덕교육을 할 수도 있다. 예를 들어 하인츠 딜레마와 같은 도덕적 딜레마를 연극으로 해 볼 수도 있다. 하인츠 역할, 약사 역할, 부인 역할, 부인과 같은 병을 앓고 있지만 약이 없어 죽어가는 사람 역할 등 다양한 입장이 되어 역할극을 하는 과정은 다른 사람의 입장을 더 잘 이해하고 옳고 그름에 대한 추론도 달라지게 할 것이다. 그 외에도 진솔한 대화를 한다거나 개방적인 의사소통의 장을 마련하여 학생들이 서로의 입장이 되어보는 경험을 많이 해볼 수 있도록 하는 것이 필요할 것이다.

전문가 되기 연구문제

01 다음은 우리나라 청소년의 정직 지수를 조사한 결과이다. 이러한 결과가 나타나게 된 원인에 대해 생각해 보고 콜버그의 도덕성 발달단계를 고려하여 초, 중, 고등학교에서 어떤 교육을 해야 하는지 기술해 보세요.

> 2019년 대한민국 청소년의 정직 지수 조사 결과, 초등학생 정직 지수는 87.8점, 중학생은 76.9점, 고등학생은 72.2점, 20대 51.8점으로 정직 지수가 점점 낮은 것으로 나타났다. 정직 지수를 측정하는 문항 중에 '10억이 생긴다면 잘못을 하고 1년 정도 감옥에 들어가도 괜찮다'는 항목 조사 결과 초등 23%, 중등 42%, 고등 57%, 20대 53%가 그렇다고 하였으며, '나에게 도움이 되면 친구에게 거짓말을 한다'는 항목의 조사결과 초등 20%, 중등 28%, 고등 31%, 20대 65%가 그렇다고 응답하였다.
>
> – 흥사단 투명본부 윤리연구센터 –

02 길리건의 도덕성 발달단계 중 자신은 어느 발달단계에 속한다고 생각하는지, 왜 그렇게 생각하는지 기술해 보세요.

03 최근 이슈가 되는 도덕적 갈등 상황을 주제로 각각의 주체별 입장이 되어 역할극을 해보고 그에 대한 각자의 생각을 나눠보는 시간을 가져 보세요.

제5장
지능 및 창의성

1. 지능

1) 지능의 개념

교사는 교실에서 다양한 학생을 만나게 된다. 학생의 외모만큼이나 성격, 동기, 흥미, 적성 등이 다르다. 이렇게 학습자들 간에 보이는 다양한 차이를 개인차(individual difference)라고 한다. 개인차는 학업성취에 영향을 줄 뿐만 아니라 교수-학습과정에도 고려해야 할 중요 요인이기 때문에 많은 학자들이 연구해 왔다. 초기 개인차에 대한 연구는 주로 인간의 지적 능력의 차이를 밝혀내는 데 있었다. 갈톤(F. Galton)은 '인간의 지적 능력의 차이는 어디서 오는가?'를 밝혀내기 위해 가계도 조사를 하였다. 그는 천재가 많은 가족을 대상으로 그 가문에서 태어난 아동이 다른 가문에 자랐어도 그들의 천재성이 발현되는지를 연구하였는데 이는 지능의 개인차를 규명하기 위한 최초의 연구였다.

지능(intelligence)은 인간의 인지적 특성 중에서 가장 중요한 특성이면서도 매우 복잡한 개념이다. 초기 지능에 대한 정의는 전통적인 심리측정적 접근을 기반으로 개념화하였다. 즉 지능을 학습역량, 획득한 총지식, 지능검사 점수, 새로운 상황과 환경에 적응하는 능력(Woolfolk, 2007) 등, 주로 한 개인의 능력을 양적으로 측정하는 데 초점을 두고 있다. 대표적으로 비넷(A. Binet, 1857~1911)은 일반 학교에서 정규교육 과정을 받을 수 있는 아동과 그렇지 못한 아동을 구분해 달라는 프랑스 정부의 요청으로 최초의 과학적인 지능검사를 개발하였다. 그 후 지능은 '다양힌 문제해결을 위해 추상적 상징을 사용하는 능력(Terman, 1916)', '지능검사에 의해 측정된 점수(Boring, 1923)', '합리적으로 사고하고 유목적적으로 행위하며 환경을 효과적으로 다루는 총체적인 능력(Wechsler, 1939)' 등 학자마다 다양하게 정의되어 왔다.

그러나 1980년 이후부터 지능연구는 정보처리접근이나 생물학적·상황주의적 접근에 근거하여 정의하는 흐름으로 이어졌다. 이러한 이론들은 지능을 정의할 때, 사회문화적 맥락이 반영되어야 한다는 점을 강조한다. 가드너는 지능을 하나 또는 여러 문화권에서 가치 있게 인정되는 산물을 창조하거나 문제를 해결하는 데 유용하게 쓰일 수 있는 정보를 처리하는 잠재력이라고 정의하였으며 스턴버그는 상황적으로 적절한 행동을 하는 정신능력이라고 하였다. 즉, 지능은 개개인의 능력이지만 개인이 속한 사회문화적 맥락을 고려할 때만 올바르게 이해할 수 있다는 것이다.

이상의 다양한 지능에 관한 정의를 종합하면, 첫째, 지능은 타당도와 신뢰도가 높은 지능검사가 보고하는 점수, 둘째, 인간의 학습능력, 셋째, 한 인간이 획득한 총 지식, 넷째, 새로운 상황과 환경에 적응하는 능력으로 정의할 수 있다(Woolfolk, 2007).

2) 지능 이론

(1) 스피어만 일반요인이론

영국의 심리학자 스피어만(Spearman, 1927)은 인간의 지능은 일반요인과(g요인: general factor)과 특수요인(s요인: special factor)으로 구성되어 있다고 주장한다. g요인은 모든 종류의 지적 활동에 필수적으로 사용되는 지능으로 관계를 인식하거나 공통된 관련성을 이끌어내는 지능이다. 언어, 수, 속도, 주의력, 상상력의 다섯 가지 하위요인으로 구성되어 있다. 반면 s요인은 어떤 특수한 과제를 수행할 때 사용되는 능력이다. 즉 s요인은 여러 영역에 일반화하여 사용되는 능력은 아닌 것이다. 예를 들어 음악을 전공할 때, 음정의 정확성, 박자에 대한 예민한 지각능력은 모든 음악을 전공하는 학생이 갖추어야 할 능력이므로 g요인에 해당한다. 그러나 성악전공의 학생에게 필요한 성량 및 호흡법, 기악 전공에 필요한 각 악기마다 요구되는 특수능력들은 s요인이다. 스피어만의 지능이론은 지능을 구성하는 하위 요인의 수를 밝혀내는 연구에 많은 영향을 끼쳤다.

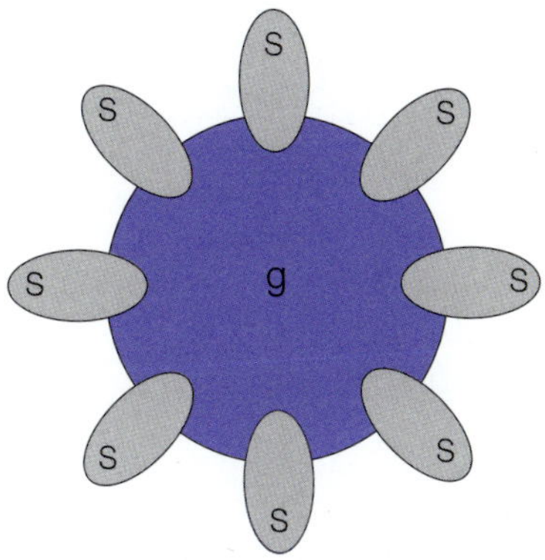

[그림 5-1] 스피어만의 일반요인이론

(2) 써스톤 기본정신능력

써스톤(Thurstone, 1938)은 스피어만과는 달리 인간의 일반지능은 단일한 하나의 능력이 아니라 상호독립적인 일곱 가지의 일반요인들로 구성된다고 하였다. 그는 57개의 지능검사를 240명의 피험자에게 실시하여 서로 독립적인 7개의 기본정신능력(PMA: Primary Mental Abilites)을 도출하였다.

- 언어이해력(verbal comprehension): 단어와 문장의 의미를 이해하는 능력

- 언어유창성(verbal fluency): 단어의 신속한 산출 능력
- 추리력(reasoning): 유추를 통해 일반적인 원리나 법칙을 알아내는 능력
- 공간시각 능력(spatial visualization): 상징이나 도형의 조작 능력
- 수리력(number): 기초 계산 및 수학 문제를 해결하는 능력
- 기억력(memory): 단어, 수, 그림 등을 기억하는 능력
- 지각속도능력(perceptual): 자극이나 상징을 신속하게 인식하는 능력

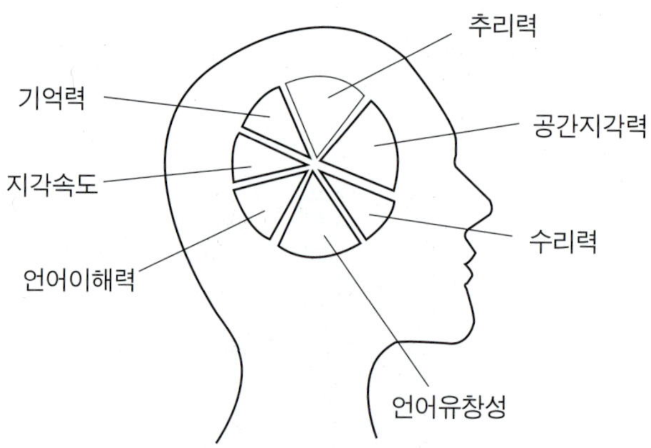

[그림 5-2] 써스톤 기본정신능력

(3) 길포드 지능구조모형

길포드(Guilford, 1959)는 써스톤의 기본정신능력을 확장·발전시켜 지능구조모형(SOI: Structure of Intellect)을 제안하였다. 그는 지능은 내용(contents), 조작(operation), 산출(product)의 세 가지 차원으로 구성되며 각 차원마다 하위요인을 포함한다고 하였다.

내용차원은 지적 활동에 사용되는 정보의 종류를 의미하며 시각, 청각, 상징, 단어의미, 행동의 5개 하위요인으로 구성되어 있다. 조작차원은 내용에 대한 정신적 과정을 말하며 인지, 기억파지, 기억부호화, 확산적 사고, 수렴적 사고, 평가의 6개 하위요인으로 구성되어 있다. 마지막으로 산출차원은 내용차원을 다양하게 조작하여 만들어진 결과를 의미하며, 단위, 유목, 관계, 체계, 변화, 함축이라

는 6개의 하위요인으로 구성된다. 길포드는 내용, 조작, 산출이라는 세 가지 차원의 조합으로 특정한 요인이 발생하며 그것이 지능의 하위요인이라고 하였다.

1959년 개발된 초기 지능구조모형은 내용차원 4유형, 조작차원 5유형, 산출차원 6유형의 조합으로 120개의 요인(4×5×6=120)으로 구성되었다가 그 후 수정·보완 과정을 거쳐 1988년에 앞서 제시한 180개(5×6×6=180)의 상이한 정신능력으로 세분화되었다.

길포드의 지능이론은 지능을 세 가지 차원과 여러 하위요소로 설명하여 지능에 대한 사람들의 관점을 넓혀주었다는 점에서 의미가 있다. 또 수렴적 사고와 확산적 사고의 구분은 인간의 창의성을 이해하는데 단서를 제공했다. 길포드의 지능이론은 학교교육에서 세 가지 차원이 균형있게 성장할 수 있도록 교육이 이루어지지 않고 일부 요소에만 치중하고 있는 현실에 대해 생각해 보게 한다. 그러나 그의 이론은 실제 상황에 활용하기에는 이론 자체가 매우 복잡하다는 단점이 있다(Woolfolk, 2007).

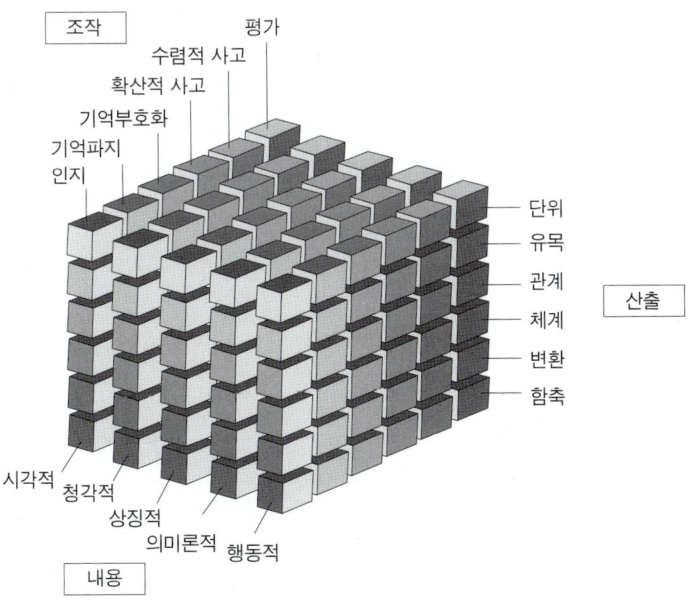

[그림 5-3] 길포드 지능구조모형

(4) Cattell 유동성 지능과 결정성 지능

카텔(Catell, 1971)은 스피어만의 일반요인이론과 써스톤의 기본정신능력이론을 분석한 후 지능을 유동성 지능(Gf: fluid intelligence)과 결정성 지능(Gc: crystalized intelligence)의 두 가지 요인으로 추출했다. 유동성 지능은 유전적, 신경생리적 영향으로 발달되는 지능이다. 이 지능은 신경계 발달에 기초하고 있기 때문에 청소년기까지는 증가하나 성인기 이후부터는 생리적 쇠퇴현상과 더불어 점점 감소하는 경향이 있다. 유동성 지능은 일반적 추론 능력, 기계적 암기, 암기속도, 지각 능력이 해당된다.

반면 결정성 지능은 문화적·환경적 요인에 의해 발달하는 지능이다. 가정환경 및 교육의 정도, 직업 등의 영향을 받아 후천적으로 계발되는 지능이다. 언어 이해력, 논리적 추리력, 문제해결력, 상식 등의 분야가 해당된다. 그러므로 결정성 지능은 성인기 이후에도 다양한 지적 자극을 계속 경험한다면 지속적으로 향상될 수 있다. 이는 지능이 청소년기 이후로 향상되지 않는다는 관점을 가진 전통적 지능에서 보는 지능 발달의 관점과는 차이점 있다. 또 사회적 지능의 개념과 연결하여 지능을 보았다는 점도 지능에 대한 새로운 시사점을 제공한다.

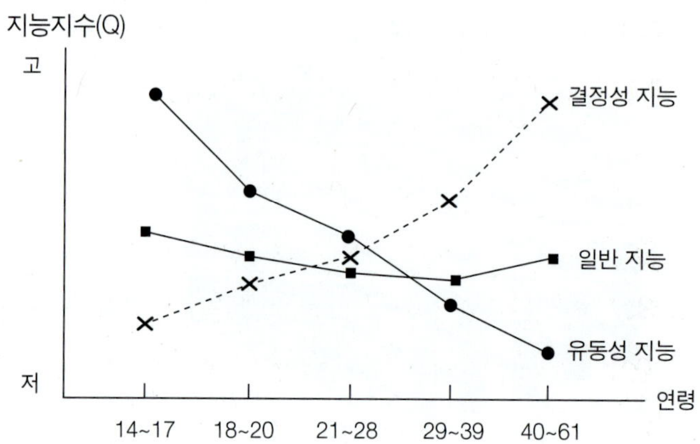

[그림 5-4] 발달에 따른 유동성 지능과 결정성 지능

출처: Horn(1970)

(5) Gardner의 다중지능이론

가드너(Gardner, 1983)는 지능을 언어 및 논리·수학과 관련된 능력을 중심으로 정의하는 전통적인 지능을 비판하였다. 그는 특정부위 두뇌손상이 특정 영역의 지능에 심각한 문제를 가져오는 사례에서 제시된 뇌의 분리가능성, 백치천재와 특수아의 존재 등과 같은 생물학적 증거 등에 근거하여 인간의 지적 능력이 서로 독립적이며 상이한 여러 유형의 능력으로 이루어져 있다는 다중지능이론(MI: Theory of Multiple Intelligence)을 제안하였다.

가드너는 1983년에 발간한 『마음의 틀: 다중지능이론(Frame of Mind Intelligence)』에서 언어지능, 논리수학지능, 공간지능, 음악지능, 신체운동지능, 대인관계지능, 자기이해지능의 7개의 지능을 제시하였다. 이후 자연탐구지능을 추가하였고 최근에는 실존지능을 아홉 번째 지능으로 추가하였다. 〈표 5-1〉은 각 지능의 핵심능력과 지능유형별 대표적 직업을 설명하고 학교에서 교사가 각 지능을 개발하는 데 사용할 수 있는 교수전략을 소개하였다.

〈표 5-1〉 다중지능이론의 핵심능력 및 교수전략

지능	핵심능력	관련 직업의 예	지능개발을 위한 교수전략
언어지능	언어의 다양한 기능을 민감하게 파악하고 효과적으로 사용하는 능력	시인, 언론인, 교사	읽으라, 쓰라, 말하라
논리수학지능	추상적인 상징체계를 조작하고 논리적이고 체계적으로 추론할 수 있는 능력	수학자, 경제학자, 통계학자, 과학자	측정하라, 비판적으로 생각하라, 개념화하라
공간지능	시공간적 관계를 정확하게 지각하고 지각을 근거로 형태를 바꾸는 능력	건축가, 항해사, 예술가	보라, 그리라, 시각화하라, 색칠하라
음악지능	음정, 리듬, 음색 등을 만들고 평가하는 능력	연구가, 작곡가, 가수	제작하라, 실연하라, 표현하라

지능	핵심능력	관련 직업의 예	지능개발을 위한 교수전략
신체운동지능	몸의 움직임을 통제하고 사물을 능숙하게 다루는 능력	운동선수, 무용가, 외과의사	랩으로 노래하라, 들어라
대인관계지능	타인의 기분, 의도, 동기, 감정 등을 지각하고 적절하게 반응하는 능력	판매원, 정치인, 종교인, 교사	협력하라, 상호작용하라
자기이해지능	자신의 정서, 장단점 등을 파악하고 통제하여 환경에 적응하는 능력	소설가, 배우, 심리치료사	개인생활과 관련지어라, 선택하라
자연탐구지능	자연친화적이며 다양한 동식물을 관찰, 분류, 분석하는 능력	생물학자, 천문학자, 환경운동가	동식물 등 자연을 직접 느끼고 체험하라
실존지능	인간의 존재 가치, 삶의 의미, 희로애락 등에 대한 철학적, 종교적 사고 능력	철학자, 종교인	성찰하라

가드너의 다중지능이론은 학교교육의 교육목적, 교육과정, 교수방법, 교육평가 등 교육의 전 분야에 걸쳐 시사점을 제공한다(이영만, 1996).

첫째, 교육목적의 측면에서 학교교육은 전인(전인)을 기른다는 근본적인 목적을 가지고 있다. 그러나 현재 학교교육에서는 국어, 영어, 수학, 과학, 사회 등을 중시하고 음악, 미술, 체육 등의 교과는 상대적으로 비중을 적게 두고 있어 언어지능과 논리수학지능만이 지나치게 강조되고 있다. 이는 교육의 근본적인 목적과는 다르다. 다중지능이론에서는 지능의 영역에 음악지능, 신체운동지능, 대인관계지능, 자기이해지능 등을 포함시킴으로써 지능의 개념을 확장시켰으며 모든 지능영역이 동일하게 중요하다고 가정하고 있다. 이러한 다중지능의 이론은 학교가 전인교육에 맞는 교육을 해야 함을 다시 한번 상기시킨다고 할 수 있을 것이다.

둘째, 다중지능이론은 아홉 가지의 지능이 골고루 발달될 수 있도록 교육과정을 구성하는 것이 중요하다는 점을 시사한다. 가드너에 의하면 각각의 지능은 다른 상징체계들을 사용한다. 예를 들어 언어지능은 단어, 논리수학지능은 수와 논리적 상징, 음악적 지능은 다양한 종류의 음악적 기호를 사용한다. 또 각각의 지능들은 뇌의 서로 다른 위치에 존재한다. 그러므로 학생들의 지능을 골고루 발전시키기 위해서는 학습단원을 개발하는 과정에서도 아홉 가지 지능이 골고루 반영된 내용이 포함되도록 해야 할 것이다.

셋째, 교수학습방법 면에 있어서의 시사점을 살펴보자. 가드너에 의하면 지능이란 정보를 습득하는 도구이다. 따라서 학생이 어떤 지능영역에 강점이 있는지를 확인한 후, 그 영역에 맞는 교수방법을 채택하여 각 학생에게 최적의 교수방법으로 가르치는 개별화가 이루어져야 한다. 언어적 지능과 논리수학적 지능이 높은 학생에게는 강의식 교수법이 적절한 교수방법이지만, 이러한 지능이 낮은 학생에게는 그 학생이 잘할 수 있는 지능 영역의 매체(예를 들어, 음악지능이나 신체운동적 지능)를 이용하면 더 효과적으로 학습을 할 수 있다.

넷째, 다중지능이론에서는 학생의 지적 능력을 정확하게 파악하고 지능영역별 능력의 개발에 적합한 학습과제를 준비해야 하며 이를 고려한 교육평가가 이루어져야 한다고 주장한다. 가드너는 개인마다 강점을 가진 지능이 다를 수 있다고 하였다. 이에 따라 교육평가에서도 개별화된 접근이 필요하다. 모든 학생들에게 동일한 평가방법을 적용하는 것이 아니라 학생 개개인의 강점과 특성을 고려하여 평가접근을 다르게 설정해야 한다. 이를 통해 학생의 다양성을 존중하고 개인의 잠재력을 더욱 효과적으로 평가할 수 있다. 이러한 평가를 위해 필요한 것이 포트폴리오 평가이다.

가드너의 다중지능이론이 가지는 이러한 교육적 시사점에도 불구하고 다음과 같은 비판점이 있다. 첫째, 일부 하위지능은 지능이라기보다는 재능에 가깝다는 점이다. 신체운동지능과 음악지능이 그 예이다. 둘째, 아홉 가지 지능의 상호독립적 특성이 분명하지 않다. 지능의 구성을 요인분석이라는 객관적인 방법으로 연구한 것이 아니라 주관적 기준에 따라 분류였기 때문에 독립된 변인으로서의 타당성이 부족하다. 예를 들면 논리수학지능과 공간지능은 상관이 높기 때문에 독립된 지능영역으로 보기 힘들다. 셋째, 학교현장에 적용하기에는 비경제적이고 비실용적이다. 넷째, 대인관계지능은 지능이라기보다는 성격특성에 가깝다.

그럼에도 불구하고 다중지능이론은 성공지능이론, 정서지능이론, 도덕지능이론 등, 지능의 개념을 확장시키면서 학교교육의 개혁을 위한 근거로서 큰 역할을 하였다는 점에서 의미가 크다.

(6) 스턴버그의 성공지능이론

스턴버그(Sternberg, 1985)는 인간의 지적활동 과정에서 정보처리가 어떻게 이루어지는가에 초점을 두고 지능을 이해하고자 하였다. 그는 지능은 지능검사로 측정된 결과가 아니라 일상생활 속에서 문제를 해결하는 요소들과 관련되어 있다고 보았다. 사회적으로 성공한 사람이 지닌 지적 능력의 특성에 초점을 맞추어, 지능이란 '자신의 인생에서 자신이 설정한 개인적 혹은 전문적 목적을 성취하는 즉, 성공하는 능력'으로 정의하고 성공지능(successful intelligence)의 개념을 제안하였다. 그는 지능이 높은 사람은 삶에서 적합한 환경을 선택하거나 조성하고 그 환경에 적응하는 능력이 높다고 하였다.

성공지능이론은 스턴버그의 초기 지능이론인 삼원지능이론을 토대로 하여 발전된 이론으로 분석지능(analytical intelligence), 창의지능(creative intelligence), 실제지능(practical intelligence)으로 구성되어 있다.

① 분석지능

분석지능은 새로운 지식을 획득하고 어떤 문제를 분석, 평가, 비판, 판단하기 위해 사용되는 능력으로 지적행동의 기반이 되는 정보처리 기능이다. 이는 개인의 삶에서 유용한 정보를 선택하여 분석하고 평가하는데 요구되는 능력이다. 분석능력에는 메타요소, 수행요소, 지식획득요소의 세 가지 과정이 포함된다.

메타요소(meta components)는 일을 진행하는 데 있어서 '계획 세우기, 수행 정도 감독하기, 수행 결과 평가하기'와 같은 역할을 수행한다. 예를 들어 어떤 과제나 프로젝트가 성공적으로 수행되기 위해서는 적절한 주제를 선정하고 수행전략을 계획하고 프로젝트가 제대로 진행되고 있는지를 감독해야 한다. 이러한 역할을 수행하는 고등정신 과정이 메타요소이다. 메타요소는 문제인지(problem monitoring), 계획(planning), 전략적 지능(strategic intelligence)으로 구성되며 인간의 지능을 효과적으로 활용하고 조절하는 능력을 강조한다.

수행요소(performance components)는 메타요소가 계획한 것을 실행하는 것과 관련되어 있다. 실제로 정보를 지각하고 부호화하고 저장하는 것, 정보들 사이의 관계를 파악하는 것, 최선의 해결책을 찾는 것 등과 관련된다. 예를 들어 책이나 논문을 실제로 읽는 것, 프로젝트에 필요한 자료를 수집하는 것, 계획한 대로 자료를 정리하여 보고서를 쓰는 것 등이 수행요소의 역할이다. 수행요소는 분석(analytical), 창의성(creative), 실천력(practical)의 요소가 포함되며 문제해결과 실제 작업 수행에 관련된 능력을 강조한다.

지식획득요소(knowledge-acquisition components)는 새로운 지식을 습득하고 이해하는 과정과 관련된 요소이다. 즉 학습 과정에서 관련 있는 정보와 관련 없는 정보를 구별하여 적절한 정보를 선택하고 이를 통합적으로 연결하며 이렇게 조합한 새로운 정보들을 기존 정보들과 비교하여 학습하는 것이다. 예를 들어 프로젝트를 작성하는 방법, 논리적이고 흥미롭게 자료를 조직하여 제시하는 방법 등에 대한 학습이 이 과정에 속한다. 지식획득요소에는 회상(retrieval), 인식(perception), 학습(learning)으로 구성되어 있으며 새로운 지식을 습득하고 이해하는 과정을 강조한다.

이 세 가지 정보처리 요소는 서로 상호작용한다. 메타요소가 무엇을 할 것인지 결정하고 이어서 수행요소, 지식획득 요소가 활성화된다. 예를 들어 학생이 학기말 과제를 기한에 맞게 제출해야 하는 계획을 세우는 것은 메타요소가 담당한다. 과제 수행을 위해 학습하는 것은 지식 획득요소가 작용하고 이어서 그것을 직접 작성하는 것은 수행요소가 담당한다. 기한에 맞추기 힘들 것 같아 과제 작성 일정을 변경하는 것은 메타요소에 의해 가능하다.

② 창의지능

창의적 능력은 새로운 상황이나 문제에 대처하는 능력을 의미한다. 창의적 능력은 신기성을 다루는 능력과 정보처리를 자동화하는 능력을 구성되어 있다. 신기성(novelty)이란 새로운 상황을 효과적으로 다루는 사고능력이나 통찰력을 말하며 자동화 능력은 새로운 익숙한 과정을 인지적 노력 없이도 효율적으로 해결하는 능력을 의미한다.

새롭고 생소한 문제를 잘 해결하는 사람은 그렇지 않은 사람보다 지능이 높다. 각 분야에서 탁월한 업적을 이룬 사람들을 보면 새로운 장면에서 적절한 정보에 주의를 기울이고 관련 없는 것들을 연결시켜 새로운 것을 유추해 내는 능력이 탁월하다(Trotter, 1990). 또 정보처리를 자동화하는 것은 일상적인 문제를 신속하게 다루고 새로운 정보를 처리하거나 더 중요한 작업을 하는데 우리의 주의력과 기억력을 사용할 수 있도록 한다.

③ 실제지능

실제적 지능은 실제 맥락 속에서 해결방안을 효과적으로 실행하는데 요구되는 능력으로 전통적인 지능검사의 점수나 학업성취도와는 무관하다. 사회적 유능성과 적응력 등과 관련된 능력으로 정규교육보다는 일상에서 개인의 경험을 통해 획득되고 발달되며 선택, 적응, 조성으로 구성된다. 우선 선택은 개인이 처한 상황에서 최선의 선택을 내리는 능력을 의미하며 적응은 자신의 상황에서 유연하게 대처하고 적응하는 능력을 의미하는데 신속한 판단, 적절한 대응, 융통성 있는 사고와 행동을 필요로 한다. 마지막으로 조성은 개인의 상황에 맞게 자신의 능력과 자원을 조합하여 목표를 달성하는 능력을 의미한다. 스턴버그는(1998) 인간은 성공할 수 있는 환경을 스스로 선택하고, 그 환경에 적응하거나 필요하다면 환경을 바꾸어야 하는 데 실제적 지능이 이러한 역할을 한다고 하였다.

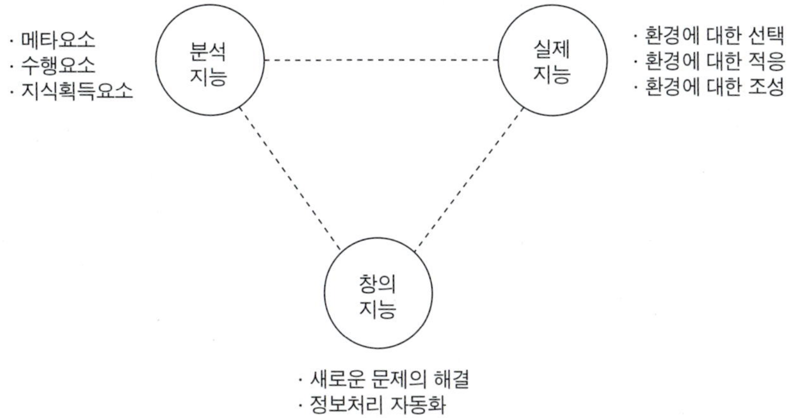

[그림 5-5] 스턴버그의 성공지능이론

3) 지능의 측정 및 검사점수의 의미

(1) 지능검사의 유형

① Binet의 지능검사

지능검사는 프랑스 교육부의 요청으로 비네(Binet)와 시몽(Simon)이 1905년 최초로 개발하였는데, 정규교육 과정에서 학생의 학습 실패 전에 도움을 제공할 수 있도록 특수지도가 필요한 학생을 구분하기 위한 목적에서 시작되었다. 그들은 공부를 잘할 수 있는 학생과 그렇지 않은 학생을 구분할 수 있는 문항을 수집하고 이를 정규학교 학생들과 지적장애 학생들에게 실시하여 그 결과를 비교하였으며 대체로 학교수행을 잘 예측하는 검사를 개발하였다.

1905년 비네지능검사는 30개의 문항으로 구성되었으며 1908년의 개정판에는 문항 수를 늘였고 3세부터 13세까지의 각 연령의 난이도에 따라 문제를 배당하였다. 그는 '정신연령(metal age: MA)'의 개념을 기준으로 지능을 측정하였다. 예를 들어 7세의 아동이 9세의 문항에 성공을 하면 9세의 정신연령을 가진 것으로 간주했던 것이다. 이후 1911년에는 문항 수를 더 많이 늘여서 성인까지 측정할 수 있는 개정판이 나왔고 다른 여러 나라에도 그 나라의 특수성에 맞게 번안 및 보급되었다.

② Stanford-Binet 지능검사

Stanford-Binet 지능검사는 1916년 스탠퍼드 대학의 터만(Terman)이 비네지능검사를 미국문화에 맞게 개정하여 표준화한 것이다. 이 검사는 처음으로 '지능지수(intelligence quotient: IQ)'의 개념을 사용하였는데, 지능지수(IQ)는 아동의 정신연령(mental age: MA)을 생활연령(chronological age: CA)으로 나눈 값에 100을 곱한 것이다.

$$\text{지능지수} = \frac{\text{정신연령}}{\text{생활연령}} \times 100$$

그러나 이러한 비율 IQ는 아동에게는 적합하지만 성인의 범위까지 적용하기에는 무리가 있었다. 왜냐하면 일반적으로 정신연령은 15세 이후에는 거의 증가하지 않아 15세 이후부터는 정신연령이 동일하더라도 지능지수가 점점 낮아질 수밖에 없기 때문이다. 이러한 문제를 해소하기 위해 도입된 것이 편차지능지수(deviation IQ) 개념이다. 편차지능지수는 지능검사를 각 연령 집단에 실시하여 각 연령집단을 모집단으로 한 정규분포에서 개인이 차지하는 상대적 위치를 나타낸다.

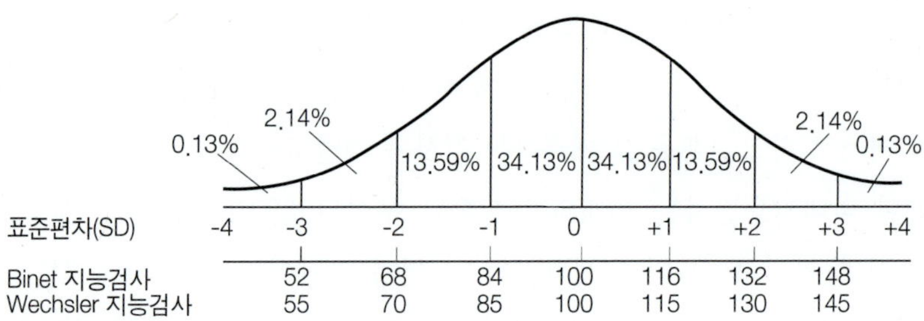

[그림 5-6] 지능검사 점수 분포

1960년에 Stanford-Binet지능검사는 평균 100, 표준편차 16의 편차지능지수로 개정되었다. 만약 비네지능검사에서 산출된 IQ가 100이라면 해당 연령집단의 평균에 해당하며, 산출된 IQ가 116이라면 평균보다 1표준편차 더 높은 지능을 지니고 있으며 상위 16% 정도의 우수한 지능을 소유하고 있음을 의미한다. 이렇듯 편차지능지수는 정규분포곡선을 전제로 하기 때문에 학생의 IQ가 같은 연령집단에서 어떤 상대적 위치를 차지하는지 알 수 있다. 일반적으로 표준편차 ±2 수준까지는 정상지능에 속하며 +2 이상은 영재, -2 이하는 장애를 가진 아동의 지능에 해당하는 것으로 해석한다. 단, 점수를 해석할 때, 67점과 68점간의 1점 차이로 인해 어떤 아동은 장애로, 혹은 정상범위에 속하는 것으로 진단되는 것이 과연 바람직한 것인가에 대해서는 생각해 볼 필요가 있다. IQ 검사의 경우 검사 상황과 개인의 컨디션 등에 따라 결과의 차이가 날 수 있다. 그러므로 점수를 지나치게 맹신하거나 진단명을 내리는 것에는 신중해야 한다.

③ Wechsler 지능검사

Stanford-Binet 검사는 아동용으로 만들어진 검사이기 때문에 추후 성인수준의 하위검사가 추가되었지만 성인용 지능검사로는 한계가 있었다. 웩슬러(Wechsler, 1939)는 성인을 위한 지능검사의 개발 필요를 반영하여 성인용 지능검사인 WB-Ⅰ(Wechsler Belleve Intelligence Scale Form Ⅰ)를 제작하였다. 그가 개발한 WB-Ⅰ는 수차례 개정 작업을 거쳐 현재는 성인용 WAIS-Ⅳ(Wechsler Adult Intelligence Scale-Ⅳ)가 출시되었다. 또 WB-Ⅱ는 아동용 지능검사 WISC(Wechsler Intelligence Scale for Children)로 개정하였으며 현재는 WISC-Ⅳ가 출시되었고 유아용 지능검사 WPPSI(Wechsler Preschool-Primary Scale of Intelligence)도 개발되었다.

초기 웩슬러지능검사는 언어적 능력과 비언어적 능력을 구분하기 위해 언어성 IQ와 동작성 IQ를 분리하여 구성하였다. 자세한 내용은 〈표 5-1〉과 같다. 그러나 WAIS-Ⅳ는 언어적 이해력 지표, 지각적 추리 지표, 작업적 기억 지표, 언어적 이해력 지표의 네 가지 지표의 합성점수 체계를 채택하였다. 왜냐하면 지능은 복합적으로 작용하므로 언어와 동작 두 가지의 기준으로만 분류하고 측정하였을 경우 인지능력을 온전하게 측정하지 못하기 때문이다.

〈표 5-2〉 웩슬러 지능검사의 종류 및 구성

<table>
<tr><th>구분</th><th>대상</th><th colspan="2">구성</th></tr>
<tr><td rowspan="2">WPPSI
(Wechsler Preschool-Primary Scale of Intelligence)</td><td rowspan="2">2.5~7.25세</td><td>언어검사</td><td>일반지식, 일반이해, 산수, 유사성, 어휘, 문장</td></tr>
<tr><td>동작성검사</td><td>나무토막 조립, 빠진 곳 찾기, 동물의 집, 미로 찾기, 기하적 도형</td></tr>
<tr><td rowspan="2">WISC
(Wechsler Intelligence Scale for Children)</td><td rowspan="2">6~16세</td><td>언어검사</td><td>일반지식, 일반이해, 산수, 유사성, 어휘, 수암기</td></tr>
<tr><td>동작성검사</td><td>빠진 곳 찾기, 그림 배열, 나무토막 조립, 물건 퍼즐, 부호기입, 미로 찾기</td></tr>
<tr><td rowspan="2">WAIS
(Wechsler Adult Intelligence Scale)</td><td rowspan="2">성인</td><td>언어검사</td><td>일반지식, 일반이해, 수리력, 수암기, 유사성, 어휘</td></tr>
<tr><td>동작성검사</td><td>빠진 곳 찾기, 그림 배열, 나무토막 조립, 물건 퍼즐, 숫자-부호 짝짓기</td></tr>
<tr><td rowspan="4">WAIS-IV
(Wechsler Adult Intelligence Scale-IV)</td><td rowspan="4">성인</td><td>언어적 이해력 지표
(VCI: Verbal Comprehension Index)</td><td>표준소검사: 공통성, 어휘, 이해
보충 소검사: 지식, 단어 추리</td></tr>
<tr><td>지각적 추리 지표
(PRI: Perceptual Reasoning Index)</td><td>표준소검사: 토막짜기, 공통 그림 찾기, 행렬 추리
보충 소검사: 빠진 곳 찾기</td></tr>
<tr><td>작업적 기억 지표
(WMI: Working Memory Index)</td><td>표준소검사: 숫자, 순차 연결
보충 소검사: 산수</td></tr>
<tr><td>처리속도 지표
(PSI: Processing Speed Index)</td><td>표준소검사: 기호 쓰기, 동형 찾기
보충 소검사: 선택</td></tr>
</table>

(2) 지능검사 활용의 유의점

인간의 지능은 키나 몸무게와 같이 직접 측정하여 수치화할 수 없기 때문에 인간의 문제해결 과정 및 결과를 관찰하여 추론할 수밖에 없다. 그러나 학자마다 지능에 대한 개념이 다르며 그 개념에 따라 지능검사는 인간의 지적 능력을 제한된 소수의 문항으로 측정기 때문에 지능지수를 해석하고 활용하려고 할 경우에는 신중한 접근이 필요하다. 지능검사나 지능지수를 활용하고 해석할 때 유의해야 할 점은 다음과 같다.

첫째, 지능검사의 타당성이나 정확성에 대한 건전한 비판의식을 가져야 한다. 지능검사는 지능을 객관적으로 측정하는 도구임에는 분명하지만 지능검사가 인간의 지능을 완전히 대표하지 못하며 지능을 나타내는 지표 중 하나에 불과하다. 또 지능이 학업 성적에 중요한 영향을 주는 요인이기는 하지만 지능이 높다고 하여 모든 교과목이나 학교생활 전반이 우수하다고 볼 수도 없다. 따라서 지능검사의 결과로 학생이 모든 면에 있어서 우수할 것이라는 선입견을 가지거나 혹은 반대로 학생의 실패를 예상하는 일은 지양해야 할 것이다.

둘째, 지능은 변하지 않는 고정된 능력이 아니며 개인의 후천적 경험에 의해 변할 수 있다. 초기 지능이론들은 지능이 완전히 유전적으로 결정된다고 보았지만(Terman, 1930) 최근에는 지능 또한 수정될 수 있다고 본다. 대표적으로 반응영역(reaction range)을 포함하는 유전-환경 반응모델이 있다. 이 이론에서는 유전인자는 지적 능력의 최상과 최하의 범위를 결정하며 그 안에서 환경적 요인에 의해 한 개인의 지적 발달 정도를 결정한다고 한다. 예를 들어 나의 지능이 100이라고 한다면 110에서 90 정도의 지적능력을 가질 수 있으며 110이 되느냐 90이 되느냐는 내가 처한 환경적 영향이 어떠하냐에 따라 결정된다는 것이다.

뉴질랜드 심리학자 플린(Flynn, 1987)은 미국 군입대 지원자의 지능검사를 분석하여 신병의 평균 IQ가 10년마다 대략 3점씩 상승한 사실을 확인했다. 또한 벨기에, 네덜란드, 이스라엘에서는 30년 만에 지능검사 평균 점수가 20점이 올랐으며 그 외 국가에서도 5~15점이나 점수가 상승한 사실을 밝혀냈다. 그는 이렇게 지능점수가 지속적으로 향상하고 있는 이유를 사회가 더 많은 정신적 활동을 하도록 하기 때문이라고 하였다. 그 외에도 시청각 매체의 증가, 좋은 영양상태, 반복된 지능검사, 개선된 학교 및 가정환경 등이 영향을 주었다는 의견도 있다.

결론적으로 유전은 지능을 결정하는 데 중요한 역할을 하지만 환경적 영향 또한 전혀 배제할 수 없다. 그러므로 지능검사의 결과를 해석할 때는 결과를 절대적으로 맹신하거나 고정된 것으로 간주해서는 안 된다. 지능검사가 진단을 하기 위함이 아니라 학생의 성장에 도움을 주기 위한 것이라는 점을 기억하고 지능이 상승할 수 있다는 긍정적인 자세로 신중한 접근을 해야 할 것이다.

셋째, 지능지수는 직접 확인할 수 없는 심리적 현상을 측정하는 심리검사이다. 그러므로 아무리 객관적이고 엄격하게 측정된 IQ 점수라 할지라도 그 점수의 의미는 절대적인 지적 수준이 아니라 규준(norm)집단에 근거한 상대적인 지적 수준을 의미한다. 또한 완벽한 신뢰도를 가진 심리검사는 없기 때문에 IQ는 점수로 해석하기보다는 범위로 해석하는 것이 적절할 것이다.

또 지능검사를 해석할 때에는 하나의 산출된 점수로만 해석하기보다는 하위요인들의 점수프로파일이 어떠한지를 고려하는 것이 필요하다. IQ 점수가 110으로 동일하다 하더라도 한 학생은 수리능력이 높고 언어능력은 낮은 반면 다른 학생은 언어능력의 점수가 높고 수리능력은 낮을 수도 있는 것이다. 이러한 하위유형의 점수에 대한 정보는 학생의 학습 및 진로를 지도하는데 있어서도 중요한 참고자료로 활용될 수 있다.

보통 IQ는 학업성적과 .50~.70 정도로 단일변인으로 학업성적에 대해 높은 설명력을 가지고 있는 것은 사실이지만 그렇다고 IQ가 학업성적을 완벽하게 해석한다고 할 수는 없다. 학업성적에는 동기, 자아개념, 회복탄력성 등 다양한 요인이 영향을 미치기 때문에 특히 영재학생 선발이나 특수교육 대상자의 선발을 위한 의사결정의 기준으로 IQ 점수만을 기준으로 삼는 것은 위험하다고 할 수 있을 것이다.

2. 창의성

1) 창의성의 정의

(1) 창의성의 개념

창의성은 중요한 인간의 능력임에도 불구하고 교육적 관심 및 연구의 역사는 그리 길지 않았다. 1950년 미국의 길포드(J. P. Guilford)가 미국심리학회(American Psychological Association: APA) 회장 취임 강연에서 창의성의 중요성과 경험적 연구의 필요성에 대해 연설을 한 것이 계기가 되어 다양한 연구가 진행되기 시작했다.

길포드는 지능구조모형(structure of intelligence)의 조작차원에서 인간의 사고를 수렴적 사고와 확산적 사고로 구분하였다. 확산적 사고는 유일한 정답을 찾는 수렴적 사고와 달리 정답이 존재하지 않는 문제에 대해 다양한 해결책을 도출해 내는 능력을 의미한다. 길포드(1959)는 확산적 사고를 창의성으로 간주하였고 창의성을 '새롭고 신기한 것을 창출해 내는 능력'이라고 정의하였다. 그는 창의성의 구성요소로 유창성, 유연성, 독창성, 정교성, 민감성, 재정의 능력의 여섯 가지를 제시하였다. 유창성(fluency)은 제한된 시간 내에 많은 답을 찾아낼 수 있는 능력을 의미한다. 유연성(flexibility)은 질적으로 다양한 답을 내는 능력으로 반복되지 않는 범주의 수이다. 독창성(originality)은 남들이 생각하지 못한 답을 내는 능력이다. 정교성(sophistication)은 아이디어를 세심하게 발전시킬 수 있는 능력이다. 기본적인 아이디어에 보다 재미있고 완전한 것으로 확대시키거나 세부적 내용으로 채워 넣는 수를 의미한다. 민감성(sensitivity)은 상황파악 능력이 뛰어나며 동시에 문제와 관련 없는 자극에 영향을 받지 않고 해결하는 능력이다. 마지막으로 재정의(redefinition)는 복잡한 문제상황을 단순화하거나 문제의 핵심을 파악하여 새로운 의미를 부여하고 다른 부분과 관련짓는 능력을 의미한다.

이후 여러 학자들이 창의성의 개념을 정의해 왔는데, 토렌스(Torrance, 1962)는 새로움, 즉 독특성, 신기성 등의 특이한 요소가 포함되어 있는 것을 창의성이라 하였다. 드 보노(de Bono, 1990)는 창의성을 수평적 사고(lateral thinking)로 정의하였다. 논리적으로 계열적 형태를 따라 단계적 사고를 하는 수직적 사고(vertical thinking)와 달리 수평적 사고는 판단을 유보하고 다양성에 중점을 두고 많은 사고 통로로 사고하는 것을 말한다. 퍼킨스(Perkins, 1988)는 창의적인 결과란 독창성과 적절성을 갖춘 것을 의미한다고 했으며 또 갤러거(Gallagher, 1985)는 한 개인이 새로운 아이디어나 작품을 창출해 내거나 또는 기존의 아이디어나 산물을 독창적으로 재생산해 내는 정신과정이라고 정의하였다.

이상의 정의를 바탕으로 창의성을 정의해 보면 다음과 같다.

첫째, 창의성은 새로운(novel) 어떤 것을 생산해 내는 행동 또는 정신과정을 의미한다. 이러한 새로움(novelty)과 독창성(originality)은 창의성의 필수적 요소로써 창의성을 판단하는 데 가장 중요한 요소로 간주된다.

둘째, 아이디어가 새롭다고 해서 항상 창의적인 것은 아니다. 창의적인 것으로 인정받기 위해서는 유용하고 적절하고 가치가 있어야 한다. 그러나 당장은 가치가 없는 아이디어라 할지라도 나중의 어느 시점에서는 가치 있는 아이디어가 될 수도 있다.

셋째, 창의성은 '정신과정(mental process)'이다. 즉, 창의성이란 창의적인 문제해결이나 창의적인 아이디어의 산출과정에 작용하는 사고기술이다. 창의성에 대한 대표적인 오해는 창의성은 극소수의 천재들만이 가지고 있는 특별한 능력이며 타고나는 것이기 때문에 가르칠 수 없는 인지적 기술이라는 것이다. 그러나 이것은 명백히 잘못된 생각이다. 창의적 사고기술은 누구나 훈련을 통해 길러질 수 있다.

최근에는 지금까지의 창의성 연구가 개인의 성격이나 인지적 능력에 집중되어 있다고 지적하고 환경적 요소와 관련된 연구가 이루어지고 있다(Sternberg & Lu-vart, 1995). 특히 칙센미하이(Csikszentmihalyi, 1996)는 창의적 환경과 영역을 함께 고려하는 창의성 체계모델(Systems Model)을 제시하였다.

창의성 체계모델의 첫 번째 요소는 영역(domain)이다. 영역은 인류 전체가 공유하는 상징적 지식으로 보통 우리가 문명이라고 부르는 것을 의미한다. 두 번째 요소인 현장(field)은 새로운 아이디어나 창작물을 영역 속에 포함할 지를 결정한다. 예를 들어, 미술영역의 현장은 미술교사, 미술관장, 미술작품수집가, 비평가 등, 현장에서 활동하는 구성원이 해당된다. 세 번째 요소는 한 개인이 얼마나 창의적 특성을 가지고 있느냐와 관련된 개인(person)이다. 칙센미하이의 연구결과에 의하면 창의적 인물은 특정 영역에 대한 유전적 소질을 가지고 있으며 이러한 소질이 발현될 수 있도록 물질적·환경적 혜택을 경험하고 현장과 접할 수 있는 기회를 가졌다는 것이다. 그러므로 창의성이라는 것은 개인의 역량으로만 볼 수 없으며 활동현장의 개방성과 창의성을 지지하는 사회환경이 조성될 때 개인의 창의적 능력이 개발될 수 있다.

(2) 창의성과 지능의 관계

창의적이기 위해서는 어느 정도의 높은 지능이 필요하지만 지능이 높다고 하여 반드시 창의적인 것은 아니다(Guilford, 1956). 즉 지능은 창의성의 필요조건이기는 하지만 충분조건은 아니다. Getzels와 Jackon(1962)은 5~12학년의 우수한 학생에게 지능검사와 창의성 검사를 실시하였는데 이들의 지능과 창의성의 상관은 낮은 낮았다. 즉 지능이 높거나 낮다고 창의성이 높거나 낮은 것은 아니었던 것이다. 또 IQ140 이상인 1,500명을 대상으로 한 Terman(1925)의 천재 연구에서도 이들의 삶이 성공적이기는 했지만 혁신을 이룬 창의적인 인물은 없었다.

이를 지지하는 이론으로는 앤더슨(Anderson)의 식역이론(threshold theory)이 있다. 그는 IQ120까지는 지능과 창의성이 어느 정도 정적 상관을 보이지만 IQ120 이상부터는 관계가 없다고 하였다. 식역수준의 기준이 IQ120이라는 학자가 있는 반면 IQ130을 식역수준으로 주장하는 학자도 있다. 그러나 일정 수준 이하일 때는 지능과 창의성이 상관이 있으나 그 수준을 넘어서면 지능과 창의성은 독립적으로 발달해 간다는 점에는 일치하는 견해를 보인다.

창의성은 지능에 포함되는 개념으로 보기도 하고 반대로 지능을 창의성의 요소(Sternberg &Lubart, 1995)로 포함시키기도 한다. 또 이 두 개념이 동일(Haensley & Reynolds, 1989)하다거나 중복되는 지적특성(Kaufman, Plucker, & Baer, 2008)이라는 관점도 존재한다. 이렇듯 지능과 창의성의 관계는 다양한 관점으로 보고 있지만 중요한 것은 창의성이 지능과 별개로 교육시켜야 할 중요한 지적 능력 중 하나라는 점이다.

2) 창의적 사고기법

(1) 브레인스토밍

1938년 오스본(Osborn)에 의해 개발된 브레인스토밍(brain-storming)은 말 그대로 폭풍이 일어나는 것처럼 뇌에서 자유분방하게 다양한 아이디어를 만들어내는 기법으로 세계적으로 가장 많이 이용되는 방법 중 하나이다. 여러 사람이 모여서 어떠한 주제에 대해 다양한 아이디어를 자유롭게 생성해 내는 자유연상법의 일종이다. 원래는 주로 집단이 문제를 해결하기 위해 개발한 것이지만 개인적으로 활용할 수도 있다.

브레인스토밍 기법으로 좋은 아이디어를 내기 위해서는 지켜야 할 기본 원칙이 있다. 첫째, 평가는 마지막까지 유보하며 비판하지 않는다. 둘째, 어떠한 아이디어라도 수용한다. 아이디어는 자유분방할수록 좋다. 셋째, 아이디어는 가능한 많이 낸다. 즉 아이디어의 질보다는 양을 우선으로 한다. 넷째, 결합과 개선을 추구하여야 한다. 제시된 많은 아이디어를 결합하고 개선하여 더 좋은 아이디어로 발전시킨다.

브레인스토밍의 장점은 유아부터 성인까지 누구나 사용할 수 있는 쉬운 방법이라는 점이다. 브레인스토밍을 활용할 때 구성원은 6~7명이 적절하다. 만약 그 분야에 대해 경험이 적어 많은 아이디어를 내기 어려운 상황이라면 15명 정도까지도 가능하며 일반적으로 성별, 연령 등이 다양할수록 효과적이다. 실시 시간은 30~40분 정도가 적당하며 실제로 수업 시간에 적용하고자 할 때는 집단 브레인스토밍에 들어가기 전에 먼저 개인별로 주어진 문제에 대해 아이디어를 생각해 보도록 하는 개인별 브레인스토밍을 허용하는 것이 좋은 방법이다.

(2) SCAMPER

SCAMPER는 이벌(Eberle, 1971)이 오스본의 브레인스토밍 활동에서 사용하는 핵심적인 질문들을 기억하기 쉽게 수정한 것이다. 이 질문목록에 따라 체계적으로 새로운 아이디어를 도출해 낼 수 있다.

〈표 5-3〉 SCAMPER 기법

사고기법	질문	기존 물건	새로운 아이디어
Substitute(대체)	존재하고 있는 대상의 재료를 바꾸거나 일부를 교체	스테인리스 칼 휘발유 자동차	세라믹 칼 전기자동차
Combine(결합)	전혀 관계없는 두 가지 이상의 대상이나 물건들을 결합	전화+사진기 다리미+분무기	사진기 기능을 갖춘 휴대전화 스팀다리미
Adapt(적용)	주어진 문제를 해결하기 위해 이미 알고 있는 것을 이용하기	야생풀 민들레 홀씨	벨크로 낙하산
Magnify/Minify (확대/축소)	크기나 빈도, 밀도의 변화, 과장, 간소화, 생략 등에 대한 시도	대형컴퓨터 30% 카카오 초콜릿	노트북 99% 카카오 초콜릿
Put to other use (다른 용도 찾기)	새로운 용도 또는 전혀 다른 용도로 사용	접착력이 약한 풀	포스트잇 접착면에 활용
Eliminate(제거)	어떤 대상을 구성하고 있는 요소들에서 제거하거나 생략할 수 있는 것을 찾아냄	안경 유선마우스	콘택트렌즈 무선마우스
Reverse/ Rearrange (역방향/재배열)	어떤 대상이나 현상의 구성요소의 역할과 위치, 원인과 결과를 바꿈	교수중심 수업 사무실 근무	학습자중심 수업 자택 근무

출처: 신명희 외(2019). 교육심리학

(3) 여섯 가지 모자 사고기법

드 보노(1985)의 여섯 가지 모자 사고기법(six hat method)은 여섯 가지 색의 모자로 어떤 문제에 접근하는 여섯 가지의 역할과 방법을 규정하는 창의적 사고 방법이다. 드 보노는 여러 가지 사고를 동시에 하기 때문에 창의적 사고가 방해받는다고 보았다. 따라서 한 번에 한 가지 방법으로 사고하면 사고를 단순화시킬 수 있으며 또 좀 더 심도 있게 생각할 수 있다. 사고의 틀(frame of mind)인 다양한 모자를 의도적으로 바꾸어 써 봄으로써 문제해결을 위한 새로운 관점을 발견하고 습관적이고 일상적인 사고의 틀에서 벗어날 수 있는 기회가 된다.

여섯 가지 모자 사고기법을 활용할 때, 각 팀의 리더만이 모자를 바꿔 쓰도록 지시할 수 있으며 모자별로 시간을 너무 길지 않게 하는 것이 바람직하다. 모자가 없다면 색종이를 준비해서 모자 대신 활용할 수도 있다. 모자 색에 따른 사고의 특징은 다음과 같다.

〈표 5-4〉 여섯 가지 모자 사고기법

모자의 색	사고 특징
흰색 모자	중립적이고 객관적인 정보를 탐색하는 사고 활동
빨간색 모자	논리성을 배제하고 감정, 느낌, 직관, 육감을 탐색하는 사고 활동
검정색 모자	부정적 측면, 실패할 만한 이유, 잠재된 위험 요소 등과 관련된 부정적 사고 활동
노란색 모자	긍정적 측면, 희망적 요소 등과 관련된 건설적인 사고 활동
초록색 모자	새로운 해결책이나 대안을 탐색하는 창의적인 사고 활동
파란색 모자	자신의 사고 활동 전반을 통제하고 조정하는 초인지적 사고 활동

(4) PMI

드 보노(1985)가 개발한 PMI(Plus Minus Interesting)는 어떤 상황에 대해 긍정적인 측면(Plus), 부정적인 측면(Minus), 흥미롭거나 재미있는 측면(Interesting)을 생각하도록 하는 사고기법이다. PMI기법을 활용할 때는 어떤 아이디어가 훌륭하다 그렇지 않다를 말하기 전에 우선 그 아이디어의 좋은 점에 집중한 후 나쁜 점에 초점을 맞추고 마지막으로 그 아이디어가 가지고 있는 가능성과 흥미로운 것에 주목하여 생각한다. 각각은 대개 2~3분 내에 이루어지며 의도적으로 한 측면을 집중적으로 사고하도록 돕는다. 이는 아이디어에 대해 다양한 관점에서 생각을 집중하고 사고를 전개해 보도록 하여 냉철하게 판단하는 태도를 길러줄 수 있다.

3) 창의성 검사

창의성을 평가하는 다양한 검사가 개발되어 있다. 창의성 검사 도구는 크게 3가지로 분류될 수 있다. 창의성이 발휘되기 위해 필요한 인지적 능력에 관한 검사, 개인의 창의적 성격과 태도가 어떠한지를 측정하는 창의적 인성에 관한 검사, 마지막으로 창의적 산출물을 만들게 하고 그 결과물이 얼마나 창의적인지를 평가하는 창의적 산물검사가 있다. 대표적인 창의성 검사를 살펴보면 다음과 같다.

(1) TTCT

TTCT(Torrance Tests of Creative Thinking: TTCT)는 대표적인 창의성 검사로 길포드의 확산적 사고 개념에 기초하여 Torrance가 개발한 검사이다. TTCT는 언어검사와 도형검사로 구성되어 있으며, 각 검사마다 A형과 B형이 있다.

언어검사는 질문하기(ask), 원인 추측하기(guess the cause), 결과 추측하기(guess the result), 작품 향상시키기(product improvement), 색다른 용도 제안하기(unusual uses), 색다른 질문하기(unusual questions), 가상하기(just suppose)의 일곱 가지 하위검사로 구성되어 있다. 검사는 만 5세부터 성인까지 실시될 수 있으며 유아나 초등학교 저학년까지는 개별검사, 그 이외에는 집단검사가 가능하다. 언어검사의 결과는 유창성, 융통성, 독창성의 세 차원으로 평가한다.

도형검사는 불완전한 그림을 유의미한 것으로 완성하는 검사로 그림구성(picture construction), 도형완성(figure completion), 선(line) 혹은 원(circles) 완성의 세 가지 하위검사로 구성되어 있다. 도형검사의 결과는 유창성, 독창성, 정교성 및 제목의 추상성(abstractness of titles), 성급한 종결에 대한 저항(resistance to premature closure), 창의적 강점의 체크리스트(checklist of creative strength) 등과 같은 요소로 평가한다.

TTCT는 유아부터 성인까지 다양한 연령층에 검사가 가능하기 때문에 연령별로 창의적 인지발달 수준을 비교할 수 있는 장점이 있다. 또 토렌스의 종단연구에 의하면 어릴 때의 창의성 검사 점수와 성인이 되었을 때의 창의성 검사 점수가 유의미한 상관이 있었다. 그러므로 어린 시기의 창의성에 대한 결과를 토대로 성인기의 창의력을 예측해 볼 수 있다. 그러나 TTCT는 반응의 개별성을 강조하며 평가자의 주관성이 반영되기 때문에 검사의 타당도에 대해서는 의문의 여지가 있다.

언어검사의 예 : 작품 향상 시키기

도형검사의 예 : 그림 완성하기

[그림 5-7] TTCT 문항의 예

(2) CPS

CPS(Creative Personality Sacle)는 창의성의 성향을 측정하는 검사이다. 이 검사는 성격을 측정하는 형용사체크리스트 검사인 ACL(Adjective Check List)의 300문항 중에서 창의성과 관련된 문항을 30개 추출하여 구성한 것이다.

CPS는 창의성을 측정하는 기존의 다른 검사들과 높은 관련이 있어 비교적 안정적인 검사라고 할 수 있다. 또 체크리스트 형식으로 검사가 구성되어 있어 부모나 교사가 아동의 창의적 성향을 측정하기에 편리하게 되어 있다.

(3) CAT

아마빌(Amabile, 1982)이 개발한 CAT(Consensual Assessment Technique)는 창

의적 산출물을 이용하여 언어적 창의성, 공간·수학적 창의성, 예술적 창의성 등을 측정하는 평가 방법이다. 전문가들이 피검자가 만든 창의적 산물에 대해 창의성 정도를 평가한다. 예를 들어, 아동에게 콜라주를 만들어 보도록 한 후 이 분야의 전문가인 심리학자, 미술교사, 미술가 등에게 5점 척도로 평가하도록 하는 것이다.

이러한 창의적 산출물에 의한 창의성 측정 방법은 창의성을 측정할 때 인지적 측면에 치우치지 않고 개인의 실제 창의성과 근접한 창의성을 측정할 수 있다는 점에서 의의가 있다. 하지만 전문가라 하더라도 여러 사람의 주관적인 판단에 따라 이루어지기 때문에 제대로 된 평가를 위해서는 몇 가지 조건이 필요하다(Amabile, 1982). 우선 창의적 산물을 평가하는 사람은 해당 영역에 대한 경험을 가지고 있어야 한다. 둘째, 평가가 진행될 때에는 평가자가 각각 독립적으로 평가를 진행해야 한다. 셋째, 창의성과 심미적 요소를 함께 평가한다. 마지막으로 정해진 기준에 따르기보다는 다양한 차원에 근거한 종합적 평가를 해야 한다.

4) 창의성의 교육적 적용

현대사회는 그 어느 때보다 지식의 생성과 변화의 속도가 빨라 학생들이 학교에서 배운 지식은 그들이 성인이 된 후에는 쓸모없게 될 가능성이 크다. 따라서 이제 학교는 지식과 기술을 단순히 전달하기보다는 학생 스스로 문제를 찾고 새로운 문제에 도전할 수 있는 용기와 개방적 태도 및 창의적 문제해결 능력을 길러주기 위해 노력해야 한다. 창의성은 정도의 차이는 있으나 누구나 가지고 있는 보편적인 능력이며 교육이나 훈련을 통해 향상될 수 있다(Torrance, 1995). 교육현장에서 창의력을 후천적으로 계발하기 위한 전략은 다음과 같다.

첫째, 창의적인 태도를 격려하는 교육환경을 조성한다. 학생이 창의적 태도를 가지기 위해서는 수업 시간에 자유롭게 질문하고 어떤 아이디어라도 자신 있게 말할 수 있어야 한다. 따라서 교사는 학생들의 창의성을 길러주기 위해서 실수를 허용하고 실수를 통해 배울 수 있도록 교실분위기를 만들어야 한다.

둘째, 창의적인 사고를 할 수 있는 기회와 시간을 허용한다. 학생들에게 새로운 리포트 주제를 선정한다던가 다양한 수업 자료를 활용하여 여러 관점으로 접근할 수 있는 기회를 제공하고 충분히 생각할 시간을 주면 학생들의 창의력 사고는 증진된다.

셋째, 창의성의 모델을 제시헤 주어야 한다. 다양한 영역에서 창의적인 결과물을 낸 인물을 모델로 제시하는 것이 좋다. 또 교사는 스스로가 창의성의 모델이 되어야 한다. 학생들이 창의적인 생각을 가지도록 하려면 교사가 창의성에 대한 폭넓은 이해를 가지고 있으며 교사 자신이 창의적인 사람이어야 한다.

넷째, 내적 동기를 갖도록 하라. 창의성에 있어서 내적 동기는 매우 중요하다. 따라서 학생들이 내적 동기를 가질 수 있도록 직접 과제를 선택하도록 하거나 스스로 좋아하는 활동에 참여하도록 하는 등의 자율성을 충분히 제공해 주는 것이 필요하다. 그러나 처음부터 내적동기가 형성되기는 어려우므로 과제를 시작할 때 새로운 주제를 선정할수록 외적 보상을 해 주는 등의 적절한 외적 보상도 필요하다.

다섯째, 교과내용을 충분히 숙지하도록 해야 한다. 창의력은 무에서 유가 나오는 것이 아니다. 특정 분야에서 창의력을 발휘하기 위해서는 그 분야에 대한 지식을 완전히 이해하고 오랫동안 헌신할 때 가능하다. 창의적인 결과물로 인정되는 고전음악의 작곡가들도 적어도 10년 이상의 작곡활동을 한 이후에야 명곡을 작곡할 수 있었다고 한다(Heyes, 1988).

전문가 되기 연구문제

01 Sternberg 삼원지능이론과 Gardner 다중지능이론이 중 하나를 골라 초중등 교육 현장을 바탕으로 교육적 시사점을 논하여 보세요.

02 교사가 지능이 높은 학생과 창의성이 높은 학생을 지도할 때 유의점에 대해 논하여 보세요.

03 창의적 사고기법을 활용하여 창의적 능력을 개발하기 위한 수업을 학습활동으로 구상해 보세요.

제6장
학습동기

1. 동기의 의미와 역할

동기(motivation)란 인간이 욕구, 흥미, 열정, 자극에 의해 행동을 이끌어 가는 원동력이다. 자동차를 예로 들면, 동기는 자동차의 엔진 시동이라고 볼 수 있다. 자동차가 움직이려면 일단 시동이 걸려야 천천히 가든지 빨리 가든지 움직일 수 있다. 이와 같이 자동차 엔진이 시동 걸리는 것처럼 동기유발이 일어나야 어떤 행동이나 학습이 이루어질 수 있는 것이다. 아무리 좋은 자동차라 할지라도 시동이 걸리지 않으면 아무런 쓸모가 없듯이 아무리 지능이 높고 똑똑한 학습자이더라도 동기유발이 되지 않으며 자신의 실력을 보여 줄 수 없다. 이러한 점에서 동기는 학습에 있어 매우 중요한 역할을 한다. 학습상황에서 성공과 실패를 결정하는 주된 변인 중 하나가 바로 동기인 것이다.

동기는 학생들의 학업성취에 큰 영향을 준다. 동기는 지능이나 적성으로 설명할 수 없는 성취도의 차이를 나타내주기도 한다. 즉 지능이 높은데 동기가 없는 아이들은 높은 지능에도 불구하고 학교에서의 학업성취가 낮을 수 있다. 이런 학생들에게 학습에 대한 동기유발만 잘 시켜 주면 단시간에 학업성취도가 높아질 수 있다. 동기는 학생들의 학습에 긍정적인 영향을 주고, 학교생활 만족도를 높여주며, 사회성과 리더십에도 영향을 준다(Deci & Ryan, 1985; stipek, 2002). 이러한 점에서 학생들의 학업과 학교생활에 동기의 역할이 매우 중요함을 알 수 있다.

2. 동기이론

동기이론에 대해 행동주의, 인본주의, 인지주의 관점으로 나누어 살펴보고자 한다.

1) 행동주의 이론: 강화 이론

행동주의적 입장에서의 동기이론은 심리적 쾌락주의라고 말할 수 있다. 즉 인간은 즐거움을 얻기 위해 그리고 고통을 피하기 위해 어떤 행동을 한다는 것이다. 이는 외적인 보상과 처벌이라는 강화이론으로 설명되어진다. 행동주의에서는 교육현장에서 많이 사용되는 교사의 칭찬과 보상, 칭찬 스티커, 상장, 점수 등이 학습을 동기화로 이끌 수 있다고 보았다. 즉 행동주의 이론에서 학습자의 동기는 내적인 요소보다는 주어진 환경에 의해 좌우된다는 환경적 결정론 입장이다.

따라서 행동주의 이론에서는 강화이론을 통해 아이들의 학습 동기를 이끌 수 있다고 보았다. 주로 유치원, 초등학교 교사들이 아이들을 수업에 참여시키는 동기부여를 위해 사탕이나 칭찬과 같은 외적 보상을 사용하고 있다.

그러나 행동주의 이론에서 강조하는 외적 보상이 항상 동기화에 긍정적인 영향을 주는 것은 아니다. 몇몇 학자들은 외적 보상의 부작용에 대해 언급하였다. 즉 어떤 활동에 이미 내적 동기를 지니고 흥미를 보이고 있는 학생들에게 외적 동기인 보상이 주어지게 되면 오히려 활동에 대해 지니고 있던 내적 동기가 사라지는 부작용을 경험할 수 있다. 따라서 외적 보상은 학생들이 흥미를 느끼지 못하는 과제에서 흥미 유발을 위한 수단으로 사용되는 것이 바람직하다.

2) 인본주의 이론: 욕구위계이론

인본주의 입장에서의 동기이론은 동기의 내재적 근원을 자아를 실현하기 위한 생득적인 욕구로 보았다. 인본주의 심리학자 매슬로우(Maslow)는 인간은 자신이 지닌 잠재력을 발휘하려는 본능적인 욕구를 가지고 있다고 보았다. 그리고 인간의 다양한 욕구는 피라미드 구조로 단계적으로 이루어져 있으며 하위 단계의 욕구가 충족되어야 상위 단계의 욕구들이 하나씩 발현될 수 있다고 설명하였다. 이것이 매슬로우의 욕구위계(a hierarchy of needs)이론이다.

매슬로우의 욕구위계이론에서는 아래 제시된 [그림 6-1]처럼 인간의 욕구를 결핍의 욕구(deficiency needs)와 성장의 욕구(growth needs) 두 가지로 나누었으며, 7단계의 위계로 설명하였다. 결핍욕구(deficiency needs)에는 가장 하위 단계인 생리적 욕구, 안전의 욕구, 소속감과 애정의 욕구, 자아존중의 욕구가 포함된다. 성장의 욕구(growth needs)에는 지적 욕구, 심미적 욕구, 자아실현의 욕구가 포함된다.

첫째, 생리적 욕구는 인간의 가장 기본적 욕구로 음식, 물, 산소, 수면, 배고픔 등 생존에 필요한 기본 욕구이다. 이 단계가 충족되지 않으면 다른 단계로 성장할 수 없다.

둘째, 안전의 욕구는 개인이 정서적·신체적으로 위험으로부터 보호받고 안전한 환경에 머물고자 하는 욕구이다.

셋째, 소속감과 애정의 욕구는 집단에 소속되어 사람들과 친밀한 관계를 맺으며 사랑하고 사랑받고 싶은 욕구이다.

넷째, 자아존중의 욕구는 자신으로부터 존중과 타인의 존중을 받고 싶은 욕구이다. 이 단계의 욕구에는 능력에 대한 인정, 수용, 성취, 명성, 지위 등이 있다.

다섯째, 지적 욕구는 지식과 기술에 대한 호기심과 배움의 욕구이다.

여섯째, 심미적 욕구는 질서, 조화, 아름다움 등을 추구하는 욕구이다.

일곱째, 자아실현 욕구는 가장 최상의 욕구로 자신의 모든 잠재력과 능력을 인식하고 발휘하고자 하는 욕구이다.

이와 같이 매슬로우는 인간의 욕구에는 위계가 있으며 하위 단계에 속하는 욕구가 먼저 충족되어야 그 위의 상위 단계의 욕구를 충족시킬 수 있다고 보았다. 따라서 학생들이 학습상황에서 필요한 지적 욕구단계에 도달하기 위해서는 하위 단계인 결핍의 욕구들(생리적 욕구, 안전의 욕구, 소속감과 애정의 욕구, 자아존중의 욕구)이 먼저 충족되어야 한다. 따라서 학생들의 학습능력을 키우기 위해서는 가정에서나 학교에서 학생들이 결핍의 욕구 단계에 머물러 있지 않도록 보살펴 주는 것이 필요하다. 즉 학교는 학생들에게 지식을 전달하는 역할 이전에 배고픔이나 가정 폭력, 친구들 사이에서의 왕따 등으로 결핍욕구를 충족하지 못하고 있는 학생은 없는지 살펴보아야 한다.

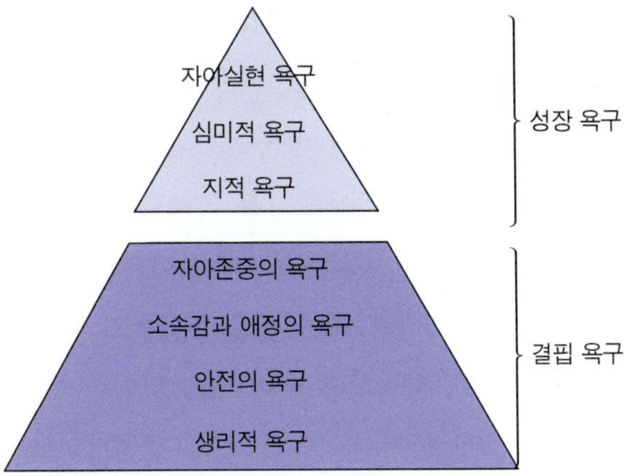

[그림 6-1] 매슬로우의 욕구위계이론

3) 인지주의 이론

인지주의적 관점의 동기 이론으로는 외재적 동기보다는 신념, 기대, 귀인에 기초한 내재적 동기의 중요성을 강조하였다. 이러한 인지주의적 관점의 동기이론에는 Weiner의 귀인이론(attribution theory)과 Dweck의 목표지향성이론(goal orientation theory) 등이 있다.

(1) 귀인이론

귀인이론(attribution theory)은 자신의 성공과 실패에 대한 행동의 원인을 설명하려는 이론이다. Weiner(1992)는 성공과 실패에 대한 원인으로 가장 많이 귀인하는 4가지 요소를 능력(ability), 노력(effort), 운(luck), 과제 난이도(task differ-ently)로 제시하였다. 귀인이론이 중요한 이유는 어떤 사건에 대한 원인을 무엇에 귀인 하느냐에 따라 추후 동기와 행동에 영향을 끼치기 때문이다. 즉 학업적인 성공과 실패에 있어서도 능력, 노력과 같은 내적요인에 귀인 하느냐 운, 과제 난이도와 같은 외적요인에 귀인 하느냐에 따라 다음 학습의 동기와 성취에 많은 영향을 미친다.

〈표 6-1〉의 귀인이론의 예시를 설명하면, '수학시험에서 낮은 점수를 받은 상황'과 같은 실패 상황에서 그 원인을 무엇에 귀인 하느냐에 따라 학습 동기가 사라질 수도 있고 반대로 더 살아날 수도 있다. 첫째, 실패의 원인을 '나는 수학적 능력이 없나 봐'처럼 자신의 능력에 귀인 한다면 수학에 대한 학습 동기는 낮아질 수 있다. 둘째, '나는 감기로 이번 시험 준비를 충분히 하지 못했어.'와 같이 노력에 귀인 한 경우는 자신의 노력 부족에 실패 원인을 둠으로써 다음 시험엔 좀 더 노력해서 시험을 잘 보아야겠다는 학습 동기가 증가하게 된다. 즉 실패상황에도 포기하지 않고 계속 노력하게 된다. 노력귀인은 실패 상황에서 가장 바람직한 귀인유형이다. 셋째, '운이 없게도 예상 문제에서 하나도 나오지 않았어'라고 운에 귀인 한 경우나, '이번 시험은 문제가 너무 어려웠어'라고 과제 난이도에 귀인 하는 경우는 내부요인이 아닌 외부요인에 원인을 둔 경우이다. 이와 같이 실패상황에서는 노력이 부족했다고 귀인 하는 것이 바람직하며, 자신의 능력 부족에 귀인 할 경우 과제 회피나 학습된 무기력에 빠질 수 있다.

〈표 6-1〉 귀인이론의 예시

귀인 유형		예 시 (실패상황: 수학시험에서 낮은 점수를 받은 상황)
내적 요인	능력	난 수학에 능력이 없나 봐.
	노력	괜찮아, 나는 감기로 이번 시험 준비를 충분히 하지 못했어.
외적 요인	운	운이 없게도 예상 문제에서 하나도 나오지 않았어.
	과제 난이도	이번 시험은 문제가 너무 어려웠어

(2) Dweck의 목표지향성이론

캐럴 드웩(Carol Dweck)은 동기를 목표지향성이론(goal orientation theory), 즉 성취목표이론으로 설명하였다. 목표지향성 이론에서는 과제 수행의 목표를 어디에 두느냐에 따라 과제 수행과정과 결과가 달라진다고 보며, 이를 숙달목표(mastery goal)와 수행목표(performance goal) 두 가지 목표로 설명하였다.

첫 번째 숙달목표(mastey goal)를 지닌 학생들의 경우 과제에 대한 이해 및 숙달 등 학습활동 자체에 초점을 두고 목표를 설정한다. 그들은 성공과 실패의 원인을 노력에 귀인하며, 흥미와 즐거움 등과 같은 내재적 동기가 높고 학습 과제 자체에 가치를 부여한다. 자신의 유능감을 확인하기 위해 도전적 과제, 어려운 과제를 선택하며 어려움에 직면했을 때 타인의 도움을 적극적으로 요청할 줄 안다. 이들은 학습과정 자체에 가치를 두기 때문에 실패상황에서도 동기가 촉진되어 다시 도전한다.

두 번째 수행목표(performance goal)를 지닌 학생들의 경우 학습활동 자체에 초점을 두기보다 타인의 능력과 자신의 능력을 비교하는 데에 관심을 두기 때문에 남들보다 내가 얼마나 잘했는지 수행결과에 대해 관심을 보인다. 즉 자신의 능력이 타인에 의해 어떻게 평가받을지에 관심을 둔다. 그들은 성공과 실패의 원인을 능력에 귀인하며, 외재적 동기가 높고 학습 과제에 가치 부여를 하지 않는다. 새롭고 도전적인 과제보다는 실패 확률이 적은 쉽고 익숙한 과제를 선호하며 타인의 도움을 받는 것을 자신의 능력 부족으로 인식한다. 이들은 실패 시 동기가 저하되며 실패상황을 두려워한다.

숙달목표와 수행목표의 차이를 좀 더 간략하게 정리하면 〈표 6-2〉와 같다.

〈표 6-2〉 숙달목표와 수행목표의 차이

	숙달목표(mastery goal)	수행목표(performance goal)
개념	새로운 지식 습득이나 학습과정 자체를 즐기며 과제의 이해 증진을 목표로 한다.	과제를 수행함에 있어 타인보다 내가 얼마나 더 유능한지를 보여주는 데 목표를 둔다.
귀인	성공과 실패를 노력에 귀인	성공과 실패를 능력에 귀인
동기	내재적 동기가 높음	외재적 동기가 높음
과제 선택	도전적, 새로운 과제 선택	실패가 적은 쉬운 과제 선택
행동	타인에게 도움을 적극적으로 요청함	타인에게 도움을 요청하지 않음
평가 기준	절대평가	상대평가, 높은 점수

이러한 목표지향성을 고려하여 교사들은 학생들이 학습과정자체를 즐기며 자신의 성장을 도울 수 있도록 지지해 주는 것이 필요하다. 즉 지나친 결과중심평가 보다는 과정중심평가를 활용하여 숙달목표를 지닐 수 있도록 피드백해 주는 것이 필요하겠다.

캐럴 드웩은 목표지향성이론 이외에도 지능을 바라보는 관점과 동기에 대해 연관 지어 설명하였다. 그것은 지능에 대한 관점을 두 가지로 설명한 암묵적 이론(implicit theory)이다. 암묵적 이론에서 하나는 지능은 고정적이며 불변하다고 보는 관점이고, 또 다른 하나는 지능은 증가할 수 있고 변화될 수 있다고 보는 관점이다. 이러한 암묵적 이론은 학습자가 어떤 지능 이론을 지녔느냐에 따라 학습자의 목표, 노력, 동기 등에 영향을 주기에 동기 이론에서 중요하다. 첫 번째로 지능에 대해 고정적 관점을 지닌 학습자의 경우 실패 상황에서 실패 원인을 능력에 두기에 동기가 저하된다. 또한 이들은 수행목표지향의 특성을 지니기에 성공하기 쉬운 과제를 지향한다. 학습의 결과중심에 초점을 두어 암기 위주의 피상적 학습전략을 추구하게 된다. 이에 반해 지능에 대해 증가적 관점을 지닌 학습자의 경우 노력하면 나의 능력이 더 성장할 수 있다고 생각하기에 실패 상황에서 좌절하기보다 동기가 더 유발된다. 또한 이들은 숙달목표지향의 특성을 지니기에 도전적 과제를 지향한다. 학습의 과정중심에 초점을 두어 장기적 학습전략을 추구한다. 이와 같이 지능에 대한 암묵적 이론은 성취목표설정에 영향을 준다. 따라서 학교현장에서 교사들은 학생들이 자신의 능력 즉 지능에 대해 고정적 관점보다 증가적 관점을 가지도록 지도해주는 것이 필요하다.

3. 내재적 동기와 외재적 동기

1) 내재적 동기와 외재적 동기의 관계

동기는 행동이 나타나는 원인이 내부에 존재하는가 또는 외부에 존재하는가에 따라 내재적 동기와 외재적 동기로 나뉘게 된다.

(1) 내재적 동기

내재적 동기는 어떤 행동을 하게 된 이유가 행동 내부에 존재하는 것으로 외적인 보상 없이 행동 그 자체에 목적을 둔 동기를 의미한다. 내재적 동기의 예로는 호기심, 흥미, 즐거움, 도전, 만족, 유능감 등이 포함된다. 학습과제나 활동을 함에 있어 부모의 칭찬이나 좋은 점수, 상장 등에 목적을 둔 것이 아닌 학생 스스로 흥미와 재미를 느껴서 공부하는 것이 내재적 동기의 대표적인 예시이다. 이는 인본주의, 인지주의 학습에서 강조하는 동기이다.

(2) 외재적 동기

외재적 동기는 어떤 행동을 하게 된 이유가 외부에 존재하는 것으로 어떤 목적을 달성하기 위해 행동을 하는 동기를 의미한다. 외재적 동기의 예로는 물질적인 보상(사탕, 선물, 돈 등), 칭찬, 점수, 자격증 등이 포함된다. 즉 주어지는 학습 과제나 활동 그 자체보다는 활동을 함으로써 얻어지는 외부의 보상을 얻기 위해 일어나는 행동을 말한다. 이는 주로 행동주의 학습에서 강조하는 동기이다.

외재적 동기를 강조한 행동주의이론과는 달리 Lepper와 Greene(2015)은 외적 보상이 항상 동기화에 긍정적인 영향을 주는 것은 아니라고 주장하며, 외적보상의 부작용에 대해 언급하였다. 외적 보상의 부작용에 대해 아래 사례를 통해 자세히 살펴보고자 한다.

〈사례 6-1〉 외적 보상의 부작용

외적 보상의 부작용에 대한 실험들

1) 레터의 실험. [그림 그리기]

아동심리학자인 레터는 보육원 아이들을 대상으로 한 그림 그리기 실험을 하였다.
레터는 아이들을 두 그룹으로 나누어 일주일 동안
– [A그룹] 아이들에게는 그림을 그리면 상을 주겠다고 하고,
– [B그룹] 아이들에게는 그냥 그림을 그리게 했다.

일주일 뒤 실험자는 더는 상을 주지 않는 환경에서 아이들이 어떻게 그림을 그리고 있는지 살펴보았다. 그런데 그림을 그리면 상을 주겠다고 제안했던 A그룹 아이들은 그림을 그리는 횟수가 줄어든 반면, 상에 대해 한마디도 하지 않았던 B그룹 아이들은 오히려 그림을 그리는 횟수가 늘어났다.

2) 드웩의 실험. 보상을 위한 학습이냐? 배우는 과정을 즐길 것인가?

성취동기 연구자 미국의 심리학자 드웩 교수는 아이들을 두 그룹으로 나누어 몇 가지 어려운 문제를 풀게 하였다.

> – [A그룹]의 아이들에게는 문제풀이에 성공했을 때 선물과 교환 할 수 있는 토큰을 주었고, 실패했을 때는 별다른 언급 없이 다음 문제로 넘어갔다.
> – [B그룹]의 아이들에게는 문제풀이에 성공했을 때는 별다른 보상이 없었지만 문제풀이에 실패했을 때는 노력해야 한다는 말을 들려주었다.
>
> 이런 과정을 25회 반복한 뒤 결과는
> 성공했을 때 보상을 받은 A그룹의 아이들은 어려운 문제가 나오면 쉽게 포기했지만, 실패 상황에 노력 격려를 받은 B그룹 아이들은 처음에는 풀지 못했던 어려운 문제들을 포기하지 않고 풀었다. B그룹 아이들은 배우는 과정을 즐기는 아이들이 된 것이다.
>
> 출처: 도서『내 아이를 망치는 위험한 칭찬』

위에 제시된 사례처럼 물질적 보상과 같은 외재적 동기는 오히려 개인이 얻을 수 있는 내재적 동기를 훼손하기도 한다. Lepper와 Greene(2015)은 이것을 보상의 숨겨진 대가라고 했다. 즉 스스로 흥미를 가지고 학습에 참여하던 학생에게 갑자기 외적보상이 주어지면, 외적 보상에만 집중하게 되면서 기존에 이루어졌던 학습과정이나 학습의 질이 떨어질 수 있다. 즉 보상에만 초점을 두게 됨으로써 학습 자체가 가지고 있는 가치들을 찾으려 하지 않고 원래 가지고 있던 내재적 동기도 사라지게 된다. 한 예로 독서에 흥미를 느껴서 스스로 매일 독서를 하던 아이에게 어느 날 엄마가 책을 10권 읽을 때마다 용돈을 준다고 하였다. 이후 아이는 독서를 즐기며 책에 몰입하기보다 용돈을 받기 위해 빨리 책을 읽으며 읽은 권수를 매일 매일 채우기 바빠졌다. 즉 용돈이라는 외적 보상이 아이의 독서의 즐거움이라는 내재적 동기를 훼손하게 된 것이다.

따라서 교육현장에서 외적 보상을 사용할 경우 학습자의 개인차를 고려하여 적절한 강화물을 선택하고, 지나친 외적 보상을 사용하지 않도록 해야 한다. 교사는 교육상황이나 학생의 동기 상태에 따라 내재적 동기와 외재적 동기를 적절하게 잘 사용하며 수업을 이끌어야 한다.

2) 자기결정성 동기

Deci와 Ryan(1985)은 자기결정성 이론(self-determination theory: SDT)을 자율성, 유능감, 관계성 세 가지 심리욕구로 설명하였다. 이 세 가지 욕구가 잘 충족될 때 내재적 동기 유발이 잘 이루어지며 학습과 성장을 촉진시킬 수 있다. 이 세 가지 욕구에 대해 설명은 다음과 같다.

첫째, 자율성 욕구는 자기 스스로 목표를 세우고, 자신이 원하는 것을 결정하고 행동하려는 욕구이다. 학생들은 학습상황에서 스스로 공부할 것을 결정하는 것을 통해 자율성의 욕구를 경험할 때 학습에 대한 내재적 동기가 발달하게 된다. 교실환경에서 학생들의 자율성을 키워주는 방법은 학생들에게 학습활동의 선택권을 주고, 교실의 규칙을 만들게 하는 것이다. 또한 수업활동 시에도 학생 참여 비율을 높이도록 한다.

둘째, 유능감 욕구는 자신이 능력 있는 사람이라고 믿고 싶고 인정받고 싶은 욕구이다. 자신의 능력에 대해 긍정적인 인식을 가진 사람은 유능감이 높고, 유능감이 높은 사람이 내재적 동기가 발달한다. 학생들은 학습상황에서 자신이 능력 있는 사람이라는 유능감을 느낄 수 있는 활동들을 자주 접하게 될 때 내재적 동기가 발달하게 된다. 교실환경에서 학생들의 유능감을 키워주기 위해서는 교사의 적절한 칭찬과 지지가 요구된다.

셋째, 관계성 욕구는 타인과 좋은 관계를 형성하고자 하는 욕구이다. 이 욕구는 내재적 동기와 직접 관련이 있는 것은 아니지만 내재적 동기를 유지하는 데 중요한 역할을 한다. 즉 학습이나 활동 상황에서 주변의 부모, 교사, 친구들과의 관계성이 좋다면 보다 더 안정적으로 활동에 대한 내재적 동기가 유지될 수 있다. 예를 들면, 피아노 학원에 다니는 학생이 피아노 배움에 대한 내재적 동기는 보통이지만, 피아노 선생님과의 관계성이 좋고, 친한 친구들과 함께 학원을 다니게 되면서 관계성 욕구가 충족되면서 피아노에 대한 내재적 동기에 영향을 주게 된다.

3) 동기이론의 교육현장 적용

동기이론들을 교육현장에 적용해 보면 다음과 같다.

첫째, 내재적 동기와 외재적 동기를 적절하게 상황에 맞게 잘 사용해야 한다. 교실에서의 교사의 역할은 우선 학습자의 외재적 동기를 유발하여 학습활동에 참여를 시킨 후, 그 이후에 내재적 동기로 갈 수 있도록 학습자의 흥미나 관심을 이끄는 것이다.

둘째, 내재적 동기를 자극해야한다. 학생들에게 외재적 동기(칭찬, 외적 보상, 점수 등)를 통해 학습을 촉진시키기보다 내적인 흥미와 호기심을 유발하는 과제를 부여하는 교육환경이 필요하다.

셋째, 외적 보상을 사용할 시 보상의 빈도와 강도를 조절해야한다. 모든 학습 과제에서 외적 보상을 사용하기 보다는 학생이 내재적 흥미를 느끼지 않는 과제에 대해 초기에 외적 보상을 주는 것이 필요하다. 외적 보상이 지나치게 사용하는 경우 존재하던 내재적 동기가 손상될 수도 있다는 점을 항상 염두 하여야 한다.

넷째, 구체적이면서 도전적인 목표를 제시해야 한다. 학생들에게 구체적이고 도전적인 목표를 제시해 주는 것이 더 높은 성취 욕구를 가져올 수 있다.

다섯째, 자율성, 유능감, 관계성을 지지해 주는 학습 환경을 제공해야 한다. 특히 학습자의 유능감은 초등학생의 경우 매우 높지만, 중·고등학교로 성장함에 따라 점점 낮아진다. 이러한 현상은 학년이 올라갈수록 자신의 능력을 제대로 파악하는 메타인지가 발달하기 때문이고, 또래와의 비교를 통해 자신의 능력에 대한 자존감이 낮아지기 때문이다. 따라서 유능감이 급격히 낮아지는 이 시기에 부모와 교사는 지속적으로 성공 경험을 할 수 있는 기회를 제공하여 자신에 대한 유능감을 유지할 수 있도록 도와주어야 한다.

여섯째, 교실에서 교사들은 학생들에게 통제적인 태도가 아닌 지지적인 태도를 보여야 한다. 통제적인 교사에게 배운 학생들보다 지지적인 교사에게 배운 학생들이 내적 동기, 유능감이 더 높은 것으로 나타났다(Deci et al., 1991). 학생들의 내적 동기를 유발하는데 교사의 태도가 매우 중요함을 알 수 있다.

전문가 되기 연구문제

01 자기결정성 이론에서의 3가지 욕구(유능성, 자율성, 관계성)를 증진 시킬 수 있는 교사의 수업방법들을 구체적으로 제시해 보세요.

02 드웩의 목표지향성이론에서 수행목표와 숙달목표 중 바람직한 목표는 무엇일까요? 그 이유를 설명해 보세요.

03 동기 이론에서 보상과 칭찬의 역효과에 대하여 설명해 보세요.

제7장 특수학습자

1. 특수한 학습자의 의미

모든 학생은 각자의 필요에 잘 맞춰진 교육 프로그램의 혜택을 받아야 한다. 그 중에서 특수한 학습자는 학습에 필요한 적절한 지원을 제공받을 때 학교 현장에서 그들의 잠재력을 최대한 발휘할 수 있다. 일부 학생들은 청각이나 시력 상실, 또는 감각이나 신체적 장애로 인해 특수한 교육적 서비스가 필요하다. 또 다른 학생들은 지적장애, 학습장애, 정서 및 행동장애로 인해 세심한 보살핌과 지원이 요구되기도 한다. 반면에 어떤 학생들은 매우 뛰어난 재능을 갖고 있어서 그들의 특수한 요구사항을 충족시키기에 일반적인 교육 접근법이 역부족인 경우도 있다. 다시 말해, 특수학습자는 신체적 특성, 정신적 특성, 행동적 특성이 평균 수준의 아동들보다 높거나 낮아서 그들의 요구를 충족시키기 위해 정규교육과정과 구별되는 특별한 교육적 서비스가 필요한 아동을 말한다. 이 장에서는 특별한 재능을 지닌 영재 학생을 비롯하여 학습부진아(학습장애, 주의력결핍 과잉행동장애), 정서 및 행동장애를 가진 학생들에 대해 살펴보고자 한다.

2. 영재

우리나라 「영재교육진흥법」에 따르면 "재능이 뛰어난 사람을 조기에 발굴하여 능력과 소질에 맞는 교육을 실시함으로써 개인의 타고난 잠재력을 계발하고 개인의 자아실현을 도모하며 국가와 사회의 발전에 이바지하게 함"을 목적으로 하고 있다. 현재 대학교 부설 및 각 시·도 교육청 영재교육원, 영재학급에서 영재 교육이 활발하게 이루어지고 있다. 여기서는 영재의 의미, 영재판별 절차 및 도구, 영재 교육을 위한 속진 및 심화 프로그램에 대해 살펴보고자 한다.

1) 영재의 의미

보통 영재라고 하면 우수한 지적인 능력(IQ 130 혹은 그 이상)을 지닌 경우를 뜻하며(the gifted), 또는 미술, 음악, 수학과 같은 특정 영역에서 뛰어난 재능을 나타내는 것을 의미한다(the talented). 영재 교육 프로그램을 구성할 때 영재 학생을 판별하는 기준은 일반적으로 지적인 능력(IQ)이 가장 기본적인 요소이지만, 가드너(Gardner)가 제안한 다중지능 및 창의성처럼 지능에 대한 개념이 점차 변화하는 추세이다. 따라서 영재는 학문영역에서의 우수한 지능과 더불어 예술영역에서의 뛰어난 재능을 가지고 있는 아동까지도 포함한다(Ambrose & Machek, 2015). 영재 아동의 특징은 상당히 다양한 편인데 그 중 공통된 특징을 중심으로 정리하면 〈표 7-1〉과 같다(Rimm, Siegle, & Davis, 2018).

〈표 7-1〉 영재의 주요 특징

- 우수한 어휘력, 어려운 개념을 빠르게 학습하는 능력
- 독창적, 획기적, 참신한 아이디어를 포함한 확산적 사고
- 강한 내적동기와 집중력, 맡은 일에 대한 높은 수준의 열의
- 상황의 여러 측면을 동시에 고려할 수 있는 예리한 지각력
- 뛰어난 기억력 및 정보검색능력
- 추상적이고 유연한 사고력
- 높은 감수성

미국 영재교육학자인 렌쥴리(Renzulli)는 영재성의 특성을 평균 이상의 지능, 창의성, 과제집착력으로 구성된 세 고리 모형(three-ring conception of giftedness)으로 제시하였다. 평균 이상의 지능은 수준 높은 책을 많이 읽고, 주의 집중 범위가 길고, 어려운 내용에 대한 이해가 빠르고 기억력이 높은 모습을 포함한다. 창의성은 기발한 아이디어 제안, 사고의 유연성, 경험에 대한 개방성, 새로운 문제 상황에서 위험을 감수하려는 의지 등을 의미한다. 과제집착력은 과제 해결에 대한 열의 및 과제에 대한 긍정적인 태도를 나타내며, 단순한 호기심과 관심의 차원을 넘어서 수준 높은 과제에 대한 강한 집착력을 소유함을 의미한다. 렌쥴리는 이러한 세 고리의 특성이 모두 함께 작용하는 경우에만 영재의 진정한 재능이나 높은 성취를 관찰할 수 있다고 보았다.

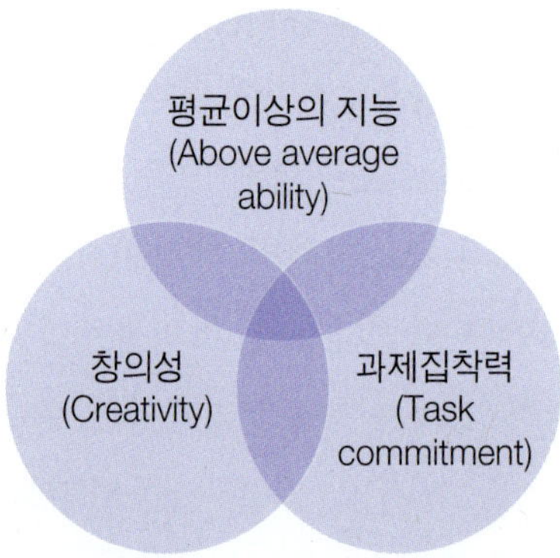

[그림 7-1] 렌쥴리의 세 고리 모형(영재성의 특성)

더불어, 어떤 면에서 영재는 또래에 비해 우수한 언어발달로 인해 단순히 자신을 나타내는 것만으로 과시하는 것으로 비춰질 수 있고, 다른 사람들의 기대와 감정에 민감하기 때문에 비판에 취약할 수 있다. 또한 목표 지향적이고 과제 몰입도가 우수하므로 또래나 교사에게 고집스럽고 협조적이지 않은 모습으로 보일 수도 있다. 그러나, 이와 동시에 영재일수록 긍정적인 가정환경에서 성장하고, 다른 일반 아동에 비해 보다 낮은 정서적 문제를 가지고 있으며 또래에 비해 더욱 성숙한 모습을 보인다는 연구 결과도 보고된 바 있다(Eklund, Tanner, Stoll, &

Anway, 2015).

2) 영재 판별

효과적인 영재 교육이 이루어지기 위해서 먼저 영재에 대한 정확하고 공정한 판별이 선행되어야 한다. 영재임에도 영재로 선정이 안 되어 적절한 교육적 혜택을 못 받거나 영재가 아님에도 영재로 판별되는 상황이 발생하지 않도록 영재교육대상자 선발을 위한 주의를 기울여야 한다. 현재 영재 교육 현장에서 활용되고 있는 영재판별 방법으로는 크게 자가 판별법과 학교가 주도하는 판별법으로 나뉘고 있다. 학교 주도 판별법 중에서 다단계 판별 절차는 가장 널리 사용되는 것으로 총 4단계로 구성된다. 먼저 1단계는 학교에서의 학업성취에 대한 기록 및 관찰한 내용을 바탕으로 영재 잠재성이 보이는 학생을 일차 선별하는 단계이다. 2단계는 지능검사, 적성검사, 흥미검사, 창의성 검사 등 다양한 표준화된 검사를 수행하는 과정이다. 이 과정을 통하여 영재의 정확한 특성을 파악하는 것이다. 3단계는 교육학자, 심리학자 등 관련 영역 전문가에 의한 문제해결 과정의 관찰 및 평가를 통해 한층 더 전문적인 판별이 이루어지는 단계이다. 마지막으로 4단계는 이전 단계에서 결정된 영재 아동에게 가장 적절하고 필요한 교육 프로그램을 배치하고 학습 과정 및 결과를 관찰하고 평가하는 단계이다.

다음으로 '다단계 영재판별 과정 2단계'에서 사용되는 영재판별 도구로는 지능검사, 창의성 검사 등 표준화된 검사를 통해 영재를 판별하는 방법, 부모나 교사의 관찰 및 지명에 의한 방법, 개인 면접에 의한 평가 방법 등이 있다. 그 중 대표적인 판별 도구의 종류와 특징을 살펴보면 다음과 같다(Briggs, Reis, Eckert, & Baum, 2006).

- **지능검사**

영재를 판별하는 데 있어서 지능검사와 같은 표준화 검사는 전통적으로 오랜 기간 사용되어 왔다. 지능검사는 크게 집단지능검사와 개인지능검사로 구분된다. 집단지능검사는 한꺼번에 많은 학생을 대상으로 검사가 가능하다는 장점이 있지만, 정확한 판별이 어렵고 연령이 어린 유아기에 사용하기에는 적절하지 않은 경우가 있다. 개인용 지능검사는 고차원, 종합적인 고등사고능력, 감각운동능력의 측정이 가능하여 집단검사보다 높은 정확성을 갖고 있지만 일대일로 검사를 진행하므로 시간과 비용이 많이 든다는 단점이 있다.

• 창의적 문제해결력 검사

창의성 검사는 지능검사에 의해서 낮은 지능 때문에 영재로 판별되지 않았던 창의성 높은 아동을 판별해 낼 수 있는 장점이 있다. 낯선 문제 상황에서 알고 있는 지식, 원리, 문제해결 방법을 새롭게 재구성하여 문제를 해결하는 능력을 측정할 수 있다. 이는 새롭고 유용한 아이디어나 산출물을 만들어내는 능력을 측정할 수 있는 반면, 창의성은 여러 요인들이 복합적으로 상호작용하여 형성되는 것이므로 이런 부분들을 정확하게 측정하기에는 어려움이 따르기도 한다.

• 표준화된 학업성취도 검사

학업성취도 검사는 해당 교과 내에서 다른 학교 학생과의 실력 비교가 가능하다. 그 예로 대학 수학능력 검사가 있다.

• 적성검사

학습영역과는 관련이 없는 특정 영역에서의 타고난 능력을 측정할 수 있다. 영재의 경우 다양한 영역에서 우수한 능력을 나타낼 수 있으므로 검사 문항의 난이도가 수준에 적절할 정도로 높게 개발되어야 할 것이다.

• **행동 특성 검사지**

교사, 학부모, 동료에 의한 검사가 가능하다. 과제집착력, 관심 영역, 동기, 학습 태도와 같은 정의적 특성과 행동 특성에 관한 정보를 얻을 수 있다. 이는 시간과 경비가 적게 소요되는 장점이 있지만 실시하고 평가하는 사람에 따라 결과가 달라질 수 있으므로 타당성과 신뢰성이 부족하다는 문제점이 지적될 수 있다. 행동 특성 검사지만을 사용하여 신뢰로운 영재판별을 하기에는 한계가 있을 수 있다.

• **교사, 학부모, 동료의 지명**

지명에 의한 방법은 영재를 선별할 때 자주 쓰이는 방법이다. 그러나 주관적인 판단에 의존하기 때문에 지명자가 영재성에 관한 전문적인 지식이 부족할 경우 객관성이 결여될 우려가 있다. 지명 방법을 사용할 경우에는 영재교육전문성에 대한 인식을 높이기 위해 적절한 영재직무연수나 교육이 필요할 것이다. 또한 동료에 의한 지명은 교사나 학부모가 발견하지 못한 특성을 관찰할 수 있다는 점에서 유용하게 쓰일 수 있다.

• **학생의 자기보고서**

학생 스스로 자신에 대한 설명서를 작성하며 자아개념, 흥미, 학교 내외에서의 활동 및 성취에 대한 보고를 한다. 교사나 부모, 동료에 의해 관찰되기 어려운 학생 고유의 특성을 이해할 수 있는 자료로 쓰일 수 있다.

• **교사의 관찰보고서**

앞서 제시된 다양한 검사의 결과를 종합하여 요약 정리하고 교사의 판단을 기록하는 보고서이다. 학생의 조기 진급, 졸업 결정 등 최종적인 판단을 위해 유용하게 사용할 수 있다.

• **학업성적**

일반학생을 대상으로 한 문항이므로 영재를 판별하기에 난이도가 부적합할 수 있다. 암기된 지식이나 개념을 단순하게 적용해서 해결하는 낮은 수준의 문제해결력을 측정하므로, 영재성은 지녔지만 획일적이고 억압된 분위기 속에서 학업성적이 낮은 경우 영재로 발굴하기 어려운 단점이 있다.

• **영재성을 보여주는 행동 및 산출물**

학교 상황에서 여러 가지 교내 경시내회, 발명품 전시회 입상 경력, 특별활동과 산출물을 평가하거나, 학교 이외의 상황에서 외부 영재 교육 관련 활동 경력 및 개인적으로 수행하는 창의적인 활동의 질을 평가한다.

다시 말해, 영재라는 개념은 한 가지의 특정 검사도구를 사용하여 단일화된 점수로 판별하는 것이 아니라, 여러 종류의 자원을 활용하여 영재 아동이 지닌 다양한 영역의 재능을 선별하기 위한 판별 절차 및 도구가 필요하다. 또한 영재성이란 다양한 문화·사회경제적 배경으로부터 다양한 형태로 나타날 수 있음을 인지해야 할 것이다.

3) 영재 교육

(1) 속진 프로그램(Acceleration)

속진 프로그램은 빠르게 학습하는 능력과 조숙한 특징을 지닌 영재를 고려하여 정규교육과정으로 동일하게 진행하지만 학습 진도가 더욱 빠른 것이다. 이는 영재 학생들이 그들의 능력에 상응하는 속도로 빠르게 발전하고 배울 수 있도록 지원한다. 속진 프로그램 중 대표적인 월반(grade-skipping)은 상당히 단축된 시간 안에 여러 학년의 교과과정 내용을 통해 발전할 수 있도록 해주는 집중적으로 축약된 학교 교육이다. 영재 학생은 실제 나이에 상관없이, 표면적으로 구분된 학년에 구애받지 않는 커리큘럼 및 학습 참여를 통해 한층 더 진보할 수 있다. 개인별 다소 차이는 있겠지만 속진 프로그램을 거친 학생들은 주로 14세부터 16세, 혹은 더 어린 나이에 대학 입학을 하는 경향이 있다. 사실상 대부분의 속진 프로그램 유형은 영재들의 학업성취도를 향상시켜주는 중요한 역할을 하며, 이를 통해 그들의 타고난 잠재력을 최대치로 발전시킬 수 있는 기회를 제공하고 있다(Rogers, 2004).

속진 프로그램에서 영재의 정서 및 사회성 발달에 대한 의견을 다양하게 접할 수 있다. 먼저 영재 학생이 월반을 해서 중·고등학교를 건너뛰고 대학 생활을 시작한다면 그들보다 훨씬 나이가 많은 성인 대학생들과 교류할 만한 사회적 기술을 갖추었는지에 대한 의문이 있을 수 있다. 다른 한 편으로, 영재는 그들의 또래에 비해 정서적으로나 사회적으로 월등히 성숙하기 때문에 속진 학습에 따른 정서·사회적 어려움은 없을 것이라는 견해도 있다(Robinson, 2004).

다음으로 속진 프로그램의 여러 다양한 유형들은 아래와 같다(Mandelman & Grigorenko, 2013).

- 월반(skipping grades)
- 초등학교 조기입학(early admission to first grade)
- 지속적 향상 학습(continuous progress)
- 자기보속 학습(self–paced instruction)
- 조기졸업(early graduation)

(2) 심화 프로그램(Enrichment)

심화 프로그램은 정규교육과정의 폭과 깊이를 확장하거나 풍부하게 하여 학습을 제공하는 방법이다(Renzulli & Reis, 2000). 심화학습은 학생의 정교한 사고 기술을 개발하기나 특정 주제영역에서 상위 개념을 숙달할 수 있도록 경험을 제공한다. 이는 영재 학생에게 교육적 서비스를 제공하는 가장 일반적인 접근 방식이다. 그러나 종종 부모들의 요구에 따른 표면적인 반응으로 그 이름만 산발적으로 남용되는 접근 방식이기도 하다. 따라서 질 높은 심화학습이 이루어지기 위해서 사려 깊고 신중하게 계획을 세우고, 고차원적 사고 및 실제적인 적용 기술을 강조하는 매력적인 활동 구성에 중점을 두어야 한다. 예를 들면, 정규교육과정에서 다루지 않는 흥미로운 프로젝트 주제에 대한 탐구, 창의력과 문제해결력을 증진시키는 그룹 중심 모의실험, 실제 생활에서 접할 수 있는 문제에 대한 소그룹 조사 활동 등이 있다. 이런 프로그램이 효과적으로 운영되려면 학생들의 높은 관심을 전제로 담당 교사의 우수한 영재교육전문성과 지속적인 멘토링이 필요할 것이다. 특히 학생의 능력별로 집단을 나누고 각 집단별 수준에 적합한 교육적 개입을 하는 '능력별 집단편성'(ability grouping)을 대상으로 적용할 경우 심화 프로그램의 효과성을 가장 극대화할 수 있다(Tomlinson & Doubet, 2006). 종합해 보면 심화 프로그램과 속진 프로그램을 따로 분리시켜서 적용하기보다는, 영재 아동의 특성을 고려해 볼 때 동시에 필요한 교육적 서비스이므로 서로 상호보완적으로 사용하는 방법이 바람직하다.

3. 학습부진아

1) 학습장애

- 9살인 재인이는 맞춤법이 항상 엉망이고 글씨 모양이 형편없어서 3살 남동생의 글씨처럼 보인다. 쓰기 활동을 하는 동안 너무 빨리 끝내버린다거나 집중을 하지 못하고 주변 친구에게 계속 말을 걸기도 한다.
- 8살 용범이는 책 읽는 동안 익숙하지 않은 단어를 인지하고 발음하는 데 어려움이 있다. 주로 글씨가 없는 그림책을 찾아서 보며, 또래나 교사와 대화를 할 때 말이 통하지 않는 경우가 대부분이다.
- 10살 민서는 유창한 말솜씨에도 불구하고 겨울방학이 얼마 남았는지 혹은 마트에서 원하는 물건을 사려면 돈이 얼마나 필요한지 등 수리적인 계산이나 암산을 하는데 상당한 어려움을 가지고 있다.

위의 세 사람 모두 정상범위 내에서 일반 지능을 가지고 있다.

(1) 학습장애의 의미

사례에서 보았듯이 평균 혹은 평균 이상의 지적 능력을 가지고 있으면서도 읽기, 쓰기, 셈하기, 집중하기, 사회성 기술 및 의사소통 등 특정 영역의 학습적인 결함을 보이는 경우 학습장애(Learning Disabilities)라고 정의한다(National Center for Learning Disabilities, 2017). 그러나 이러한 원인이 정서장애, 지적장애, 신경장애나 시각장애와 청각장애 같은 감각장애로 인한 경우는 학습장애로 분류하지 않는다. 대부분의 학자들은 신경학적인 기능장애, 임신 중 흡연, 음주 및 약물 복용, 조산, 영양실조 등 생물학적인 요인과 환경적인 요인 모두 학습장애를 일으키는 원인으로 보고 있다. 유전적인 요인 또한 학습장애에 영향을 미치는데, 만약 부모가 학습장애를 가지고 있다면 그들의 자녀가 학습장애를 가질 확률은 30%에서 50%이다(Friend, 2014).

1960년대 초반에는 학습장애에 대한 개념과 분류가 명확하지 않았지만, 미국의 경우 특수교육 대상자 가운데 학습장애의 비율은 3분의 1이 넘을 정도로 많은 수를 차지한다(2019년 기준). 이에 반해 행정안전부 통계자료에 따르면, 우리나라는 학습장애가 전체 특수교육 대상자 중 1.1%를 차지하는 것으로 나타났다(2021년 기준). 이는 현장에서 체감되는 학습장애 학생들은 늘고 있으나, 실제는 학습장애가 아닌 기초학력 미달 학생으로 분류되어 통계에는 정확히 드러나지 않는 한계점을 지니고 있다. 또한, 주의력 및 학습 결함의 문제를 단순히 학생의 나태함으로 보려는 시각도 만연해 있으며, 동시에 학습장애를 지닌 아동의 부모는 자녀들의 문제를 드러내기 꺼려하여 전문가의 권고사항을 잘 따르지 않는 경우도 보고된다. 이에 학습장애아에 대한 각별한 이해와 적절한 교육적 개입이 더욱 필요한 실정이다.

(2) 학습장애의 판별

〈표 7-2〉 학습장애학생의 공통적인 특성

• 평균 수준 혹은 그 이상의 지능 • 지능과 수행의 불일치 • 미숙한 사회적 기술 • 문제해결능력 부족 • 과잉행동 또는 충동성 • 주의력 결핍 또는 산만한 모습 • 체계적이지 못한 학습 접근법 • 기억, 사고, 언어의 특정 장애 • 운동협응능력 및 공간적 감각 결여 • 동기부여 및 자기조절 관련 활동의 어려움 • 과제를 위한 교사 및 또래에 대한 과의존성 • 한 가지 혹은 그 이상의 주요영역(읽기, 셈하기)에서 성취의 지연 • 문자, 단어, 숫자를 거꾸로 뒤집는 것과 같은 지각의 문제

학습장애를 가진 아동이 공통적으로 학업적인 문제를 나타내는 영역은 읽기, 쓰기, 셈하기이다. 읽기장애는 흔히 '난독증(dyslexia)'이라는 용어로 알려져 있다. 이들은 소리와 글자가 어떤 단어를 만들기 위해 어떻게 일치하는지를 이해하는 음운론적 기술에 어려움이 있고 이해력에도 문제가 있을 수 있다. 주로 전반적인 읽기 활동이나 어떤 단어의 철자를 기억하는 것에 심각한 결함이 있는 경우에 해당된다. 쓰기장애(dysgraphia)는 일반사람들이 글씨를 알아보기 어렵게 쓴다거나 자신이 생각하는 것들을 적는 것에 어려움이 있는 것이다. 또한 글씨를 매우 느리게 쓰는 경우가 많으며, 소리와 글자를 일치시킬 수 없으므로 맞춤법 실수를 자주 하게 된다. 상대적으로 여학생에 비해서 남학생이 더 많은 쓰기장애를 가지고 있다(Berninger, Richards, & Abbott, 2015). 산수 학습장애(dyscalculia)는 수 개념, 기호, 함수와 같이 수리적인 영역에 있어서 특정 장애를 가진 경우에 해당된다. 이들은 작업 기억력과 시각적인 지각능력의 부족을 포함하여 인지적인 발달영역에 결함을 보이기도 한다.

학습장애를 가지고 있는 아동들의 80% 정도가 읽기영역에 특히 어려움이 있다. 읽기장애의 세부적인 특징을 〈표 7-3〉에 제시하였다(Hallahan, Kauffman, & Pullen, 2015).

〈표 7-3〉 읽기장애의 주요 특징

• 읽기 자체에 대한 불안 읽기를 꺼려하는 모습 읽기를 피하기 위해 우는 행동 읽을 때 긴장하는 모습 • 단어나 문자 인식의 어려움 잘못된 단어를 넣거나 단어를 건너뛰는 모습 글자나 숫자의 순서를 거꾸로 뒤집는 경우(25를 52로 인식) 잘못된 단어의 발음을 말하는 경우("가방"을 "빠강", "스파게티"를 "피스게티"로 읽음) 문장 속 단어순서를 혼동하는 경우("나는 그네를 탈 수 있다"를 "나는 탈 수 있다 그네를"로 인식) 매우 느리게 읽거나 읽다가 자주 멈추는 모습 • 빈약한 어휘력 새로운 단어들을 읽기 어려움 어휘력 활용의 한계 • 읽은 내용에 대한 이해력 및 기억력 부족 읽은 내용에 대한 기본적인 사실을 기억하지 못함 주요 내용을 추론하거나 식별하기 어려움

[사진 7-1] 학습장애(난독증)

(3) 학습장애의 교육

앞에서 살펴본 바와 같이 학습장애에는 여러 가지 유형이 있고, 학습장애를 가지고 있는 학생을 가르칠 때 연령대에 따라 교육적 접근방법이 달라질 수 있다. 학습장애 학생을 위해 일반적으로 적용할 수 있는 효과적인 교육방법을 제시해 보면 다음과 같다(Schunk, 2016; Temple, Ogle, Crawford, & Freppon, 2016; Vaughn, Bos, & Schumm, 2014).

- 여러 학습적 결함을 유발하는 학습장애는 초기에 예방될 수 있다. 특히 읽기에 어려움을 느끼는 유아나 초등학교 저학년 아동을 대상으로 철자를 소리내어 읊는 전략(발음 중심 교수법)을 가르치며, 체계적인 일대일 수업 및 소그룹 수업을 운영한다면 학습장애를 예방하는 데 효과적일 수 있다.

- 학습장애아동의 특별한 요구를 고려하는 것이 필요하다. 예를 들면, 칠판과 프로젝터 등의 시각적인 매체를 사용하고, 최대한 구두로 설명하며, 추상적인 개념은 쉽고 구체적인 예시를 통해 설명한다.

- 학습장애를 가진 학생은 피드백을 자주 받는 상황에서 더 생산적으로 학습한다. 그들이 처음보다 어떻게 개선되었는지, 무언가 성취하기 위해 얼마나 노력했는지에 대한 피드백이 필요할 것이다. 장기적인 과제보다 간단하고 구체적인 과제를 제시하여 즉각적인 채점과 함께 결과에 대한 피드백을 제공하면 보다 나은 수행 능력을 발휘할 수 있다.

- 때로는 학습과제 방법을 수정하여 아동의 자신감 및 성공 경험을 장려하는 것이 필요하다. 예를 들면, 읽기장애가 있는 학생에게 글로 작성해서 제출하는 과제보다 구술로 하는 과제를 요구하는 것이다(필기시험 대신 구두시험).

- 컴퓨터-보조 학습을 통해 철자 쓰기, 읽기, 수학을 배우는 방법이 전통적인 지필 방식보다 높은 성취감을 제공할 수 있다. 예를 들어, 학습장애아동 중 특정 자음 소리가 너무 빨리 지나가서 인식하지 못하는 경우 컴퓨터로 자음 소리를 느리게 제시하여 다양한 소리를 구별하도록 훈련 시킨 결과, 언어이해력이 향상되었다. 컴퓨터 보조 방법을 포함한 일대일 개별지도, 소그룹 학습지도, 특수 전문교사 배치와 같이 보충적인 교육 서비스 역시 사용이 가능하다.

2) 주의력결핍 과잉행동장애(Attention-Deficit/Hyperactivity Disorder:ADHD)

· 8살 동민이는 본인이 원하는 대로 되지 않으면 주변에 있는 친구들이나 여동생을 때리고, 발로 차거나, 물건을 집어 던지고, 유리창을 깨트리는 등의 행동을 보인다. 가만히 앉아서 하는 활동이나 세심한 주의가 필요한 활동을 지속하지 못하고, 이리저리 돌아다니거나 몸을 가만히 두지 못하고 계속 산만하게 움직이는 모습을 나타낸다. 평소 지나치게 말이 많은 편이고, 대화 중에는 상대방의 말을 도중에 끊거나 귀담아듣지 않기도 하며, 기다리는 것을 어려워하여 성인의 지시가 떨어지기도 전에 먼저 행동해 버리는 경우가 많다. 또한 물건을 자주 잃어버리며, 친구들이 놀리는 것에 과민반응하여 욕을 하거나 과격하게 돌변하여 친구를 때리는 일이 잦아지고 있다.

(1) ADHD의 의미

ADHD를 가지고 있는 아동들은 집중할 수 있는 능력이 제한되어 있기 때문에 주의를 유지하는 데 어려움을 겪는다. ADHD의 3가지 주요 특성은 부주의(inattention), 과잉행동(hyperactivity), 충동성(impulsivity)이다. 이러한 특성들은 알 수 없는 이유로 주의력 결핍을 가지고 있는 학습장애학생과 ADHD 학생을 구별하는 기준이 된다. 부주의한 아동은 어떤 한 가지 과제에 집중하기 어려워하며 몇 분만 지나면 과제에 대한 지루함을 쉽게 느낄 수 있다. 예를 들면, 교사의 지시에 대한 주의집중이 어렵거나 주변 물건들과 과제를 정리하지 못하고, 쉽게 산만해지고 물건을 자주 잃어버리고 과제를 미루는 모습 등이 있다. 과잉행동 아동은 대부분의 시간 동안 몸을 계속 움직이는 것처럼 보이는 높은 수준의 신체적 활동성을 보이며 말이 지나치게 많다. 즉, 안절부절 못하고 몸부림치는 모습이 마치 등에 모터가 달린 듯 빨리 움직이는 것처럼 보이기도 한다. 충동적인 아동은 행동을 취하기 전에 생각하는 과정을 거치지 않으며 반응을 통제하는 데 어려움이 있다. 이런 아동들은 차례를 기다리는 것에 어려움이 있으며, 줄을 서지 않고 중간에 끼어들거나 방해하는 모습을 보이는 등 규칙을 따르는 것이 매우 어렵다.

ADHD 학생은 어떠한 특성을 주로 나타내는지에 따라 주의력결핍 우세형 ADHD, 과잉행동/충동성 우세형 ADHD, 주의력 결핍 및 과잉행동/충동성 모두 동반한 ADHD와 같이 진단될 수 있다.

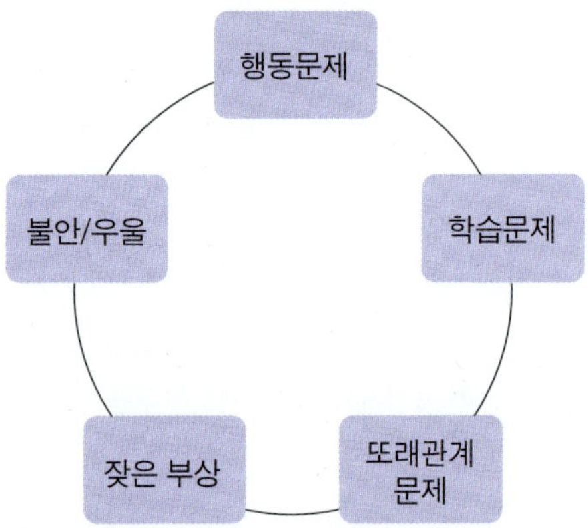

[그림 7-2] ADHD 동반되는 문제

(2) ADHD의 판별

최근 들어 ADHD는 매체로부터 지대한 관심을 받으며 관련 사례가 언론에 보도되는 경우가 점차 급증하고 있다. 이에 주변에서 보는 아동이 ADHD와 유사한 모습을 보인다고 느끼는 일도 많아질 것이다. 하지만 높은 수준의 활동량과 집중력 부족은 특히 영아기 남아들의 발달지연적 특징이기도 하므로 몇몇 특징만을 근거로 섣불리 ADHD 진단을 내리지 않도록 주의해야 한다. 대부분 학자들은 ADHD가 시작되는 시점을 빠르면 2~3세 정도로 보고 있지만, 주로 초등학교 입학 무렵에 진단되는 경우가 많다(Hirvikoski et al., 2011). 전문가들은 여아에 비해 남아가 3~4배 가량 더 많은 진단을 받고 있다고 추정한다. 몇 년 전만 해도 많은 심리학자들은 아동기 ADHD는 청소년기로 접어들면서 대부분 감소한다고 보고했지만, 최근 연구에 의하면 ADHD 진단을 받은 학생의 절반 이상이 성인이 되어도 문제가 지속됨을 밝히고 있다(Hallahan et al., 2015). 특히 사춘기 스트레스의 증가와 학업적인 과제가 더욱 요구되는 청소년기 ADHD는 상당한 어려움에 직면하기도 한다.

〈표 7-4〉 주의력결핍/과잉행동 장애(ADHD)에 대한 진단 기준

A. (1)과, 또는 (2)와 같은 특징을 가진 부주의와 또는 과잉행동-충동성의 지속적인 발달을 저해한다.

(1) 부주의: 다음 증상들 중 6가지 이상의 증상이 발달수준에 적합하지 않고, 사회적 활동과 학업적/작업적 활동에 직접적으로 부정적인 영향을 미칠 정도로 적어도 6개월 동안 지속된다.

(a) 흔히 세부적인 면에 대해 면밀한 주의를 기울이지 못하거나, 학업, 직업, 또는 다른 활동에서 부주의한 실수를 저지른다.

(b) 흔히 일 또는 놀이를 할 때 지속적인 주의집중에 어려움이 있다. 또는 긴 문장을 읽을 때 지속적으로 집중하기 어렵다.

(c) 흔히 다른 사람이 직접적으로 말을 할 때 경청하지 않는 것처럼 보인다.

(d) 흔히 지시를 따르지 못하고, 학업, 잡일, 또는 직장에서의 임무를 수행하지 못한다.

(e) 흔히 과업과 활동조직에 어려움이 있다.

(f) 흔히 지속적인 정신적 노력을 요하는 과업에의 참여를 피하고, 싫어하고, 저항한다.

(g) 흔히 과제나 활동에 필요한 물건들을 분실한다.

(h) 흔히 외부자극에 의해 쉽게 산만해진다.

(i) 흔히 일상 활동에서 잘 잊어버린다.

(2) 과잉행동-충동성: 다음 증상 중 6개 이상의 증상이 발달수준에 적합하지 않고, 사회적 활동과 학업적/작업적 활동에 직접적으로 부정적인 영향을 미칠 정도로 적어도 6개월 동안 지속된다.

(a) 흔히 손발을 가만히 두지 못하거나 의자에 앉아서도 몸을 움직거린다.

(b) 흔히 앉아 있도록 기대되는 교실이나 기타 상황에서 자리를 뜬다.

(c) 흔히 부적절한 상황에서 지나치게 뛰어다니거나 기어오른다.

(d) 흔히 여가 활동에 조용히 참여하거나 놀지 못한다.

(e) 흔히 끊임없이 움직이거나 마치 자동차에 쫓기는 것처럼 행동한다.

> (f) 흔히 지나치게 수다스럽게 말한다.
> (g) 흔히 질문이 채 끝나기 전에 성급하게 대답한다.
> (h) 흔히 차례를 기다리지 못한다.
> (i) 흔히 다른 사람의 활동을 방해하고 간섭한다.
>
> B. 몇몇 부주의 또는 과잉행동-충동 증상이 만 12세 이전에 나타난다.
> C. 몇몇 부주의 또는 과잉행동-충동 증상이 두 가지 이상의 장면에서 나타난다.
> D. 증상이 사회, 학업, 또는 직업 기능에 방해를 받거나 질적으로 감소하는 명백한 증거가 있다.
> E. 증상이 조현병 또는 기타 정신증 장애의 경과 중에만 발생하지 않으며 다른 정신장애에 의해 더 잘 설명되지 않는다.
>
> 〈세부유형〉
> ADHD 복합형: 지난 6개월 동안 진단기준 A1과 A2 모두 충족시킬 경우
> ADHD 부주의 우세형: 지난 6개월 동안 진단기준 A1은 충족시키지만 A2는 충족시키지 못할 경우
> ADHD 과잉행동-충동 우세형: 지난 6개월 동안 진단기준 A2는 충족시키지만 A1는 충족시키지 못할 경우

출처: APA의 DSM-V(2013)

(3) ADHD의 교육

ADHD를 위한 개입방법은 약물치료부터 뉴로피드백, 마음챙김(mindfulness) 훈련, 운동요법, 사회기술훈련(social skill training), 행동치료적 기법까지 다양하다. 약물치료와 함께 주로 사용되는 행동치료 기법은 타임아웃, 자기조절, 모델링(modeling) 방법을 적용한 것으로 ADHD 치료를 위한 지속적인 효과성이 널리 입증되었다(Fabiano et al., 2009). ADHD 아동은 스스로 잘 해보려고 노력 중이지만 본인 의지와는 다르게 자기통제 능력의 한계로 인해 주변으로부터 부정적 피드백을 자주 듣게 된다. 충동적이고 덤벙거린다는 비난을 반복적으로 듣다 보면 정서적으로 위축되고 낮은 자존감을 초래하기도 한다. 성미가 급하고 따지기를 좋아하며 예측할 수 없는 행동과 폭발적인 반응으로 또래들과 잦은 갈등을 보이며 대인관계에도 심각한 영향을 미친다. 이러한 사회적 기능의 손상을 위해 집단치료 세팅인 사회기술훈련 프로그램(역할극, role play)을 통해 사회 규칙을 따르며 상대방을 존중하는 방법을 익힐 수 있다.

또한 자극제 약물치료가 ADHD의 과잉행동을 감소시키고 학업성취도 향상에 도움이 된다는 연구 결과가 있다. 그러나 동시에 불면증, 체중감소, 혈압변화 등의 부작용에 대한 고려가 필요하며, 행동변화 치료 및 교육적 중재와 함께 병행해야 할 것이다(Brown, 2007). ADHD 아동에게 효과적인 교육적 중재방법은 〈표 7-5〉에 제시되었다(Pfiffner, Barkley, & DuPaul, 2006).

〈표 7-5〉 ADHD의 교육적 중재방법

- 구조화된 교육환경 제공하기
- 교사와 가까운 곳에 자리 배치하기
- 신체활동을 위한 시간 충분히 제공하기
- 자유롭게 움직일 수 있는 특정 공간 허락하기
- 책상, 책가방, 과제물, 주변 물건들 정리하도록 도와주기
- 외부의 소리 및 시선 차단이 가능한 학습공간 고려하기
- 하루 일과표, 규칙 사항, 과제 목록을 교실 잘 보이는 곳에 게시하기
- 복잡하고 다양한 문제 대신 명확한 결과가 있는 단순한 과제 제공하기
- 동기부여 훈련을 통해 학습 및 기억전략에 대한 지침 제공하기
- 스스로 학생의 행동 모니터링 하도록 지원하기(통제권 경험해 보기 제공)

4. 정서·행동장애아

· 정우는 땀에 젖은 채 흐트러진 모습으로 쉬는 시간에 들어와 팔짱을 낀 채 반항적인 눈빛으로 선생님을 바라본다. 이러한 소동을 벌인 적이 몇 차례 더 있었으며 학업에도 어려움을 겪고 있다. 정우가 감정 통제가 안 될 때는 주변 사람의 상황이나 기분을 전혀 아랑곳하지 않고 제 멋대로 행동한다.

· 정우와 같은 반 옆자리에 앉는 정민이는 매우 조용하며 선생님조차 정민이가 그 자리에 있다는 것을 종종 잊어버릴 때가 있다. 정민이는 교실에서 결코 문제를 일으킨 적이 없다. 사실 정민이는 수업에 전혀 참여하지 않는다. 가깝게 어울리는 친구가 거의 없으며, 쉬는 시간에도 다른 친구들을 의식적으로 피하는 듯 보이며 혼자 주변을 서성인다.

1) 정서·행동장애아의 의미

대부분의 아동들은 학창 시절 동안 정서적인 어려움을 경험한다. 그 중 어떤 아동은 매우 심각하고 반복되는 문제를 지니고 있어서 정서·행동장애로 분류된다. 정서·행동장애는 개인 및 학교 문제와 관련된 관계, 공격성, 우울, 불안을 포함한 심각하고 지속적인 문제들을 포함한다(Hallahan, Kauffman, & Pullen, 2015). 정서·행동장애를 가진 학생은 수동적인 학습자이면서 여러 부적응행동을 나타내기 때문에 교실에서 가장 다루기 어려운 집단일 수 있다. 이들은 학습 뿐만 아니라 상호작용에서의 어려움도 가지고 있어서 적절한 도움을 받지 못한다면 연령이 올라갈수록 부적응행동은 더욱 심각해질 것이다. 따라서 정서·행동장애에 대한 깊은 이해와 더불어 조기 개입 및 교사로서 다양한 교수전략이 중요하다.

(1) 공격성, 통제 불능 행동

일부 학생들은 정우 사례처럼 파괴적이고, 공격적이며, 위험한 행동을 보이며 성인을 향해 반항적인 태도를 나타내어 교실에서 제외되는 경우가 있다. 구체적으로는, 시끄럽게 떠들어서 수업을 방해하는 행동, 욕하거나 상처주는 말을 하는 행동, 거짓말하는 행동, 교실에서 뛰어다니는 행동, 남의 물건을 빼앗는 행동 등 규범에서 지나치게 벗어나서 아동 자신과 주변 사람의 생활을 방해하는 공격성 및 과잉행동 증상을 포함한다. 이렇듯 파괴적이고, 과잉 행동적이며, 공격적인 행동 등의 어려움이 겉으로 드러나는 증상을 외현화(externalizing) 문제행동이라고 한다. 이들은 주로 여학생 보다 남학생일 가능성이 훨씬 더 높으며, 중산층 보다 저소득층 가정일 가능성이 더 높다(Powers, Bierman, & Coffman, 2016). 또래들은 이런 학생과 어울리기를 기피하고, 부정적인 상호작용과 적대적인 태도를 보이기도 한다.

[사진 7-2] 외현화 문제행동

(2) 우울, 불안, 두려움

어떤 학생들은 정민이 사례처럼 자연스러운 감정표출이 억제되어 내면적으로 정서적인 문제를 보인다. 지속적인 우울, 불안, 두려움의 증상으로 인해 정상적인 학업을 수행할 수 없는 상태에 놓인다. 즉 외현화 증상과 달리, 우울감, 낮은 자존감, 의존적인 모습, 수동적인 태도, 신체화 증상은 외부에 있는 상대방보다 자기 자신을 향한 내면의 괴로움을 나타내는 것으로 내재화(internalizing) 문제행동이라고도 한다. 우울(depression)은 기분장애의 한 종류이며, 우울 정도가 심한 경우는 스스로 무가치다고 느끼고, 무기력한 모습, 식욕저하 및 불면증과 같은 증상을 보인다. 우울증은 아동기보다 청소년기에 더 많이 나타나며, 남학생보다 여학생에서 훨씬 많이 보고된다(Salk, Petersen, Abramson, & Hyde, 2016). 불안(anxiety)은 막연함, 불쾌한 공포감, 근심, 걱정 등을 포함한다. 물론 누군가 새로운 도전에 직면했을 때 걱정되고 불안한 것은 지극히 자연스러운 모습이지만, 이러한 불안이 강렬하게 오랜 기간 지속되어서 학업에 지장을 줄 정도라면 문제가 되는 것이다. 우울과 불안은 특성상 겉으로 드러나지 않기 때문에 공격적인 문제행동에 비해 상대적으로 교사의 주의나 관심을 받기 어려울 수 있다는 부분을 간과해서는 안 될 것이다.

[사진 7-3] 내재화 문제행동

2) 정서·행동장애아 판별

정서·행동장애가 있는 아동은 다음 조건 중 어느 하나에 의해 장기간에 걸쳐 학업 수행에 부정적인 영향을 받는 학생들로 정의된다. 아래와 같은 이유로 이들은 특수한 교육적 개입이 필요하다.

- 지적, 감각적, 건강상의 요인으로 설명할 수 없는 학습에 어려움이 있는 경우
- 또래 및 교사와의 일상적인 대인관계 형성이 불가능하여 학습에 어려움을 지닌 경우
- 일반적인 상황에서 부적절한 행동이나 감정으로 인해 학습상의 어려움이 있는 경우
- 전반적인 불행감이나 우울감으로 인해 학습상의 어려움을 나타내는 경우
- 개인이나 학교 문제와 관련된 고통, 공포, 신체적 증상으로 인해 학습에 어려움이 있는 경우

3) 정서·행동장애아 교육

정서·행동장애가 있는 학생을 위해 학급 내 규칙을 명확하게 설명하고, 일관되게 시행되는 규칙을 통해 수업 참여를 유도하고, 성취감을 느끼도록 교실 분위기를 제공해야 한다. 행동관리 전략(behavior management strategies)은 자주 사용되는 개입 방법으로, 그 예로는 바람직한 행동에 대한 보상(예의 바른 행동에 대한 칭찬하기), 대체 가능한 행동 가르치기(싸움 대신에 화난 감정에 대해 언어적으로 표현하기), 타임아웃(짧은 시간 동안 격리시키기) 등이 있다(Alberto & Troutman, 2017). 또한 자기조절 및 자기관리기술(self-management skill)을 직접적으로 가르치는 것도 유용한 접근방법 중 하나이다. 마지막 교육방법으로 구조화된 환경 및 선택권을 제공하는 것이 효과적이며 자세한 내용은 다음과 같다(Swanson, 2005).

- 시각적/청각적 자극의 최소화, 활동 영역별 사이에 시각적인 경계 설정하기
- 하루일과 및 월별 일정 게시, 시작 및 종료를 위한 명확한 신호 제공하기
- 규칙과 하루일과를 구조화하기(긍정적인 방식으로 규칙 작성하기, 방학동안 일어날 일들에 대해 예측해 보며 일상의 변화 준비하기)
- 과제 및 프로젝트 완성을 위한 대안 목록을 제공하여 선택권 부여하기

정서·행동장애를 지닌 학생은 그들의 상황에 대해 인정하기가 쉽지 않을뿐더러 곧잘 스스로에 대해 좌절하는 모습을 보이기도 한다. 이에 교사들의 민감성과 세심한 관심이 더욱 필요하다. 특히 그들이 지닌 문제행동은 허용되기 어렵지만 그들의 존재 자체는 소중하므로 주의 깊게 살피고 학습적인 지원을 아끼지 않는 것이 중요하다. 다양한 전략적인 개입도 중요하지만 무엇보다 학생에 대한 수용적인 마음가짐과 보살핌이 선행되어야 할 것이다.

전문가 되기 연구문제

01 초등학교 3학년 윤서는 중학교 1학년 수준을 갖춘 영재아로 판별되어 속진(acceleration) 프로그램 대상으로 선발되었다. 다음 중 속진 프로그램에 대한 서로 다른 입장을 살펴본 후 자신의 의견은 어떠한지 그 이유와 함께 토론해 보세요.

- 반대 입장: 윤서는 아직 어리다. 초등학교 과정을 제대로 거치지 않으면 그로 인해 놓치는 것들이 많을 것이다. 만약 또래들보다 어린 나이에 대학을 입학한다면 어떤 친구들과 주로 어울리게 될지, 나이가 훨씬 많은 사람들과 상호작용할 수 있는 사회적 기술을 갖출 수 있을지 걱정이다. 초등학교 3년 과정을 건너뛴다면 학습과 사회성 발달에 공백이 생길까봐 우려가 된다.
- 찬성 입장: 윤서는 매우 잘 적응할 것이다. 이러한 유형의 속진(acceleration)학습을 감당하기에 정서적으로도 충분히 성숙했을 것이다. 만약 남들보다 앞서 대학 교육을 받게 된다면 윤서의 재능과 능력을 개발할 수 있는 더 큰 기회를 제공해 줄 것이다. 일반 또래보다 윤서가 교류하게 될 나이 많은 대학생들이 오히려 윤서의 지적 · 사회적 욕구에 더 잘 맞을 것이다.

02 본문의 ADHD 동민이 사례를 참고하여 살펴봅시다(149쪽 참고). 또래 관계에서 부정적인 경험을 주로 하게 되는 ADHD 아동은 우정을 쌓고 유지하는 데 필요한 사회적 기술이 부족한 경우가 많다. 이런 경우 동민이가 학교 장면에서 성공적인 경험을 느끼도록 어떻게 도울 수 있을지 생각해 보세요.

03 정서 · 행동장애는 크게 외현화/내재화 문제행동으로 나눌 수 있다. 외현화 문제행동과 내재화 문제행동의 특성 및 종류를 바탕으로 그 차이점에 대해 생각해 보세요.

제8장
행동주의 학습이론

1. 고전적 조건형성

고전적 조건형성(classical conditioning)은 러시아의 생리학자 이반 파블로프(Ivan Pavlov)에 의해 처음으로 연구된 학습 이론이다. 이 이론은 특정한 조건 자극(conditioned stimulus, CS)과 무조건 자극(unconditioned stimulus, UCS)이 반복적으로 연합되어 나타날 때, 조건 자극만으로도 무조건 반응(unconditioned response, UCR)과 유사한 반응을 일으키는 과정을 설명한다. 행동주의 학습이론에서 고전적 조건형성은 다음과 같은 기본가정을 가진다.

1) 기본가정

- 무조건자극(UCS: Unconditioned Stimulus): 생물학적 반응을 일으키는 자극으로, 자연적으로 반응이 나타나는 자극이다.입니다. 예를 들어, 음식이나 고통과 같은 자극이 무조건자극이 될 수 있다.
- 무조건반응(UCR: Unconditioned Response): 무조건자극에 대한 반응으로,

어떠한 학습이나 조건화 없이 나타나는 반응이다. 예를 들어, 음식 자극에 대한 침샘 분비나 고통 자극에 대한 두려움과 같은 반응이 될 수 있다.

- 조건자극(CS: Conditioned Stimulus): 무조건자극과 함께 나타나는 자극으로, 처음에는 무조건자극과는 아무런 관련이 없지만, 시간이 지나면서 무조건자극과 함께 나타남으로써 무조건적 반응을 유발한다.
- 조건반응(CR: Conditioned Response): 조건자극에 대한 학습된 반응으로, 무조건자극에 대한 무조건반응과 유사한 반응이지만, 조건자극에 대한 것일 수 있다.

고전적 조건형성을 설명하는 대표적인 사례 중 하나로 파블로프의 개 실험이 자주 언급된다. 이 실험에서 파블로프는 개를 사용하여 조건형성의 기본 원리를 연구했다. 파블로프는 먼저 개에게 음식을 제공하면서 침샘 분비를 관찰했다. 이때 음식은 무조건적 자극(UCS)이고, 개가 흘리는 침은 무조건적 반응(UCR)이다. 그 후, 파블로프는 종소리와 음식을 함께 제시하면서 개들에게 학습을 시도했다. 처음에는 종소리만을 개에게 들려주면 침을 흘리지 않는다. 이때의 종소리는 중립 자극(NS)이다. 그러나 종소리와 음식을 반복해서 함께 제공하면 처음에 개는 종소리가 아니라 음식을 보고 침을 흘린다. 그러다가 점차 종소리만 들어도 침을 흘린다. 이때의 종소리는 조건자극이고 이때 개가 흘리는 침은 조건반응이 된다.

이 실험은 중립적 자극(종소리)이 무조건적 자극(음식)과 함께 제시됨으로써 조건적 자극(종소리)이 무조건적 반응(침샘 분비)을 유발하도록 개의 행동이 학습된다는 고전적 조건형성의 기본 원리를 보여주는 것이다. 이것은 행동주의 학습이론의 중요한 기초가 되는 실험 중 하나이다.

2) 주요 개념 및 원리

행동주의는 심리학적 이론 중 하나로, 행동과 환경 간의 상호작용을 중심으로 학습과 행동을 설명하는데 주요 개념과 원리는 다음과 같다.

- 강화(Reinforcement): 행동주의에서는 행동이 강화(보상)를 받으면 그 행동이 증가하고 강화되는 경향이 있다. 강화는 원하는 행동을 유지하거나 증가시키는 역할을 한다.
- 벌(Punishment): 반대로, 행동에 벌(처벌)을 받으면 그 행동이 감소하는 경향이 있다. 벌은 원치 않는 행동을 억제하거나 줄이는 역할을 한다.
- 모델링(Modeling): 행동주의는 주변 환경에서 다른 사람의 행동을 관찰하고 모방함으로써 학습이 일어난다. 이것을 모델링이라고 한다.
- 강화 계획(Reinforcement Schedules): 행동이 강화될 때 고정적인 일정 또는 간헐적인 일정 등 어떤 일정으로 강화가 제공되는가에 따라 학습이 달라진다.

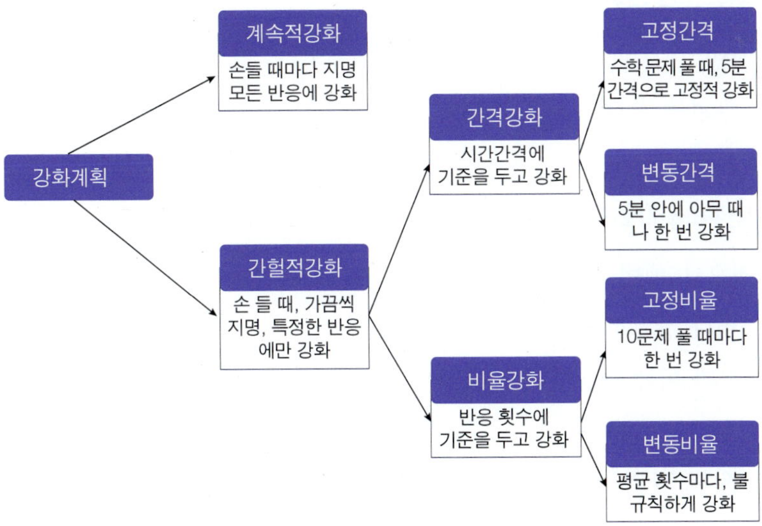

출처: https://blog.naver.com/gray_twitch/221336955467

(1) 고정간격 강화

고정된 시간이 지난 후 첫 번째 반응에 강화한다. 어떤 사람도 완벽한 시간 감각을 지니고 있지 않기 때문에 요구된 한 번의 반응보다 일반적으로 더 많은 반응을 보이는 경향이 있다. 고정비율과는 달리 강화 후 휴지가 급격하게 일어나지는 않는다. 간격이 진행될수록 점점 더 빨리 반응하게 되고 강화 받기 직전의 반응률은 상당히 빠르다. 매일 고정된 시간에 버스를 타거나 매 학기에 있는 중간고사, 기말고사 기간 등이 고정간격 강화에 속한다.

(2) 고정비율 강화

매번 n번째 반응을 보이면 고정적으로 강화물을 제공하는 경우가 여기에 해당한다. '멈춤'과 '진행' 패턴을 보이고 비율의 크기가 클수록 휴지 기간이 증가한다. 그러나 반응에 대비하여 비율이 크면 일반적으로 반응이 약화 되는 경향이 있다.

(3) 변동간격 강화

평균적인 간격의 시간으로 강화물이 제공된다. 그러나 강화물은 예측하기가 힘들다. 우편물 점검과 같은 경우가 여기에 속한다.

(4) 변동비율 강화

평균적으로 매번 n번째 반응마다 강화물을 제공한다. 강화물은 예측할 수가 없다. 그러나 장기적으로 행동을 자주, 많이 할수록 강화물을 더 많이 받는다. 도박, 스포츠가 이에 해당한다.

3) 고전적 조건형성이론의 교육 현장 적용 사례

고전적 조건형성이론은 교육 현장에서 다양하게 적용될 수 있다. 몇몇 사례를 들면 다음과 같다.

(1) 고전적 조건형성 이론은 학생들의 원하는 행동을 촉진하고 원하지 않는 행동을 억제하는 데 사용될 수 있다. 예를 들어, 학급에서 좋은 행동을 보여

준 학생들에게는 강화물이 제공되어 그들의 행동이 좋은 행동으로 지속화 되고, 원치 않는 행동을 보인 학생들에게는 벌이 제공되어 그들의 행동이 억제될 수 있다.

(2) 언어 학습 과정에서도 고전적 조건형성 이론이 적용될 수 있다. 예를 들어, 외국어 학습자들에게 특정 단어나 문장에 대한 칭찬이나 보상을 주면서 그들의 언어 습득을 촉진할 수 있다. 또한, 언어 학습에 사용되는 디지털 학습 도구는 학습자가 원하는 행동을 증가시키고 강화하기 위해 사용할 수 있다.

(3) 고전적 조건형성 이론은 학습장애 학생들을 지원하는 데에도 적용될 수 있다. 학습장애 학생들은 특별한 교육적 필요성을 가지고 있다. 따라서, 원하는 행동에 대한 강화와 함께 보상 시스템을 도입하여 그들의 학습을 촉진할 수 있다. 또한, 원치 않는 행동을 줄이기 위해 특정 벌을 적용할 수 있다.

2. 조작적 조건형성

버리스 스키너(B.F. Skinner)는 행동주의 학자로서 조작적 조건형성의 개념을 깊이 연구하고 발전시켰다. 스키너의 조작적 조건형성(Operant Conditioning)은 행동이 결과에 의해 조절되고 강화(보상) 또는 처벌(부정적 결과)을 통해 학습된다는 개념을 기반한다. 스키너가 주장한 조작적 조건형성에 대한 기본가정은 다음과 같다.

1) 기본가정

- 스키너는 특정 행동이 강화(보상)를 받으면 그 행동이 증가하고 강화되는 경향이 있다고 주장한다. 이것은 원하는 행동을 유지하거나 증가시키는 데 중요한 역할을 한다.

- 반면에, 스키너는 특정 행동이 벌(처벌)을 받으면 그 행동이 감소하는 경향이 있다고 말한다. 이것은 원치 않는 행동을 억제하거나 줄이는 데 사용된다. 스키너는 특정 행동이 강화를 받는 기간에 따라 학습이 달라진다고 주장했다.
- 스키너는 조작적 조건형성을 응용하여 동물의 행동을 제어하고 원하는 행동을 학습시키는 실험을 수행했다. 이를 통해 스키너는 조작적 조건형성의 이론을 실제 행동 변경에 적용할 수 있는 방법을 개발했다. 스키너의 조작적 조건형성 이론은 교육, 행동치료, 동작 관리 등 다양한 분야에서 활용되고 있다. 그의 연구는 행동주의 학습이론의 중요한 부분을 이루고 있으며, 현대의 행동 분석과 행동치료에 큰 영향을 미쳤다.

2) 조작적 조건형성의 주요 개념과 학습 원리

- 강화(Reinforcement): 강화는 원하는 행동이 발생할 확률을 높이는 과정이다. 스키너는 긍정적 강화(positive reinforcement)와 부정적 강화(negative reinforcement)를 구분했다. 긍정적 강화는 원하는 행동이 발생한 후에 즉각적으로 보상이 제공되는 것을 의미한다. 부정적 강화는 원하지 않는 상황이나 자극이 제거되는 것을 의미한다.
- 처벌(Punishment): 처벌은 원하지 않는 행동이 발생할 확률을 낮추는 과정이다. 긍정적 처벌(positive punishment)은 원하지 않는 행동이 발생한 후에 불쾌한 결과가 나타나는 것을 의미한다. 부정적 처벌(negative punishment)은 원하는 것이 제거되는 것을 의미한다.
- 고정적 강화와 간헐적 강화: 고정적 강화는 행동이 항상 강화로 이어질 때 발생하며, 간헐적 강화는 강화가 가끔씩 또는 일정한 기준에 따라 발생할 때 발생한다. 부분적 강화는 행동을 강하게 만들고 지속시킬 수 있다.
- 변형(Shaping): 변형은 원하는 행동이 점진적으로 형성되도록 작은 단계로 나누어 강화하는 과정이다. 이는 복잡한 행동을 학습하는 데 유용하다.

스키너의 조작적 조건형성 이론은 행동이 결과에 따라 변화한다는 점에서 중요하며, 이를 통해 원하는 행동을 촉진하고 원하지 않는 행동을 억제할 수 있다는 것을 설명한다.

 	1. 굶주린 쥐 2. 우연히 지렛대 누름 3. 먹이통에서 먹이가 나옴 4. 쥐는 다시 상자 안으로 돌아다님 ⬇ 마침내 지렛대를 누르면 먹이가 나온다는 사실을 학습하게 됨 예를 들면, 세상에 갓 태어난 어린 아기는 아무런 생각 없이 행동한다. 그러다 자신의 특정행동에 대해 긍정적인 반응을 받게 되면 같은 행동을 반복하게 된다. 미소를 짓거나, 돌아눕거나, 걸음마를 시작할 때 다른 사람들로부터 긍정적인 반응과 보상을 받으면서 점차 그런 행동을 지속적으로 나타내는 것이다. 이렇게 긍정적인 보상이나 쾌감을 받았던 행동은 반복 강화되고 부정적인 보상이나 불쾌감을 받았던 행동은 억제 약화된다는 것이다.

출처: http://blog.daum.net/_blog/BlogTypeView.do?blogid=0je2H&articleno=580

3) 조작적 조건형성이론의 교육현장 적용

스키너의 조작적 조건형성 이론은 교육 분야에서도 널리 적용되고 있다. 교육현장에서 스키너의 조작적 조건형성 이론이 적용된 예시를 살펴보면 다음과 같다.

- 학습 게임 및 앱: 많은 교육자들이 학습 게임이나 앱을 사용하여 학생들의 학습을 촉진한다. 이러한 게임이나 앱은 스키너의 강화 원리를 활용하여 학생들이 원하는 행동(예: 문제 해결, 단어 학습 등)을 수행할 때마다 강화를

제공한다. 게임 내에서 점수, 레벨 업, 상장 등의 보상이 주어지면, 학생들은 학습을 더욱 즐기며 계속해서 행동을 반복하게 된다.

- 개별화된 학습 계획: 스키너의 이론에 따르면, 학습은 개별화되어야 하며 학생의 능력과 학습 속도에 맞게 조정되어야 한다. 따라서 많은 교육자들은 학생들의 개별 학습 수준을 고려하여 개별화된 학습 계획을 제공할 필요가 있다. 학생이 일정 수준의 성취를 이루면 그에 따른 강화를 제공하여 학습 동기를 유지하고 지속적인 성취를 장려한다.
- 언어 학습에서의 피드백 제공: 학생이 언어를 학습할 때, 올바른 발음이나 문법 사용에 대한 피드백이 중요하다. 교육자는 학생이 올바른 언어 사용을 할 때 즉각적인 긍정적 피드백을 제공하여 그 행동을 촉진한다. 언어 사용에 오류가 발생할 경우, 그에 대한 정확한 피드백을 제공하여 학생이 올바른 방향으로 학습할 수 있도록 돕는다.

3. 사회학습이론

사회학습이론은 Albert Bandura가 1977년에 제시한 '사회적 학습 이론(Social Learning Theory)'에서 비롯된다. 이 이론은 사회적 모델링(Social Modeling)이라고 불린다. Bandura는 사회적 모델링을 통해 사회적 상호작용, 인지 프로세스, 그리고 개인의 행동 사이의 복잡한 상호작용을 이해할 수 있다고 주장했다. 사회학습 이론은 교육, 상담, 사회학, 심리학 등 다양한 분야에서 널리 사용되고 있으며, 특히 교육 분야에서는 학생들이 교사나 동료의 모델을 통해 학습을 진행하고, 사회적 상호작용을 통해 지식을 습득하고 발달한다는 점에서 중요하게 다루어진다.

1) 기본가정

사회적 학습 이론(Social Learning Theory)의 기본가정은 개인의 학습과 발달에 사회적 요인이 중요하게 작용한다는 것이다. 이 이론은 개인이 다른 사람들의 행동을 관찰하고 모방함으로써 학습한다고 주장한다. 이는 개인의 행동은 그들이 노출된 사회적 상황과 상호작용하면서 형성되며, 그들의 행동은 외부 환경과 상호작용하여 변화한다는 것을 의미한다.

2) 사회학습 이론의 주요 개념 및 원리

- 관찰 및 모방(Observation and Imitation): 사회학습 이론은 개인이 다른 사람들의 행동을 관찰하고, 그들의 모델로 삼아 그 행동을 모방하는 과정을 강조한다. 이를 통해 개인은 새로운 기술이나 행동을 배울 수 있다.
- 강화(Reinforcement): 사회학습 이론에서는 강화가 학습을 촉진하는 중요한 요소로 간주된다. 강화는 양적으로도 중요하지만, 사회적인 강화나 내적인 강화도 포함될 수 있다.
- 인지적 과정(Cognitive Processes): 이 이론은 학습 과정에서 개인의 인지적인 활동을 강조한다. 즉, 개인은 외부의 정보를 받아들이고 내부적으로 처리한 후, 그에 따라 행동을 결정한다.
- 모델링(Modeling): 사회적 모델링은 사회적 학습 이론에서 중요한 개념 중 하나이다. 개인은 주변 환경에서 모델로 삼은 사람의 행동을 모방하고, 이를 통해 새로운 행동을 학습하게 된다.

3) 사회학습이론의 교육현장 적용

- 관찰(Attention): 개인은 학습하고자 하는 행동을 관찰할 수 있어야 한다. 이는 주변 환경에서 발생하는 사회적 모델의 행동에 주의를 기울이는 것을 의미한다.
- 모델링(Modeling): 관찰한 행동을 모방하고 따라 할 수 있어야 한다. 이는 주변의 모델이 제시하는 행동을 따라 하기 위해 적극적으로 노력하는 것을 의미한다.
- 저장(Retention): 관찰한 행동을 기억하고 유지할 수 있어야 한다. 이는 관찰한

행동을 기억하고 나중에 그것을 사용하거나 모방할 수 있는 능력을 의미한다.

- 반복(Reproduction): 관찰한 행동을 실제로 시도하고 재현할 수 있어야 한다. 이는 관찰한 행동을 자신의 행동으로 변환하고 표현할 수 있는 능력을 의미한다.
- 강화(Reinforcement): 모방된 행동이 보상이나 강화를 받으면, 해당 행동을 더 자주 반복하게 된다. 이는 모방된 행동이 원하는 결과를 가져오면 그 행동을 유지하고 발전시키는 데 도움이 되는 것을 의미한다.

이러한 원리들은 사회학습 이론에서 개인이 사회적 상호작용을 통해 학습하는 과정을 설명하고 이해하는 데 중요한 역할을 합니다.

전문가 되기 연구문제

01 다음의 그림에서 무조건자극, 무조건반응, 중립자극, 조건자극, 조건반응을 찾아 작성하시오. 왜 그렇게 생각하는지 작성해 보세요.

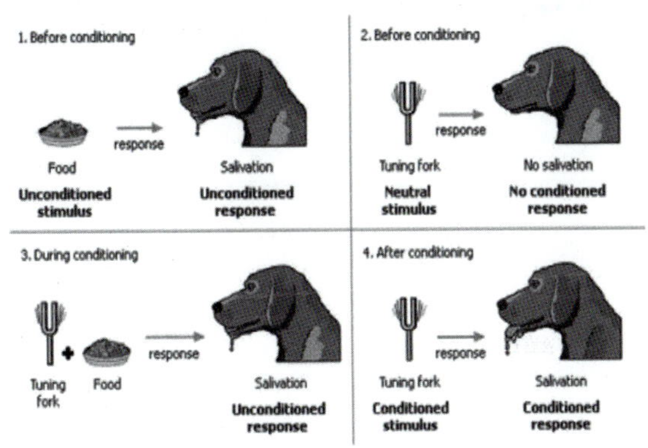

무조건자극	
무조건반응	
중립자극	
조건자극	
조건반응	

출처: 이건인, 이해춘(2008), 교육심리학, 학지사.

02 5세 경아는 신발장에 신발을 가지런히 정리하지 않고 신발을 아무 곳에나 벗어 놓고 교실로 뛰어 들어가는 버릇이 있다. 강화와 보상이라는 두 개념을 적용하여 행동의 변화를 이끌 방법을 고안해 보세요.

03 자기 효능감이 높을 때, 낮을 때, 학습에 어떤 영향을 미칠까요? 왜 그렇게 생각하는지 이유를 설명해 보세요.

제9장
인지주의 학습이론

1. 인지주의 학습이론의 원리

인지주의 학습이론이란, 인지과정과 인지구조의 변화에 초점을 두고 학습을 설명하는 이론이다. 인지주의 학습이론에서는 인간의 인지과정인 기억, 지각, 언어, 추리 지식, 개념, 문제해결 등에 초점을 둔다. 앞서 제8장에서 제시된 행동주의 학습이론에서는 관찰 가능한 행동 변화에 초점을 두고, 자극과 반응의 결합으로 학습을 설명하였다. 행동주의와는 다르게 인지주의 학습이론에서는 개인의 인지구조를 능동적으로 변화시키는 과정을 학습으로 보았다.

인지주의 학습이론과 행동주의 학습이론의 차이를 종합 정리해 보면 다음과 같다.

〈표 9-1〉 행동주의와 인지주의 학습이론의 비교

	인지주의	행동주의
학습자 특성	정보를 적극적으로 찾는 능동적인 존재	자극에 반응하는 수동적인 존재
학습관	개인 인지구조의 변화	외현적 행동의 변화
문제해결	사고를 통한 통찰로 문제해결	시행착오 과정을 통해 문제해결
교사의 역할	능동적인 학습자의 인지구조 변화를 돕는 단순한 조력자 역할	수동적인 학습자를 이끄는 능동적인 역할

인지주의 학습이론의 주요원리는 다음 세 가지로 정리되어진다.

첫째, 학습자는 능동적 존재이다. 즉, 행동주의 학습이론에서 주장하는 강화나 처벌에 의해 수동적으로 반응하는 학습자가 아니라 정보를 적극적으로 찾고 그것을 이해 수정하는 등 능동적으로 행동하는 학습자이다.

둘째, 학습은 학습자의 사전경험에 따라 다른 학습결과를 가져온다. 즉 학습자가 이미 알고 있는 자신의 지식에 근거하여 새로운 정보를 받아들인다. 따라서 학습자는 각기 다른 사전경험을 가지고 있기에 반응 및 학습결과가 다양하다.

셋째, 행동으로 표출되지 않은 잠재된 인지적 변화까지 학습에 포함된다. 행동주의 학습이론에서는 눈에 보이는 외현적 행동의 변화만이 학습으로 보았다면, 인지주의 학습이론에서는 개인 인지구조는 변화되었으나 아직 행동으로 나타나지 않은 부분까지도 학습에 포함하였다.

2. 정보처리이론

정보처리이론(information processing theory)이란, 인간의 인지과정을 컴퓨터의 정보처리과정에 기초하여 설명한 이론이다. 정보처리 이론에서는 인간이 정보를 받아들인 후 입력, 저장, 조직화, 인출해 내는 과정을 설명하였다. 또한 감각기관으로 들어오는 모든 정보가 감각기억, 작업기억, 장기기억을 거쳐 우리 뇌에 저장되고 필요한 순간에 다시 인출하여 사용되는 모든 과정을 설명하였다.

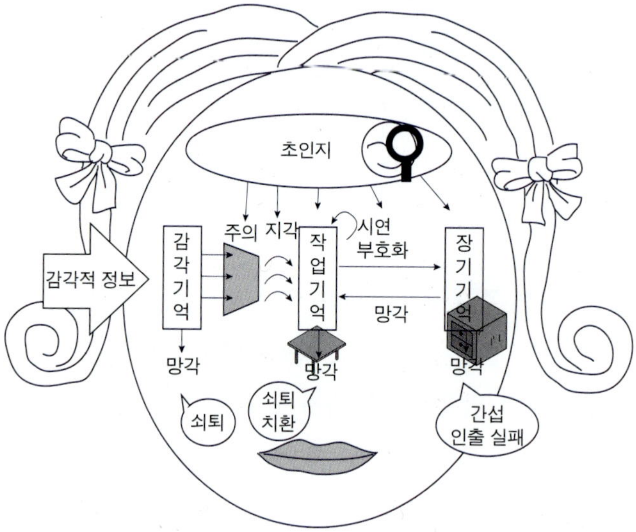

[그림 9-1] 정보처리과정

출처: 신명희 외(2010), 교육심리학.

1) 기억저장소

(1) 감각기억

감각기억(sensory memory)은 정보를 최초로 저장하는 곳으로 외부에서 들어오는 자극이나 정보를 매우 짧은 시간 동안 저장하는 기억 저장소이다.

감각기억의 용량은 매우 크지만 바로 처리되지 않으면 정보는 사라진다. 감각기억에서 정보가 머무는 시간은 시각정보는 1초, 청각정보는 2~4초 정도이다. 이곳에서의 정보는 주의집중이나 지각되지 않으면 거의 대부분 소멸한다. 주의집중이나 지각된 정보는 다음 기억 저장소인 작업기억으로 이동한다.

(2) 작업기억

작업기억(working memory)은 단기기억(short-term memory) 또는 작동기억이라고도 불리 운다. 작업기억에서는 감각기억 속에 들어온 정보가 주의, 지각의 과정을 거쳐 조금 더 머무는 기억 저장소이다. 이곳에서는 의도적인 사고 활동이 일어난다. 작업기억에 들어온 정보는 대부분 10~20초 정도 머물다 사라지며, 기억용량도 7±2개로 제한된다. 이와 같이 작업기억에서는 장기기억과는 달리 기억용량의 한계를 지니고 있다.

이러한 작업기억용량의 한계를 고려하여 교사는 학습지도 시에 학습자가 작업기억용량 초과로 인지과부하에 걸리지 않도록 수업을 계획해야 한다. 예를 들자면, 글쓰기 수업 시간에 학습자가 필체, 문법, 철자에 초점을 두게 되면 작업 기억의 공간을 너무 많이 차지하여 좋은 글을 쓰는 과정에 필요한 용량이 부족하여 작문의 질이 낮아질 수 있다(신종호, 2006). 특히 연령이 어린 학습자의 좋은 글쓰기 작업을 지도하기 위해서는 교사는 학습자의 필체, 문법, 철자에 대한 지나친 지적과 수정은 줄이는 것이 필요하다.

작업기억에 잠시 저장된 기억들을 시연, 자동화, 묶기 전략, 조직화전략, 정교화전략 등을 사용하여 장기기억으로 이동시키려는 노력을 해야 한다. 학습한 내용들을 작업기억에서 장기기억으로 보내는 다양한 전략들에 대해서는 뒤에 학습전략에서 자세히 설명하겠다.

(3) 장기기억

장기기억(long-term memory)에서는 많은 양의 정보들이 오랜 기간 저장될 수 있다. 작업기억에서의 정보들이 부호화 과정을 통해 장기기억에 저장된다. 장기기억의 정보를 쉽게 인출하기 위해서는 정보를 저장할 때 기억 전략을 잘 사용하여 저장하여야 한다.

장기기억의 종류로는 절차기억, 의미기억, 일화기억 등이 포함된다. 절차기억은 악기연주나 운동을 배울 때 사용되는 것처럼 무엇을 어떻게 하는지 방법에 대한 기억이다. 수영을 배우는 방법을 기억하는 것, 자전거를 타는 것을 기억하는 것 등을 예로 들 수 있다. 의미기억은 사실, 개념, 원리에 대한 기억이다. 의미기억의 예로는 '삼국시대는 고구려, 백제, 신라이다.'와 같이 학교에서 주로 학습하는 내용들이다. 일화기억은 사건에 대한 기억으로 개인의 경험을 저장한다. 사건이 일어난 시간과 장소를 중심으로 기억된다. 예를 들면 작년 나이 생일에 경험했던 하나의 에피소드 등을 들 수 있다.

〈표 9-2〉 감각기억, 작업기억, 장기기억

	감각기억	작업기억(단기기억)	장기기억
정의	환경에서 들어온 자극, 정보를 원래 형태대로 잠시 보존하는 저장고	새로운 정보를 조작하여 저장하거나 행동적인 반응을 하는 저장소 이 순간 활성화된 기억	지식의 영속적 저장소 비활성화 상태 일화기억, 의미기억, 절차기억
저장용량	매우 큼	7 ± 2개	무한대
지속기간	1~4초	약 10~20초	영구적
망각	쇠퇴	치환, 쇠퇴	간섭, 인출 실패

2) 기억과정

(1) 주의

주의(attention)는 특정한 자극에만 신경을 쓰고 관심을 보이는 과정이다. 주의는 정보처리과정의 시작이다. 어떤 정보가 감각기억에서 작업기억으로 이동하기 위해서는 주의집중의 과정이 필요하다. 이와 같이 주의는 학습의 시작점이다. 따라서 교사는 학생들이 다양한 외부 자극으로부터 수업에 주의집중 할 수 있도록 수업을 이끌어야 한다. 예를 들면, 수업 초반에 출석을 부르거나, 질문을 하거나, 호기심을 유발하는 퀴즈 또는 그림 등을 제시함으로써 학생들의 주의를 이끌 수 있다.

(2) 지각

지각(perception)이란 자극을 개인적 경험을 바탕으로 해석하고 의미를 부여하는 과정을 뜻한다. 지각은 개개인의 경험과 지식에 따라 서로 다르게 받아들여진다. 즉 같은 그림을 보고도 자신의 경험에 따라 각기 다른 그림으로 해석할 수 있다. [그림 9-2] 왼쪽 그림을 보면 무엇이 보이는가? 어떤 사람은 금색 잔이 보인다고 하고, 어떤 사람은 마주보고 있는 두 노인의 얼굴이 보인다고 말한다. 그 옆에 그림은 어떤가? 영어 알파벳에 대한 학습 경험이 있던 학생은 알파벳 B로 인식하지만, 어떤 학생은 숫자 13으로 해석할 수 있다. 이와 같이 교실에서 학생들이 새로운 정보를 받아들일 때 자신의 경험에 따라 정보가 다르게 인식되어 교사의 의도와는 다르게 받아들일 수 있다. 따라서 교사는 학생들이 학습 시 정보에 대한 지각을 정확하게 하고 있는지 확인하면서 수업을 진행할 필요가 있다.

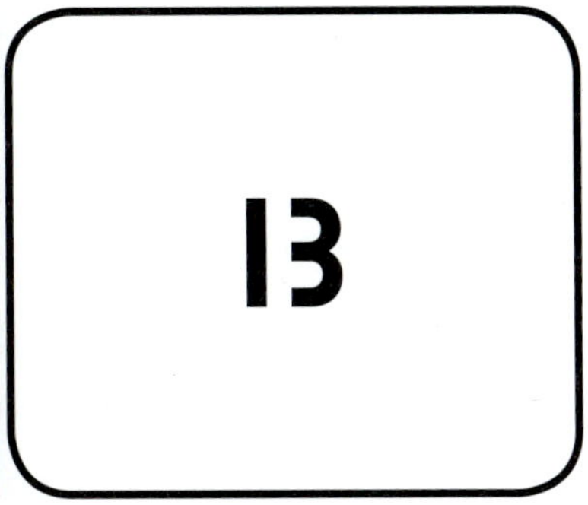

[그림 9-2] 지각의 예

(3) 부호화

부호화(encoding)는 새로운 정보를 장기기억에 표상하는 과정이다. 작업기억에 들어온 정보를 시각적 또는 언어적 형태로 전환하여 저장하는 과정이다. 부호화에는 심상, 정교화, 조직화 등과 같은 전략들이 포함된다. 이러한 전략들은 뒷부분에 나오는 학습전략부분에서 자세히 설명하겠다.

(4) 인출

인출(retrieval)이란 새로운 정보를 부호화하기 위해서 장기기억에 저장된 정보를 작업기억으로 이동시키는 과정이다. 인출은 장기기억에 있는 정보가 기존 정보와 유의미하게 연결되어 있을 때 더 잘 이루어진다.

3) 망각

망각이란 학습한 것을 잘 떠올리지 못하는 것을 의미한다. 망각은 모든 기억저장소에서 일어나는데, 첫 번째 기억저장소인 감각 기억에서의 망각은 쇠퇴 때문에 일어나고, 작업기억에서의 망각은 쇠퇴와 치환 때문에 일어난다. 쇠퇴는 시간이 지나면서 자연스럽게 기억이 사라지는 현상을 뜻하고, 치환은 작업기억 용량의 한계로 새로운 정보가 기존의 정보를 밀어내고 저장되는 것이다. 마지막 기억저장소인 장기기억에서 일어나는 망각은 주로 저장된 정보를 인출하지 못해서 발생한다. 장기기억 안의 정보의 인출이 실패되는 이유 중 하나는 간섭현상 때문이다.

간섭현상에는 역행간섭과 순행간섭이 있는데, 역행간섭(retroactive interference)은 새로운 정보에 대한 학습이 이전의 기억에 대한 인출을 방해하는 것이다. 역행간섭의 예로는 영어시험이 오후에 있는데 영어시험 바로 전에 국어수업을 듣게 된다면 어제 외워둔 영어 단어들이 국어수업의 내용들 때문에 기억 속에서 인출되는 것이 어려워진다. 순행간섭(proactive interference)은 기존의 정보가 새로운 학습내용을 기억하는 것을 방해하는 것이다. 순행간섭의 예로는 예전의 휴대전화 번호는 생각이 나는데 새로 바꾼 휴대전화 번호는 자꾸 잊어버리는 현상을 들 수 있다.

즉, 교육현장에서는 학습내용의 질보다 학습내용의 양을 강조할 때 간섭현상이 더 많이 발생할 수 있다. 따라서 학생들에게 많은 학습량을 전달하게 될 때에는 중요한 부분에 대한 반복학습 및 학습 주제들 간의 연결성을 통해 개념을 가르쳐야 간섭현상을 줄일 수 있다.

4) 초인지

초인지(meta-cognition)란 메타인지 또는 상위인지라고 부르기도 하며, 자신이 인지하고 있는 것에 대한 인지능력을 뜻한다. 즉, 자신의 인지과정에 대한 지식과 인지과정을 점검하고 조절하는 과정을 의미한다. 학습하는 과정에서 내가 현재 어느 정도 알고 있는지를 스스로 판단하고 이에 맞추어 학습전략을 세우고 실행 평가할 수 있는 능력을 말한다. Pintrich와 De Groot(1990)은 메타인지 수준이 높은 학생들이 그렇지 않은 학생들보다 높은 학업성취를 보인다고 보고하였다. 메타인지가 높은 학생들은 학습과정에서 어떻게 학습하는 것이 더 유용한지를 파악하고 지금 자신의 학습상태를 스스로 점검하기 때문에 높은 학업결과를 가져올 수 있다. 초인지가 높은 학생들은 자기조절학습능력도 발달하게 된다.

3. 학습전략

학습한 내용을 장기기억에 오래 기억하기 위해서는 부호화 과정이 필요한데, 이때 사용되는 학습전략들은 다음과 같다.

1) 묶기 전략

묶기 전략(chunking)은 서로 관련 있는 작은 정보들을 묶음으로 인식하는 전략이다. 지각된 정보를 의미 있는 더 큰 단위로 묶어서 조직화하면 작업기억의 용량의 한계를 극복할 수 있어 기억할 수 있는 정보의 양이 늘어나게 된다. 많은 양의 정보를 잘 기억하는 학생들을 살펴보면 정보를 습득할 때 묶기 전략을 잘 사용한다. 예를 들어, 10개의 단어를 암기한다고 했을 때, 10개의 단어를 각각 기억하기보다는 음식, 물건, 의류 등으로 관련 있는 단어들끼리 묶어서 저장하면 보다 쉽게 단어들을 기억할 수 있다.

2) 심상 전략

심상 전략(imagery)은 정보를 마음속에 이미지로 그려보는 과정이다. 심상전략을 사용하면 어떤 정보를 기억할 때 오래 지속될 수 있다. 새로운 정보를 잘 기억하기 위해서는 언어적 방식과 시각적 방식을 함께 사용하는 것이 필요하다. 예를 들어 'rainbow(무지개)'라는 단어와 'wisdom(지혜)'라는 단어를 암기할 때, 언어적 정보만 있는 'wisdom'보다, 언어적 정보와 함께 시각화 할 수 있는 'rainbow'가 더 쉽게 기억된다. 요리 과정이나 운동 절차 과정을 마음속으로 이미지화 시켜보는 활동 등도 기억을 유지하는 좋은 방법이다. 심상 전략에는 장소법과 핵심단어법 등이 있다. 장소법은 기억해야 할 정보를 잘 아는 장소의 이미지와 연결시켜 기억하는 방법이다. 핵심 단어법은 암기해야 할 단어의 소리와 심상을 연결시켜 기억하는 방법이다. 예를 들면 '냉기, 차가운, 쌀쌀한'이란 단어의 뜻을 지닌 'chill' 영어 단어를 암기할 때 발음을 이용해 날씨 '7'도를 연상시켜 서늘한 날씨를 심상으로 연결하여 기억하게 할 수 있다.

3) 정교화 전략

정교화 전략(elaboration)은 새로운 정보를 장기 기억에 저장되어 있는 기존의 정보와 연결하는 전략이다. 즉 장기기억 속에 가지고 있던 기억과 지식들을 인출하여 새로 들어온 정보와 연결하는 부호화 전략이다. 새로운 정보와 다른 정보의 관계성이나 차이를 분석하는 것도 정교화에 속한다. 또한 정교화 전략 중 하나로 유추가 있다. 유추는 두 개의 정보가 서로 유사성이 있을 때 두 정보의 나머지 속성들도 비슷할 것이라고 추론하는 것이다.

4) 조직화 전략

조직화 전략(organization)은 서로 관련 있는 내용을 공통된 범주로 묶는 과정이다. 정보는 도표, 그래프, 순서도, 위계도 작성, 개요, 개념도 등을 통해 조직화될 수 있다. 이러한 조직화 전략은 정보를 유의미하게 만들어준다. 따라서 교사는 학교 현장에서 조직화 방법들을 학생들이 많이 사용하도록 도와주어야 한다. 구체적인 조직화 전략의 방법으로는 학습 자료의 주된 내용을 위계적인 형식으로 표현하는 개요작성(outlining)과 개념 간의 관계를 도형화하는 개념도(concept mapping)가 있다(신명희, 2018). 기억력이 좋은 학생들은 이러한 조직화 전략을 잘 사용한다. Family(가족)라는 단어를 암기할 때, 위계를 사용하여 상위개념으로 Grandfather, Grandmother 그리고 하위개념으로는 Father, Mother로 가족들을 조직화하여 암기할 수 있다.

5) 맥락을 이용한 인출전략

맥락을 이용한 인출전략이란 저장된 정보를 인출할 때 기억이 잘 나지 않으면 내용이 저장된 상황을 떠올리는 전략을 말한다. 예를 들면, 지갑을 잃어버렸을 때 어디서 잃어버렸는지 생각이 나지 않는다면 지갑을 들고 다녔던 장소와 상황들을 떠올리면 불현듯 생각이 나기도 한다. 또한 영어 시간에 배운 영어단어가 잘 생각이 안 날 때 영어선생님이 그 단어를 말씀하시며 했던 농담이나 행동들을 생각하면 기억의 인출이 쉬워진다. 이와 같이 내가 기억 속에서 인출하고자 하는 정보를 맥락 속에서 떠올려 봄으로써 보다 쉽게 기억을 인출해 낼 수 있다.

6) 인출연습전략

인출연습전략(retrieval practice)이란 저장된 정보를 인출하는 과정을 통해 기억과 학습을 촉진할 수 있는 전략을 의미한다. Carrier과 Pashler(1992)에 의하면 부호화 전략보다 인출을 해보는 경험이 정보의 기억을 더 오래 유지시킨다고 하였다. 또한 학습자가 인출을 시도하는 과정에서 정보를 탐색하는 활동이 장기기억 속의 정보를 활성화 시켜 기존의 기억들이 더 정교해진다고 하였다. 이와 같이 학습자의 인출연습은 학습을 촉진하기 위한 유리한 도구가 될 수 있으며, 저성취 학습자에게 긍정적인 학습결과를 가져온다.

두 개의 주요 인출연습전략을 소개하면 다음과 같다.

첫째, SQ3R는 훑어보기(survey), 질문하기(question), 읽기(read), 암송하기(recite), 복습하기(review)순으로 이루어진다.

둘째, PQ4R은 사전검토(preview), 질문하기(question), 읽기(read), 숙고하기(reflect), 암송하기(review), 복습하기(review)이다.

7) 인지주의 학습이론의 교육현장 적용

첫째, 교사는 수업 초반에 학생들의 주의를 끄는 방법 등을 연구해야 한다. 즉 이름을 불러준다든지, 음악으로 수업 시작을 알린다든지, 재미있는 퀴즈를 준비하는 등 주의집중을 위한 노력이 필요하다.

첫째, 교사는 학생들이 새롭게 배운 정보를 기억할 때 작업기억용량의 한계점이 있음을 인식하고 제공하는 학습 양을 조절할 필요가 있다. 학습 양을 제공할 때 너무 많은 양의 정보를 한꺼번에 제시하기보다 작업기억에 잘 저장될 수 있는 적정 수준의 양을 제시하는 것이 필요하다.

둘째, 또 다른 예로 학습자가 필체, 문법, 철자에 초점을 두게 되면 작업 기억의 공간을 너무 많이 차지하여 좋은 글을 쓰는 과정에 필요한 용량이 부족하여 작문의 질이 낮아질 수 있다. 따라서 연령이 어린 학습자의 경우 특히 좋은 글쓰기 작업을 지도하기 위해서는 학습자의 필체 문법, 철자에 대한 지나친 지적과 수정은 줄이는 것이 필요하다.

셋째, 교사는 학생들이 자신의 초인지(메타인지) 기술을 사용하여 학업성취를 높이도록 도와주어야 한다. 즉 학습자가 정보 습득 과정에서 정보에 인지 전략을 적절하게 사용하고, 자신의 인지과정 상태를 잘 인식하고, 계획, 점검, 평가하도록 도와주어야 한다.

넷째, 학생들이 학습을 효율적으로 하도록 돕기 위하여 다양한 학습전략을 사용하도록 해야 한다. 특히 시연과 부호화 전략을 잘 사용하여야 한다.

즉 정교화 전략을 촉진하기 위해서는 두 개념 사이에 차이점과 유사성, 활용도 등을 질문하는 등의 수업이 필요하다. 그리고 학생들에게 조직화 전략을 키워주기 위해서는 배운 내용을 도표로 작성하거나, 위계도, 개념도를 작성해보도록 하는 수업활동들이 필요하다.

전문가 되기 연구문제

01 학생들의 작업기억의 용량의 한계를 극복할 수 있는 수업방식을 제시해 보세요.

02 영어단어를 암기할 때 가장 효과적인 학습 전략법을 적어보고, 예를 들어 설명해 보세요.

03 기억 저장소에 저장된 정보들을 인출할 때 인출을 돕는 전략들을 적어 보세요.

제10장
교수·학습이론 및 교수방법

1. 교수·학습이론

누군가에게 새로운 과정이나 기술을 가르쳐 본 경험이 있는지 떠올려 보자. 아마도 초반에는 쉽고 간단한 일이라 생각했을 수도 있지만 막상 첫 번째 세션을 시작해 보면 여러분이 예상했던 것보다 더 어렵게 느껴지거나 혹은 난감한 상황을 겪었을지도 모른다. 사람들은 저마다 각자 학습하는 스타일이 다르다. 학습자가 효과적으로 학습할 수 있도록 정보 및 지식을 어떤 방식으로 제공하는 것이 좋을까? 학습자가 수업의 내용을 정확하게 이해할 수 있도록 피드백을 주거나 직접 시연을 보이는 것은 어떠한 교육적 환경일 때 적절한 것일까? 학습의 유형에 따라 교수·학습이론 및 그에 따른 교수설계는 달라질 것이다. 이번 장에서는 이러한 다양한 교수·학습이론에 대해 구체적으로 살펴보고자 한다.

1) Bruner의 발견학습

J. S. Bruner(1915~2016)

발달심리학자인 브루너(Bruner, 1961)는 인지심리학을 바탕으로 구성주의 교수이론의 대표되는 발견학습(discovery learning)을 제안하였다. 발견학습의 핵심적인 특성은 학습자가 자신의 과거 경험과 기존에 습득된 지식을 활용하여 새로운 진리를 스스로 발견하는 탐구 기반의 수업이론이다(Ozdem-Yilmaz & Bilican, 2020). 학습자는 어떤 대상을 탐색하거나 조작하고, 질문과 논쟁을 해결하려고 애쓰며, 실험을 수행함으로써 능동적인 탐구과정에 참여한다. 즉 외부에서 기본적인 원리나 개념을 설명해 주는 것이 아니라 학습자의 지적호기심을 자극하고 내적동기를 활성화하여 학습자 스스로 깨달음을 통한 내부 인지과정의 변화가 일어날 때 비로소 학습이 이루어진다고 보는 것이다.

다음으로 발견학습의 주요 개념으로 귀납적 추리, 학습준비도, 나선형 교육과정, 교사의 비계설정 등이 있다(Castronova, 2002).

- **귀납적 추리**(inductive learning)

발견학습은 학습자가 구체적인 사례를 탐구함으로써 일반적인 개념, 규칙, 법칙을 도출해 내는 귀납적 추리를 통한 학습과정을 강조한다. 교사는 다양한 예시와 사례를 제공하고 학생은 제시된 사례들을 탐구하는 과정에서 학습 주제의 구조(subject structure)와 주요 원리를 스스로 발견하게 된다. 이러한 과정을 거친 학습자는 보다 의미있고 유용한 학습이 가능하다고 보았다. 이러한 발견학습을 위해서 학습자는 지적 호기심이 높은 편이거나 능동적이어야 한다.

- **학습준비도**(readiness for learning)

학습준비도는 학습자가 학습을 하고자 하는 의욕, 동기, 경향을 나타낸다. 발견학습은 학습자의 내적동기가 유발되어 능동적으로 다양한 대안을 탐색하는 것이 전제조건이므로 학습하기 위한 준비가 학습자에게 얼마나 되어있는지가 중요하다. 학습자의 지적 호기심과 탐구 욕구를 유도하기 위한 수업방법과 교사와 학생 간의 관계도 강조하고 있다. 또한 학습자의 탐구활동이 지속적으로 유지되도록 적절한 수준에서 도전적인 과제를 제시하는 것이 바람직하다. 과제의 난이도가 너무 어렵거나 혹은 너무 쉬워서 학습자의 동기를 저하시키지 않도록 주의해야 한다.

• **나선형 교육과정(spiral curriculum)**

효율적인 나선형 교육과정을 위한 단계는 다음과 같다. 어떤 복잡한 아이디어를 먼저 기본적이고 단순화된 수준에서 가르친 다음, 모든 과목의 초기 교육에서 기본적인 아이디어의 사용을 강조하면서 반복적으로 재검토하고, 마지막으로 기본 아이디어를 점진적으로 사용함으로써 보다 복잡한 수준으로 발전되어 심화된 이해를 할 수 있게 된다. 학생이 학습하는 지식의 구조는 학년 수준에 상관없이 동일하기 때문에 모든 연령의 아동은 복잡한 정보를 이해할 수 있다고 믿는 것이다. 다시 말해 동일한 교과를 기준으로 초등학생 수준에 맞게 내용을 쉽게 구성하다가 중·고등학교 올라갈수록 내용이 확대되고 심화되면서 복잡한 내용을 점차 이해하게 되는 교육과정을 뜻한다.

• **교사의 비계설정(scaffolding)**

발견학습에서 교사의 역할은 학습 주제에 대한 탐구가 이루어지도록 학습자를 지원하는 안내자 역할을 해야 한다. 교과의 최종형태는 학습자가 조직하므로 교사는 학습자가 원리를 도출해 내도록 질문을 던지고 문제점을 바로 잡아 주기 위한 피드백을 제공하는 등 학습자 스스로 문제를 해결하도록 발판을 마련해 주는 비계설정을 활용할 수 있다.

2) Ausubel의 설명식 수업이론

D. P. Ausubel(1928~2008)

미국 교육심리학자인 오수벨(Ausubel, 1963)은 학습 내용을 학습자 스스로 발견해야 하는 브루너의 발견 학습과는 달리, 설명식을 통해 학습할 내용이 학습자에게 제공되고 학습자는 이를 수용하면서 지식이 습득되는 설명식 수업이론(expository teaching)을 제시하였다. 오수벨은 강의식 설명 수업을 통해 다량의 정보를 많은 학생들에게 전달하는 것이 가능하므로 이를 효율적이라고 주장하였다(Sexton, 2020).

설명식 수업이론은 유의미 학습(meaningful learning)을 강조한다. 이는 무의미하게 기계적으로 암기하는 학습과는 반대되는 개념으로, 새로운 정보를 학습자가 지니고 있는 기존의 지식과 의미 있게 연결시켜 원리, 개념, 법칙을 학습하는 것을 말한다(Good & Brophy, 1995). 이렇게 학습자가 이미 알고 있는 지식과 새로운 학습 내용을 연결하는 데 도움이 되는 방법은 선행조직자(advance organizer)를 사용하는 것이다. 선행조직자는 일종의 도입자료로서 수업의 맨 처음에 제시되며 학습할 개념이나 수업내용 전반적인 구조에 대한 개괄적인 자료이다. 이는 새롭게 학습할 내용보다 추상적이고 포괄적이며 일반적인 수준이어야 하며 학습과제보다 앞서 제시되어야 한다. 결국 선행조직자란 학생들로 하여금 앞으로 제시될 학습자료에서 중요한 부분에 주의를 집중하게 할 뿐만 아니라 학생들이 기존에 가지고 있던 관련 지식을 다시 기억해 내도록 하며, 앞으로 설명될 중요한 개념들 간의 관계를 파악하는 데 도움을 주는 역할을 한다. 다음은 유의미 학습의 세 가지 조건으로 학습과제, 관련정착지식, 학습태세를 들 수 있다(Novak, 2002).

(1) 학습과제(learning task)

오수벨의 수업이론 중 유의미 학습의 첫 번째 조건은 논리적으로 의미 있는 학습과제이다. 여기서 학습과제란 실사성과 구속성이라는 요소를 내포해야 한다. 실사성은 어떤 명제를 다양한 방식으로 표현해도 그 명제의 의미가 변하지 않는 속성을 말하며(사각형 네 내각의 합은 360도 = 네 내각의 합이 360도인 것은 사각형), 구속성은 임의적으로 연결된 관계가 시간이 흘러도 변하지 않는 속성을 의미한다(삼각형, 사각형, 오각형에 붙여진 이름은 변하지 않음). 학생들에게 부여되는 새로운 학습과제의 내용이 실사성과 구속성을 지니면 논리적 유의미성(logical meaningfulness)을 가진다고 볼 수 있다.

(2) 관련정착지식(relevant anchoring idea)

새로운 학습내용이 논리적 유의미성을 지님과 동시에 학습자는 새로운 학습내용을 포섭(subsumption)할 수 있는 인지구조를 갖추어야 한다. 즉 학습자는 본 학습을 배우기에 앞서 인지구조 내에 학습과제와 연관 지을 수 있는 관련정착지식을 지녀야 한다. 쉽게 말해 새롭게 습득된 지식이 학습자의 기존 지식체계에 닻을 잘 내리면 기존 지식체계에 새로운 학습 내용이 잘 연결되어 유의미 학습이 일어나는 것이다.

(3) 학습태세(learning set)

실사성과 구속성을 지닌 학습과제와 더불어 학습자는 정착지식에 관련지어 학습하고자 하는 태도와 자세를 지녀야 한다. 즉 오수벨은 학습과제를 학습자의 인지구조 속에 의미 있게 통합하고자 하는 유의미한 학습태세를 갖추게 되면 더욱 의미 있는 학습이 일어난다고 보았다.

마지막으로 오수벨의 설명식 수업이론은 총 3단계로 나누어 볼 수 있다. 1단계에서 선행조직자를 제시하고, 2단계는 학습과제나 자료를 제시하며, 3단계에서는 인지조직을 강화한다. 이를 요약하면 〈표 10-1〉과 같다(Joyce & Weil, 1980).

〈표 10-1〉 Ausubel의 설명식 수업의 3단계

1단계	선행조직자 제시	• 수업목표 제시 • 선행조직자 제시 • 관련정착지식 자극 및 활용
2단계	학습과제 또는 학습자료 제시	• 조직 명료화 • 학습자료의 논리적 조직화 • 학습자료 제시
3단계	인지조직의 강화	• 통합적 조화의 원칙 이용 • 적극적 수용학습 조장 • 교과목에 대한 비판적 접근 • 명료화

3) Gagné의 목표별 수업이론

R. M. Gagné(1916~2002)

미국 교육심리학자인 가네(Gagné, 1985)는 행동주의와 인지주의 학습이론의 정보처리이론을 중심으로 수업이론을 개발하였다. 주변 환경 속의 다양한 자극 정보를 지각하고 인식해서 장기기억으로 저장되는 과정을 통해 학습이 일어난다고 보았다. 주요 개념으로는 학습의 결과(learning outcomes)와 학습의 사태(learning events)가 있다. 학습의 결과는 학생들이 학습을 통해 각자 다양한 영역의 능력을 습득하는 것으로 나타나며, 학습의 사태는 학습하는 과정에서 거치게 되는 주요한 인지과정을 뜻한다.

수업 형태, 방법 및 절차는 수업목표가 무엇인지에 따라 달라진다. 아래에서 살펴볼 5가지 영역의 학습된 능력은 학습을 보다 효율적으로 만드는 각각의 목표에 따라 학습조건이 달라지게 된다. 이러한 이유로 가네의 수업이론을 목표별 수업이론이라고 부른다.

(1) 5가지 학습 영역

가네는 인간이 학습을 통해 배우게 되는 학습의 내용 영역을 5가지로 분류하고 있다(Richey, 2000). 올바른 학습조건이 발현되는 상황에 참여하는 학습자는 다음과 같은 5가지 영역의 능력을 경험하게 된다. 이렇게 획득된 능력을 행동으로 표현이 가능할 때 최종적인 학습이 발생하는 것이다. 5가지 영역은 넓게는 인지적 측면, 심동적 측면, 정의적 측면으로 나누어 볼 수 있다. 다시 말해 인지적 측면은 언어 정보, 지적 기술, 인지 전략을 포함하며, 심동적 측면은 운동 기술을, 정의적 측면은 태도를 포함한다.

① 언어 정보(verbal information)

언어적 정보 능력은 다양한 정보(사실, 정의, 이름, 장소 등)를 진술하거나 기억하는 능력을 제공한다. 학습자의 기억에 단서를 제공하기 위해 학습전략이 사용된다. 즉 기억을 회상하기 위해 다양한 기술을 사용하여 가르친다. 이미지와 여러 기억전략을 사용하는 것은 학습자들로 하여금 정보와 연결해서 더 쉽게 기억할 수 있도록 도울 수 있다.

② 지적 기술(intellectual skills)

지적기술은 정신적인 작동 과정과 관련된 가장 중요한 영역이다. 여기에는 개념의 이해, 사물을 서로 구별하는 변별력, 사물 사이 관계의 의미를 파악하는 것, 문제해결 등을 포함한다. 읽기, 쓰기, 셈하기와 같은 능력도 여기에 속한다. 이러한 능력은 단순한 것부터 정교한 것까지 그 범위가 다양하다.

③ 인지 전략(cognitive strategies)

인지전략은 학습자가 내부적으로 정보를 처리하고자 할 때 사용하는 것으로 절차를 생각하고, 기억하고, 학습하는 것을 의미한다. 이는 오랜 시간에 걸쳐 학습되는 특징이 있다. 예를 들면, 목표 설정하기와 전략 수정하기 등의 메타인지

전략, 중요한 정보에 밑줄긋기나 소리 내어 읽기 등의 시연(rehearsal), 개념 지도를 만들고 의미 있는 방식으로 아이디어를 배열하는 조직화(organizing), 그리고 정교화(elaboration) 전략이 있다.

④ 운동 기술(motor skills)

심동적 측면의 유일한 영역인 운동 기술은 스키, 춤, 스케이트보드 또는 심지어 연필로 글씨쓰기도 포함하는 등 복잡한 수행 영역에서 평가되는 신체적인 움직임을 뜻한다. 이러한 움직임은 정확성, 부드러움, 속도, 힘 등으로 평가될 수 있다. 운동 기술은 심동적 기술로도 알려져 있다. 심동적 기술에는 부분 기술이라고 하는 자체 하위 기술이 있는데, 학습자가 올바른 방향으로 나아가도록 다이어그램, 체크리스트, 그림을 활용한 지침을 제공하며 부분 기술을 가르친다. 부분 기술은 반복적인 연습을 통해 가장 잘 학습될 수 있다.

⑤ 태도(attitudes)

태도는 정의적 측면에 속하며 학습자는 자신의 생각을 드러내야하므로 태도를 측정하는 것은 쉽지 않은 일이다. 자기 보고식 설문지를 통해 학습자의 태도를 평가할 수 있다. 태도는 내적인 심리상태를 의미하지만 학습자의 선택이나 행동을 관찰하는 방법으로도 평가할 수 있다. 만약 학습자가 자신의 부정적인 태도를 바꾸고자 한다면 의식적으로 노력하는 것이 필요하며, 태도를 바꾸기 위해 멘토나 역할 모델을 활용하는 것도 효과적이다.

(2) 9가지 교수 사태

가네의 수업이론은 5가지의 학습능력을 교수활동을 통해 가르쳐야 하는 목표로 정하고, 학습자의 내적 조건인 학습능력의 획득을 위해서 학습 외적인 조건을 제공하는 교수사태(events of instruction)를 9가지로 계열화시켰다(Zhu & Amant, 2010). 교수사태는 쉽게 말해서 교수학습절차, 혹은 수업의 단계에 따른 교수활동으로 이해할 수 있다.

① 주의끌기(gaining attention)

학생들의 호기심을 끄는 단계이다. 학생들은 수업에 도착하면 주변의 많은 자극들에 관심을 쏟을 수 있다. 학습이 이루어지기 위해서 먼저 학생들의 관심을 사로잡고 주의를 집중할 수 있도록 다양한 방법을 사용해야 한다. 예를 들면, 교수자가 목소리 톤을 갑자기 크게 바꾸거나 제스처를 취하거나 수업 주제와 관련된 흥미로운 시청각 자료를 사용하고 질문을 던지는 등의 방법이 있다.

② 학습목표 제시(informing learners of the objective)

각 수업 초반에 학생들에게 수업의 학습목표와 수업을 통해서 기대되는 결과를 알려준다. 수업이 끝날 무렵 피드백을 통해 학습이 어느 정도 이루어졌는지에 대한 확인을 제공한다. 특히 학생의 동기가 낮은 경우에 수업목표를 제시함으로써 수업 참여에 대한 동기부여에 도움이 될 수 있다. 예를 들면, '부모교육' 교과목에 대한 수업목표를 제시하면서 '이 수업을 마치면 여러분은 학교 현장에서 효율적인 학부모 상담을 실시할 수 있다'라는 설명을 할 수 있다.

③ 선수학습내용 회상(stimulating recall of prior learning)

학생들로 하여금 이전에 배운 지식이나 기술을 기억하도록 하는 것이다. 새로운 지식을 배울 때 사전에 갖고 있던 지식이나 개인적인 경험과 연결 지으며 학습자가 이미 알고 있는 것에 대해 회상하도록 하는 것은 학습 과정을 촉진할 수 있다.

④ 새로운 학습내용 제시(presenting the stimulus)

실제로 학습자에게 새로운 수업 콘텐츠가 제시되는 것이다. 수업내용은 의미있게 구성되어야 하며 다양한 매체를 활용하여 설명하고 시연하는 것이 바람직하다. 5가지 학습의 결과 영역에서 운동 기술(motor skills)을 예로 들면, 교수자가 숙련된 수행(performance)을 시작할 때 실제 상황을 보여주면서 신체적인 움직임에 대한 절차를 시연할 수 있다.

⑤ 학습지침 제공(providing learning guidance)

새롭게 배운 내용을 학습자의 장기기억에 쉽게 저장하도록 교수자는 수업 자료를 의미 있게 부호화하고 정교화하여 제공한다. 다시 말해 추상적인 개념이나 용어에 대해 구체적인 예시를 사용하거나 그것들을 이미 학습자의 기억 속에 있는 다른 것들과 연관시킴으로써 아이디어를 정교화시켜 그 의미를 강화할 수 있다.

⑥ 과제수행 유도(eliciting performance)

과제수행을 통해 학생들의 학습된 역량의 여부를 확인하는 것이다. 그 동안 배운 내용을 실제로 학생들이 증명해 보는 단계로 학생들 스스로 학습에 대한 올바른 이해를 했는지 확인해볼 수 있는 기회를 제공한다. 질문에 대한 대답을 하거나 과제를 내주거나 실습의 기회를 제공하는 방법이 있다.

⑦ 피드백 제공(providing feedback)

수행이 얼마나 성공적이었는지 성과를 알려주는 유익한 피드백을 제공한다. 이는 새로 습득한 지식을 강화시켜주는 역할을 한다. 학습자가 수행하는 것을 관찰하는 동안 교수자는 구체적이고 즉각적인 피드백과 지침을 제공하는 것이 중요하다. 학습자의 수행을 관찰한 주변 동료 학습자들의 피드백 또한 큰 도움이 될 수 있다.

⑧ 과제수행 평가(assessing performance)

학습의 진전을 확인하는 것으로 다음 단계의 학습으로 나아갈 수 있는지 확인하기 위한 평가이기도 하다. 주로 테스트를 통해 수행에 대한 성과를 평가한다. 테스트의 목적은 학습된 내용들이 안정적으로 장기기억에 저장되었는지 체크하기 위함이며 그렇지 않을 경우 추가적인 연습이 필요할 것이다.

⑨ **파지 및 전이 향상**(enhancing retention and transfer)

마지막 9번째 단계는 학습된 역량을 장기간에 걸쳐 유지하고(파지), 학습환경 밖의 새로운 상황에서도 적용하거나 일반화할 수 있는 것을 의미한다(전이). 학습한 개념들을 반복해서 연습하도록 기회를 제공하고 교수자는 일정한 간격을 두고 검토를 실시하여 학생들로 하여금 기억력을 향상시키는데 도움을 줄 수 있다.

[그림 10-1] 가네(Gagné)의 9가지 교수사태

2. 효과적인 수업

전세계적으로 COVID-19의 영향으로 온라인 미디어를 활용한 수업이 이전보다 활성화되고, 온라인과 오프라인 형식을 결합한 혼합형 학습방식이 점차 보편화되고 있는 실정이다. 또한 최근 디지털 매체의 발전으로 학교 현장에서 활용

가능한 수업방식에도 많은 변화가 일어나고 있다. 교사로서 이러한 시대적인 흐름을 이해하고 각자 처한 교육환경에 적절한 수업방식을 선택하여 활용하는 능력이 필요할 것이다. 이에 본 장에서는 효과적인 수업 형태로 교사 중심 수업인 강의법(lecture)과 학습자 중심의 수업인 프로젝트 학습법, 플립러닝, 문제중심학습법을 알아보고자 한다.

1) 교사중심 수업의 원칙

교사 중심의 수업은 전통적으로 가장 널리 보편화되어 사용되어져 왔다. 교사 중심의 수업방식은 체계적으로 구조화되어 있고 학생들의 학습에 교사가 지시적으로 개입하는 접근법이다. 이러한 수업의 주요 특징은 교사의 주도하에 교사가 전체적인 학습 방향을 계획하고, 배워야 할 학습 내용을 제시하며, 높은 수준의 기준을 설정하여 학생들이 우수한 기준에 도달하기를 기대한다. 교사 중심 수업의 핵심은 교사의 직접적인 지도를 바탕으로 학습적인 활동 위주로 운영하는 것이다. 즉, 놀잇감이나 게임 활동의 활용이나, 교사-학생 간의 개인적인 대화를 포함한 비학문적인 교류는 수업에서 제외된다. 교사가 중심이 되어 수업을 이끌고 학생은 수동적인 입장에서 교수자가 일방적으로 전달한 지식 및 정보를 제공받는 수업 형태를 '강의법(lecture)'이라고 한다. 강의식 수업 형태의 장점과 단점은 〈표 10-2〉에 제시되었다.

〈표 10-2〉 강의식 수업 방법의 장점 및 단점

강의법(lecture)	
장 점	단 점
강의식 수업방법은 대부분의 전공 분야와 어떠한 주제에도 적용 가능하다.	수업 중 학생들의 집중력을 지속적으로 유지하는 것이 어렵다(연령대가 낮을수록 짧은 주의집중 시간으로 더 어려움)

강의법(lecture)	
장 점	단 점
다양한 지식을 많은 학생들을 대상으로 동시에 전달할 수 있다.	교사가 다수 학생들의 수업에 대한 이해정도를 일일이 파악하기 어렵다.
교육목적이 지식 및 정보전달 중심의 수업일 때 적절하다.	학습자의 개별적인 성향 및 학습 스타일을 고려하기 어렵다.
수업내용이나 수업의 양을 교사 입장에서 적절히 조정하는 것이 가능하다.	방대한 수업의 양으로 인해 학습한 내용을 장기기억으로 저장하는 데 어려움이 있다.
자발적인 수업 참여가 어려운 학습자들에게 적합하다.	학습자로 하여금 수동적인 태도를 취하게 하여 동기부여를 저하시킬 수 있다.

더불어, 전통적인 강의법의 단점을 보완할 수 있는 방법으로 강의-토론식(lecture-discussions) 수업이 있다(Eggen & Kauchak, 2012). 이는 교사가 그날 다룰 학습 주제에 대해 간략한 소개를 한 뒤, 수업내용에 대한 정보를 프레젠테이션으로 제공하여 학습자의 주의집중을 유지시킨다. 또한 학습자가 수업내용을 어느 정도 이해했는지 모니터링하기 위해 연속적인 질문을 던지며 이해도를 확인하고, 끝으로 교사는 학습자가 이해한 내용을 바탕으로 실제적인 예시를 들어 설명하며 학습자가 기존에 알던 지식과 새로 습득한 지식을 통합할 수 있도록 도와준다. 이렇게 통합된 지식은 결국 학습자의 장기기억으로 저장될 수 있다.

2) 학습자 중심 또는 구성주의 수업의 원리

교사 중심의 수업방식과는 정반대로, 학습자 중심의 수업은 수업계획 및 운영에 걸친 전반적인 초점이 교사로부터 학생으로 옮겨가게 된다. 많은 기존 연구결과에 따르면 학습자 중심의 수업은 학습자로 하여금 수업에 있어서 적극적이고 탐구적인 자세를 취하게 하며 이는 학습자의 동기와 학업성취도를 촉진시키는 역할을 하게 된다(McCombs, 2001). 학습자 중심 수업의 원리를 살펴보면 다음과 같다(Driscoll, 2005).

• 학습 관련 학생의 소유권 장려

학습자 중심 수업의 가장 핵심적인 변화는 교사 위주의 수업환경에서 학습의 소유권이 학생으로 이동한 것이다. 이는 교사가 교육에 대한 책임을 내려놓았음을 의미하는 것이 아니라 학생 스스로가 학습에 대한 주인의식을 가지고 교육활동에 참여하게 됨을 뜻한다.

• 복합적이고 실제적인 교육환경 포함

우리가 살면서 만나게 되는 크고 작은 문제들은 교과서에서 배우는 이론 위주의 지식으로 해결이 안 되는 경우가 많다. 실제 삶에서 어떤 결론에 도달하기 위해 한 가지의 정답만 있는 것이 아니므로 복잡한 문제를 해결하기 위해 학습자는 실제 상황과 유사한 환경에서 복잡하고 도전적인 과제를 수행하는 경험이 필요하다. 복합적이고 실제적인 교육환경에서 배운 지식은 이후 현장에서도 직접적인 적용이 가능하다.

• 지식 구성과정에 대한 이해

학습자는 자신의 사고 과정이 어떻게 형성되는지 그 이치를 이해한다면 스스로를 더욱 객관적으로 바라보고 자신과 다른 입장을 지닌 사람들을 존중할 수 있게 된다. 또한 성공적인 학습자는 새롭게 습득한 지식과 기존에 갖고 있던 지식을 결합하여 의미 있는 방식으로 잘 활용할 줄 알게 된다.

• 다양한 관점 및 표현에 대한 지원

학생들의 학습에 대한 접근방식, 전략, 습득 능력은 각자 다르다. 따라서 수업을 위한 재료는 여러 가지 예시와 비유를 동원하여 수업내용이 지니고 있는 다양한 표현을 제공해야 한다. 또한 특정 학습 주제를 다룰 때 교사는 다양한 관점에서 해당 문제를 이해하고 탐구하는 모델링을 제공하고, 학생은 이러한 경험이 쌓이면서 대상을 바라보는 시야가 넓어진다.

• **사회적인 상호작용과 협력 제공**

진정한 학습은 대인관계, 사회적인 교류, 다른 사람들과의 커뮤니케이션을 통해서 영향을 받는다. 교육의 주된 목적은 비판적 사고를 길러주기 위함이며 이를 위해서 학습자는 자신의 생각을 표현하고 상대방의 의견을 경청하는 것이 중요하다. 자신의 입장을 지키면서 상대방의 다른 입장을 존중하는 과정 속에서 협력의 의미를 깨닫게 되며, 상호주관적인 태도를 통해서 학습자는 고등정신 과정을 발달시킬 수 있다. 이러한 학습자 중심의 수업에서 대표적인 교수방법으로 프로젝트 학습, 플립러닝, 문제기반학습 등이 있다.

(1) 프로젝트 학습(Project-based learning)

프로젝트 기반 학습법은 교육 현장에서 오랜 기간 사용되어 온 수업 접근법이다. 오늘날 프로젝트 학습법은 협동학습의 가장 인기 있는 형태라고 말할 수 있다(Senn & Marzano, 2015). 프로젝트 학습법은 기본적으로 학습자가 이행하는 특정 주제에 대한 깊이 있는 탐구이다. 프로젝트 주제는 주로 실제 생활과 관련 있는 것으로 학교에서의 학습과 학습자의 실제 삶이 분리되지 않도록 교육이 이루어진다. 학생들은 자발적으로 선택한 그룹 내에서 활동을 하게 되는데 예를 들면, 환경과 관련된 프로젝트를 운영할 경우 한 그룹은 수질오염, 다른 그룹은 대기오염, 또 다른 그룹은 지구 온난화, 혹은 대체 연료 등 각 그룹별로 다양한 프로젝트 주제에 맞게 활동을 할 수 있다. 각 그룹에서 리더는 선택될 수 있고 또는 팀 구성원끼리 돌아가며 리더 역할을 맡을 수도 있다. 그룹의 과제는 프로젝트를 통해 무엇을 얼마나 배웠는지를 나타내는 결과물을 도출해 내는 것이다.

예를 들어, 환경 프로젝트에서 초등학생을 대상으로 친환경 놀이터 프로젝트를 진행한다고 가정해 보자. 먼저 브레인스토밍(brainstorming)을 통해 주제에 대한 이전 경험과 현재의 지식을 상호 공유한다. 구체적으로 건물을 지을 때 사람들의 문화나 자연과의 관계를 어떻게 표현할 수 있을지, 주변 풍경을 해치지 않으면서 환경과 어떻게 조화를 이루도록 할지 등 사람, 자연, 학교에 모두 도움이 되도록 생태학적 구조물로써의 놀이터 디자인을 위한 모든 아이디어를 구상해 볼 수 있다. 각 구성원은 역할 분담을 하게 되고 한 학생은 기존 놀이터에서 부족한 부분이나 개선할 사항이 무엇인지에 대한 개요를 담당하고, 다른 학생은 유해물질 재료가 사용된 놀이터가 아이들에게 미치는 영향에 대한 부분을 맡고, 또 다른 학생은 학교가 위치한 지역적 특성을 고려하여 어떤 방식으로 자연물을 이용하여 놀이공간을 설계할지 검토할 수 있다. 그룹 구성원들은 각자 담당한 부분을 조사하면서 그룹 동료들과 서로 논의하고, 도서나 인터넷 검색을 통해 관련 정보들을 수집한다. 또한 주변 지역사회나 학교 또래들로부터 '친환경 놀이터에 대해 어떻게 느끼는지?', '고려할 사항으로 어떤 것들을 원하는지?'에 대한 정보를 얻기 위해 질문지나 인터뷰를 사용하거나 현장에 있는 관련 전문가를 방문하여 조언을 구할 수 있다. 이렇게 프로젝트 전 과정을 통해 이루어진 내용을 전체 그룹 구성원들이 함께 정리하고 수정하여 최종 결과물이 나오게 된다. 마지막 단계로 모든 구성원이 참여하여 해당 프로젝트 주제의 시급한 필요성을 주장하고, 문제해결을 위한 아이디어를 발전시키고, 조사한 사실과 수치를 뒷받침하기 위해 프로젝트 결론에 대한 프레젠테이션을 발표한다.

프로젝트 학습법의 핵심적인 특성은 그룹 구성원들과 긴밀히 협력하는 작업을 통해 깊이 있는 배움이 일어나고 집단에 대한 소속감과 공동체 의식의 발달에 도움이 되는 것이다. 동시에 주의할 점으로 적극적인 학생들 몇몇에 의해 프로젝트가 진행되거나 소극적인 학생들이 활동에서 배제되지 않도록 모든 학생이 개별적인 역할을 맡고 결과물 도출에 기여하도록 지원해야 한다(Larmer, 2014).

〈표 10-3〉 프로젝트 학습법의 단계별 특성

단계	단계별 활동
프로젝트 준비단계(1단계)	• 소집단 구성하기 • 프로젝트 주제 선정하기(일상생활과 관련된 실제적이면서 흥미로운 주제)

단계	단계별 활동
프로젝트 시작단계(2단계)	• 주제에 관한 최초 토의하기(브레인스토밍) • 주제 관련 조사 및 탐구 영역 정하기 • 프로젝트 일정계획 안 작성하기
프로젝트 전개단계(3단계)	• 주제 관련 조사 및 탐구활동 이행하기(책, 그림, 사진, 동영상 자료 찾기, 전문가 면담 및 실험 관찰 활동 등) • 수집한 자료 분석 및 공유하기(토의 및 협동학습)
프로젝트 마무리단계(4단계)	• 프로젝트 전 과정 요약 및 정리하기 • 결과물 발표하기 • 프로젝트의 검토 및 평가하기(집단 간 동료 피드백 포함)

[사진 10-1] 프로젝트 수업

(2) 플립러닝(Flipped learning)

플립러닝은 교실에서 강의식 수업을 듣고 가정에서 과제를 하던 기존의 전통적 수업 방식을 뒤집은 것으로 '거꾸로 학습', '거꾸로 교실,' '역진행 수업방식'으로 불리기도 한다. 즉, 학습자는 가정용 컴퓨터, 스마트폰, 태블릿 PC 등을 통해 동영상 강의를 시청하여 수업 시간 전에 미리 온라인으로 새로운 내용을 학습하고, 교실에서는 연습문제 풀이나 토론 등을 거쳐 학습한 내용을 적용하는 것이다(Coyne, Lee, & Petrova, 2017). 강의식 수업은 교실 밖에서 이루어지는 반면, 과제는 교실 수업 시간 동안 이루어진다.

예를 들면, 어떤 교사가 '지구 온난화'라는 주제로 플립러닝을 계획한다고 가정해 보자. 먼저 교수자는 사전에 학습자가 배워야 할 주요 내용을 담은 동영상 강의를 제작하여 학생들이 접근 가능한 방식으로 강의자료를 업로드한다. 학생들은 온라인 강의를 시청한 후에 영상을 통해 학습한 내용을 다음 날 학교에서 논의하기 위한 준비를 할 것이다. 학교 수업 시간에는 지구 온난화와 관련된 정보를 공유하며, '지구 온난화의 원인은 무엇인지?', '지구 온난화로 인한 실제 피해 사례는 어떠한지?', '온난화 현상의 해결방안은 무엇이 있는지?' 등의 내용을 동료 학습자들과 서로 토론하거나 교수자의 도움을 통해 문제해결을 수행하도록 한다. 이때 학습자 간의 자발적인 참여, 협동, 논의, 토론, 문제해결, 의사소통을 거쳐 학습자 중심의 활동이 이루어진다. 플립러닝은 초등학생부터 대학생에 이르기까지 모든 연령대의 수업에 적용이 가능하다는 장점이 있다. 무엇보다 큰 장점은 학습자가 수업내용에 대한 이해가 부족한 경우, 이해가 충분히 될 때까지 온라인 강의 영상을 반복해서 학습할 수 있다는 것이다. 전통적인 교실 수업에서 수업 진도를 놓치면 자연스레 뒤처지게 되지만 플립러닝은 학습자의 개별화 학습이 가능하여 학습결손을 줄일 수 있다. 또한 온라인 학습 과정 중 떠오르는 질문이나 아이디어를 오프라인 형태의 현장에 적용하여 해소할 수 있다. 다시 말해, 이미 이론적인 내용을 이해한 상태이므로 오프라인에서 동료 학습자와의 활발한 상호작용, 협동학습, 그리고 높은 몰입도가 가능하다.

한편, 플립러닝에서 주의해야 할 점은 다음과 같다. 만약 학습자 입장이라면 사용 가능한 기술적 장비가 갖춰지지 않아 온라인 영상을 시청할 수 없는 환경일 때 어떻게 해야 할지? 그리고 교수자 입장이라면 사전에 미리 강의 영상을 제작하고 교실 수업에서 사용할 연습 및 적용문제 등 수업 준비를 위한 많은 시간과 노력이 필요함을 고려해 봐야 할 것이다.

[그림 10-2] 전통수업과 플립러닝의 비교

(3) 문제기반학습(Problem-based learning: PBL)

문제중심학습은 실생활에서 경험하는 문제를 해결하는 것이 핵심이다. 학습자는 실제 삶에서 직면하게 되는 비구조화된(ill-structured) 문제를 4~6명으로 이루어진 소그룹의 구성원들과 함께 협력하여 해결한다. 문제중심학습법은 전통수업과는 달리 학습자가 중심이 되는 학습활동이다 보니 교사는 조력자 또는 안내자로서의 역할을 하고 학생들이 스스로 문제해결을 하도록 모니터링하며 적절한 도움을 제공한다. 즉, 교사는 학습 내용을 직접 가르치는 것이 아니라 학습자의 학습을 촉진하는 튜터의 역할을 하게 된다. 문제중심학습의 4단계는 다음과 같다(Belland, Kim, & Hannafin, 2013).

• 1단계: 문제확인

학습자는 제시된 문제 시나리오에서 문제해결에 필요한 사실들을 파악하고,

문제해결과 관련하여 학습자가 이미 알고 있는 사실들을 확인한다. 이런 과정을 거쳐서 문제해결을 위해 학습자가 더 알아내야 할 정보가 무엇인지가 명확해지며 이를 학습과제(learning issues)라고 한다.

• **2단계: 문제해결을 위한 자료수집**

학습과제(learning issues)를 위하여 팀 구성원들은 각자 맡게 될 역할을 분담하여 자기주도적 학습을 하게 되는 단계이다. 이때 문헌조사를 통해 신뢰성 있는 자료를 찾거나, 문제와 관련된 해당 분야의 전문가를 찾아가 인터뷰하고 또는 직접 관찰을 위한 현장 방문도 가능하다.

• **3단계: 문제 재확인 및 문제해결안 도출**

자료수집을 마무리한 구성원들은 다시 그룹으로 돌아와 각자 자신이 담당했던 조사결과를 공유하며 해결책을 찾기 위해 함께 협력한다. 이때 구성원 간의 협동학습이 일어난다. 학습한 내용을 공유하면서 학습자는 새롭게 알게 된 지식을 문제해결에 적용하고 평가하며, 나아가 처음 자신이 접했던 문제를 재확인한다. 만약 필요하다면 학습과제를 추가로 도출하여 자료조사를 다시 할 수 있다. 끝으로 이런 과정을 통해 학습자가 얻은 지식과 기술을 반영하여 최종 문제해결안을 도출하는 것이다.

• **4단계: 문제해결안 발표**

문제해결안은 기본적으로 프레젠테이션이 될 수 있고, 전공 분야와 문제 상황이 갖는 특수성을 감안하여 실제성을 최대한 살릴 수 있도록 다양한 형식을 취할 수 있다. 예를 들면, 아래 제시된 아동학대문제 시나리오에서 문제해결안은 학부모 상담에 필요한 상담자료 형태가 될 것이다.

다음으로 아동과 관련된 실제 문제 사례를 살펴보도록 하겠다. 최근 들어 매스컴에서 아동학대에 대한 보도가 점차 늘어나면서 아동학대 신고 의무자 교육에 대한 중요성이 함께 강조되고 있다. 이에 예비교사로서 학교 현장에서 겪을 수 있는 아동학대 이슈를 그 문제로 설정할 때, 학습자는 아동학대의 종류, 발생의 원인, 대처방안, 학대와 관련된 여러 요인들을 학습할 수 있다. 즉, 학생들은 아동학대가 아동의 정서적·신체적 발달에 어떻게 영향을 미치는지 팀 구성원들과 함께 실제적인 측면에서 배우는 것이다. 아동학대를 제대로 파악하려면 아동발달, 아동심리, 아동복지, 부모교육, 아동심리치료와 같이 관련된 많은 분야로부터 통합된 정보의 수집이 필요하다. 이렇게 문제중심학습법을 통해 아동학대와 관련된 지식을 쌓은 학생들은 예비교사로서 학교 현장에서 마주하게 될 진짜 문제에 대한 흥미를 갖게 되고, 문제를 적극적으로 해결하고자 하는 동기부여가 생기며, 교사로서 실제 당면할 문제를 해결할 수 있다는 자신감도 생기게 될 것이다. 구체적인 아동학대 문제 시나리오는 〈표 10-4〉에 제시되었다.

〈표 10-4〉 아동학대 문제 시나리오

• 당신의 반 아동인 겨울이는 7세 여자아이입니다. 겨울이는 또래에 비해 체구가 작은 편이며 말수가 거의 없어서 반에서도 얌전하고 조용한 아이입니다. 몇 개월 전부터 겨울이의 허벅지 안쪽 부위에 상처가 나고 멍 자국이 보이기 시작했습니다. 또한, 유치원 통학버스 기사아저씨를 보면 유독 무서워하여 울면서 버스 타기를 거부하는 일도 종종 발생했습니다. 추운 겨울날 슬리퍼를 신고 오거나 종아리 부분이 드러나는 바지를 입는 등, 평소 계절에 맞지 않는 옷을 입는 경우가 있어서 교사가 가디건이나 무릎담요를 빌려준 적이 몇 번 있습니다. 겨울이는 또래친구들과 잘 어울리지 못하여 주로 혼자놀이를 하거나 위축된 모습을 보이는 경우가 대부분입니다. • 이런 겨울이가 아무런 연락도 없이 유치원을 한 달가량 오지 않다가 이번 주에 다시 등원하기 시작했는데 어깨에 깁스를 한 채로 왔습니다. 교사가 무슨 일이 있었는지 물어보니 언어발달이 조금 늦은 편인지 말수가 없어서인지 자신의 상태나 경험에 대해서 언어로 표현하는 것이 아직은 서툴러 보입니다. 겨울이 어머니께도 여쭤보았더니, 할머니 댁에 한 달 동안 여행을 가서 못 온 것이라고 하며, 어깨 깁스는 놀이터 미끄럼틀에서 떨어져 어깨뼈가 골절되었다고 하십니다. 예전에 보였던 허벅지 안쪽과 팔뚝 안쪽 부위까지 멍 자국이 다시 보여 어머니께 여쭤보았더니 겨울이가 모기에 물린 부위를 심하게 긁다가 멍이 생긴 것이라고 합니다.

• 이번 주 놀이활동 시간에 겨울이가 동물 피규어로 놀이를 하였습니다. 공룡월드에서 덩치 큰 아빠공룡이 힘없는 엄마공룡과 아기공룡의 먹이를 빼앗으며 공격을 시작하자 엄마와 아기공룡은 아빠를 피해 멀리 도망을 가고 아기공룡은 도망을 가던 중 늪에 빠져 죽게 되는 장면을 나타냈습니다. 그리고, 오늘은 미술활동을 하면서 식탁에서 가족들이 저녁을 함께 먹는 장면을 그렸는데 아빠의 모습은 보이지 않고 겨울이와 엄마 단둘이서만 식사하는 그림을 표현했습니다. 겨울이네 가족은 아빠, 엄마, 겨울이 세 식구입니다.

〈문제 1〉 당신이 겨울이 반 교사라면, 이 상황에서 겨울이에게 어떤 도움을 주어야 할까요? 겨울이의 바람직한 유치원생활과 가정생활을 위한 해결 방안을 제시해 주세요.

〈문제 2〉 겨울이의 현재 상황 및 특성을 어떻게 설명할지 예상하여 다음 주에 있을 부모상담에 필요한 자료를 준비해 주세요(실제 사례, 사진, 동영상 포함).

전문가 되기 연구문제

01 브루너의 발견학습(discovery learning)의 강점과 약점에 대해서 생각해 보고, 발견학습에서 교사의 역할은 무엇인지 나누어 보세요.

02 교사 중심의 수업과 학습자 중심 수업의 원리 및 특성을 생각해 보고 그 차이점에 대해서 토론해 보세요.

03 본문 속 문제기반학습(PBL)의 아동학대 문제 사례를 참고하여, 실제 학교 현장에서 적용 가능한 '문제'를 조사하고 설계해 보세요.

제11장
유능한 교사

1. 교사의 전문성

우리는 주로 교사의 전문성에 대한 이야기를 할 때 교사의 개인적인 성향이나 자질에 대해서 말한다. 전공영역에 대한 지식수준을 갖추는 것이 가르치는 역할을 하는 교사로서 가장 기본적인 자질이겠지만, 지식이 풍부한 교사일지라도 학생에 대한 진심 어린 이해와 온정적인 태도가 없다면 학생은 교사에 대한 신뢰를 쌓기가 어려울 수 있다. 교사 학생 간 긍정적인 관계가 형성될 때 학생은 수업 참여에 더욱 적극적인 모습을 보인다. 유능한 교사의 중요한 자질로써 학생을 위한 학습적인 지원과 더불어 정서적인 지원도 동시에 필요한 것이다.

1) 전공영역의 지식(인지적 측면)

어느 분야나 마찬가지로 전문가로서 갖추어야 할 가장 기본적인 자질은 해당 영역에 대한 전문적인 지식이다. 예를 들면, 학교 장면에서의 전문가로서 교사는 전공 영역과 담당 교과목에 대한 지식이 광범위하고 다년간 경험이 축적되어서 학생의 문제행동이나 학교에서 벌어지는 다양한 상황을 위한 대처 방법을 알고 있다. 또한 유능한 교사는 많이 알고 있다고 해서 오답을 말하는 학생을 비난하거나 좌절하게 만드는 것이 아니라, 오히려 실수를 통해 제대로 가르칠 수 있는 기회로 삼는 것이다. 학생이 왜 잘못된 답을 했는지 그 이유에 대해서 살펴보고 잘못 이해하고 있는 부분을 파악해서 교정적 피드백을 해주고, 학생에게 가장 적절하고 효율적인 방법을 사용하여 다시 설명해 준다. 이때 피드백은 구체적이고 과정 중심적일수록 학생에게 도움이 된다. 결국 학생은 이러한 과정을 거치면서 성공하는 경험을 통해 성취감을 맛보게 되는 것이다. 이렇듯 전공 지식에 대해 더 많이 알고 있는 유능한 교사일수록 학생들에게 여러모로 긍정적인 영향을 미치게 된다. 더불어 유능한 교사는 학문적인 지식만 충분한 것이 아니라, 학생마다 개인차를 고려하여 수업계획을 세우고 학생들의 고차원적인 사고력과 인지능력을 향상시키기 위해 끊임없이 연구하는 반영적 전문가(reflective practitioner)가 되어야 한다(Gess-Newsome, 2013).

2) 교사의 명료함(행동적 측면)

전공영역에 대한 지식이 아무리 많은 교사라도 학생들이 그 내용을 알아듣기 쉽도록 가르치고 전달하는 기술이 부족할 수 있다. 즉, 많은 것을 아는 것과 잘 가르치는 것은 별개의 영역이다. 학생들에게 학습 내용을 전달할 때 모호하고 추상적인 개념으로 접근하는 것이 아니라 핵심이 되는 부분을 중심으로 명확하게 설명할 때 학생들은 수업에 대한 이해도가 올라가며 더 많은 것을 배우게 된다. 실제 효과적인 교수 방법에 대한 다양한 문헌들을 고찰해 본 결과, 여러 항목 중에서 유능한 교사를 선별하는 가장 중요한 자질로 '교사의 명료함'이 가장 높은 순위를 나타내었다(Rosenshine & Furst, 1973). 다시 말해, 교사의 명료하고 체계적인 수업방식 및 교육적 태도는 학생들의 높은 수업 참여도를 유도하고 나아가 학습효과의 극대화를 예측할 수 있다.

3) 교사의 온정적 모습(정서적 측면)

전공영역에 대한 풍부한 지식을 바탕으로 명료하고 전달력 있게 수업을 운영하는 것은 유능한 교사로서의 공통적인 특성이다. 이렇듯 교사의 인지적, 행동적 측면이 중요한 요소이지만 이와 함께 학생을 향한 교사의 정서적인 측면, 온정적인 태도 또한 유능한 교사가 갖추어야 할 모습이다. 이는 교사가 지니고 있는 인간적인 면모가 어떠한지, 주변 사람들과 주위환경과 어떻게 상호작용하는지를 포함한다. 긍정적인 정서성이 높은 사람은 열정적인 모습을 보이며, 열린 마음, 배려, 상호존중하는 모습으로 상대방을 대할 줄 안다. 예를 들면 엄격하고 냉철한 교사가 수학 문제를 가르칠 때, 문제에 대한 이해가 부족한 다소 내향적인 성향의 학생은 질문을 던질 엄두가 나지 않을 수 있다. 반면, 평소 학생에 대한 이해심이 깊고, 다정하며, 따뜻한 모습인 교사의 수업에서 학생은 해당 교과목에 대한 관심을 더욱 보이게 되며, 이것이 적극적인 수업 참여에 대한 동기부여로 작용하여 학업성취도에 긍정적인 영향을 미치게 되는 것이다. 온정적인 태도를 지닌 교사는 학생 개개인의 학업적·정서적인 필요를 세심하게 파악하고, 학생의 관점에서 바라보려고 노력하기 때문에 학생의 흥미, 동기, 자율성을 강조하는 활동 위주의 수업 구성을 한다. 이러한 과정을 통해서 교사-학생 간 긍정적인 정서적 교류가 형성되며, 나아가 마음이 잘 맞는 수업일수록 학생 입장에서는 더 많은 것을 배우게 된다. 결과적으로, 학급의 정서적인 분위기가 학생들의 학습과 수업 참여도에 상당히 중요한 역할을 하게 됨을 알 수 있다.

[사진 11-1] 유능한 교사

2. 교사효능감

1부터 100까지의 척도가 있을 때, '여러분이 배울 11장을 오늘 다 읽을 수 있다고 얼마나 확신할 수 있는가?' 이 질문에 대한 대답은 사람마다 각자 다를 것이다. 어떤 사람은 30 정도라고 답할 수 있고, 또 다른 누군가는 90이라고 답할 수도 있다. 이러한 개념은 반두라(Bandura)의 자기효능감(self-efficacy)이라는 개념으로 설명될 수 있다. '자기효능감'이란, 자신이 특정한 과제를 성공적으로 수행할 수 있다는 스스로의 능력에 대한 기대와 믿음을 의미한다. 위의 질문에 90이라고 대답한 사람은 상대적으로 더 높은 수준의 자기효능감을 지닌 사람이다. 자기효능감이 우수한 사람은 어려움에 직면해서 달성해야 할 과제가 중단되더라도 부단한 노력과 끈기로 다시 그 과제로 돌아가서 완수해 낼 가능성이 크다. 이들은 실패에 대한 두려움이 낮은 편이며 만약 실패하더라도 새로운 전략을 발견해서 다시 시도해 본다. 반면, 자기효능감이 낮을수록 오늘 해야 할 과제를 회피하거나, 예기치 못한 문제가 발생했을 때 과업을 쉽게 포기할 가능성이 높다. 교사라면 학생들이 높은 자기효능감을 가질 수 있도록 다양한 방법으로 격려하거나 지원해 줄 수 있다. 이러한 효능감이 교사에게도 적용되어 학습자를 가르치는 교사에 대한 효능감 또한 중요시되고 있다. 교사효능감(teachers' sense of efficacy)이란, 학생들의 학업성취를 얼마나 지원할 수 있을 것인지에 대한 교사 스스로의 기대와 믿음을 의미한다. 높은 수준의 교사효능감을 지닌 교사일수록 더 높은 직업 만족도를 보이며, 학생 지도에 있어서 헌신적인 모습을 보이고, 더 낮은 번 아웃(burnout)을 경험한다(Zee & Koomen, 2016). 사실상 교사효능감과 이런 변인들의 관계는 상호적이어서 서로 영향을 주고 받는다. 예를 들면, 높은 교사효능감을 지닌 교사라면 더 효율적으로 가르칠 것이고, 따라서 학생은 더 많은 것들을 배울 것이다. 게다가 수업을 통해 학생들이 더 많은 것을 깨닫고 배우는 모습을 본다면, 교사는 학생의 학습에 긍정적인 영향을 줄 수 있다고 느끼게 되어 교사효능감은 더욱 올라가게 된다. 반두라의 교사효능감 체크리스트는 〈표 11-1〉에 제시되었다.

〈표 11-1〉 교사효능감 체크리스트

영역	문항
의사 결정	1. 당신은 학교에서 내리는 결정에 얼마나 많은 영향을 미칠 수 있나요?
	2. 당신은 학교의 중요한 문제에 대해서 얼마나 자유롭게 의견 표현을 할 수 있나요?
학교 자원	3. 당신에게 필요한 학습자료와 장비를 얻기 위해 얼마나 많은 것을 할 수 있나요?
교육	4. 당신의 학급 규모에 영향을 미치기 위해 얼마나 많은 것을 할 수 있나요?
	5. 당신은 가장 까다로운 학생을 이해시키기 위해 얼마나 많은 것을 할 수 있나요?
	6. 학생의 가정형편이 어려울 때, 학습 향상을 돕기 위해 얼마나 많은 것을 할 수 있나요?
	7. 당신은 학생이 어려운 과제를 지속적으로 수행하도록 얼마나 많은 것을 할 수 있나요?
교육	8. 당신은 학생이 이전 수업에서 배운 내용을 기억하도록 얼마나 많은 것을 할 수 있나요?
	9. 학업 관심도가 낮은 학생에게 동기부여를 얼마나 할 수 있나요?
	10. 당신은 학생들이 협동적인 활동을 하도록 얼마나 많은 것을 할 수 있나요?
	11. 학생들 학업에 영향을 미치는 부정적인 지역사회 조건의 극복을 위해 얼마나 많은 것을 할 수 있나요?
	12. 아이들이 과제를 하도록 하기 위해 얼마나 많은 것을 할 수 있나요?
훈육	13. 아이들이 교실 규칙을 지키게 하기 위해 얼마나 많은 것을 할 수 있나요?
	14. 당신은 교실에서 방해하는 행동을 통제하기 위해 얼마나 많은 것을 할 수 있나요?
	15. 학교 운동장에서의 문제행동을 방지하기 위해 얼마나 많은 것을 할 수 있나요?
부모 참여 유도	16. 학부모가 학교활동에 참여하도록 하기 위해 얼마나 많은 것을 할 수 있나요?
	17. 자녀가 학교에서 잘 지내도록 부모를 얼마나 도울 수 있나요?
	18. 학부모가 학교 방문하는 것을 편하게 느끼도록 얼마나 많은 것을 할 수 있나요?
지역 사회 참여 유도	19. 학교와의 협력을 위해 지역사회 공동체가 참여하도록 얼마나 많은 것을 할 수 있나요?
	20. 종교단체(교회)가 학교와의 협력을 위해 참여하도록 얼마나 많은 것을 할 수 있나요?
	21. 산업체가 학교와의 협력을 위해 참여하도록 얼마나 많은 것을 할 수 있나요?
	22. 지역 대학들이 학교와의 협력을 위해 참여하도록 얼마나 많은 것을 할 수 있나요?

학교 분위기 조성	23. 학교를 안전한 장소로 만들기 위해 얼마나 많은 것을 할 수 있나요?
	24. 학생들이 학교 오는 것을 즐겁게 느끼도록 얼마나 많은 것을 할 수 있나요?
	25. 학생들이 교사를 신뢰하도록 하기 위해 얼마나 많은 것을 할 수 있나요?
	26. 당신은 다른 동료 교사들을 얼마나 도울 수 있나요?
	27. 학교의 효과적인 운영을 위해 교사와 행정부처 간 협력을 얼마나 촉진시킬 수 있나요?
	28. 중도 탈락하는 학생을 줄이기 위해 얼마나 많은 것을 할 수 있나요?
	29. 학생들이 결석률을 줄이기 위해 얼마나 많은 것을 할 수 있나요?
	30. 학생들이 스스로 학업에 성취감을 느끼도록 얼마나 도울 수 있나요?

출처: Bandura(1998).

교사효능감을 일으키는 주요 요인들을 살펴보면 크게 네 가지로 나눌 수 있다. 먼저, 과거에 학생들과 겪었던 실제적인 성공 경험이 교사효능감의 기본적인 원천으로 작용한다. 예를 들면, 첫째, 교사가 학습자의 수업에 대한 흥미를 높이기 위해 재미있는 퀴즈 시간을 제공하였고, 퀴즈 문제를 맞추기 위한 학생들의 수업 참여도가 이전보다 훨씬 올라감을 경험하였다. 이때 교사는 자신이 제안한 수업 전략의 효과성을 직접 확인함으로써 교사효능감이 높아지게 된다. 둘째, 간접적인 경험이 교사효능감의 주요 원천이 될 수 있다. 다시 말해, 능숙한 동료 교사와 함께 일하며 그들이 수업 운영을 어떻게 하는지 주의 깊게 관찰하면서 간접적으로 배울 수 있고, 초임 교사일수록 멘토 동료 교사가 적극적인 지원을 아끼지 않는다면 교사효능감에 도움이 될 것이다. 셋째, 사회적인 측면의 원천으로 우리는 교사가 잘 가르쳤는지를 확인하기 위해 학생이 얼마나 잘 배웠는지 학업성취도를 평가한다. 교사들 또한 학생, 학부모, 학교 관리자들로부터 수시로 평가를 받는다. 예를 들면, 교사 수업 운영에 대한 긍정적인 피드백이나 힘이 되는 격려를 받으면 교사효능감에 영향을 미치게 된다. 넷째, 교사는 자신의 정서적·생리적 상태를 통해 교사효능감에 대해 확인할 수 있다. 학생들과 함께 있을 때 유독 마음이 편안하고 에너지를 얻는 편이라면 교사는 그 직업에 대한 확신을 갖게 되고, 이는 교사 자신이 학생에게 긍정적인 영향력을 가지고 있다고 판단하게 만든다. 반면, 학생이나 교실 장면을 떠올릴 때 불안한 마음이 든다거나 부정적인 이미지가 연상된다면 이는 교사효능감을 떨어뜨리는 요소로 작용할 수 있다.

3. 교사의 기대

학기 초 교사가 학급을 맡았을 때 어떤 학생들이 우리 반에 배정되는지에 대한 궁금함과 함께 각 학생에 대한 기대를 할 수 있다. 학생에 대한 교사의 기대를 형성하는 근거는 학생의 신체적 특징, 첫인상, 성별, 사회경제적·문화적 배경, 의학적·심리정서적 기록, 이전 교사의 소견, 작년 성취도 수준, 학생의 실제 행동 등이 포함된다. 이러한 교사의 기대효과는 두 가지로 구분되어 학생들에게 각기 다른 방식으로 영향을 미친다.

1) 교사의 기대효과

첫 번째 교사의 기대효과는 자기충족적 예언(self-fulfilling prophecy)으로, '부정적인 일이 일어날 것이다'라고 예상하면 그대로 나쁜 일들이 벌어지고, '긍정적인 일이 생길 것이다'라고 믿으면 실제로 좋은 일이 생긴다는 원칙이다. 이는 학생의 우수한 성과는 그들 능력에 대한 교사의 믿음에서부터 비롯된다는 것이다. 학생의 능력에 대한 교사의 신뢰는 사실에 근거하는 것은 아니지만 결국 학생의 행동은 교사가 기대한 바대로 실현되는 것을 의미한다(Russo, Islam, & Koyuncu, 2017).

두 번째 교사의 기대효과는 기대유지 효과(sustaining expectation effect)로, 초기 학생의 능력을 살펴볼 때 교사는 정확하게 판단하여 학생의 수준에 맞춰 적절하게 반응하지만, 이후 학생의 수준이 향상되어도 교사의 기대 수준은 바뀌지 않는 것이다. 학생에 대한 교사의 기대치가 변하지 않으면 학생의 성취도는 결국 교사의 기대 수준에 그대로 머물러 유지하게 됨을 의미한다(Zhou & Urhahne,

2013). 이러한 기대유지 효과는 실제 교육 현장에서 자기충족적 예언보다 훨씬 빈번하게 일어나고 있다.

2) 교사 기대의 부정적 효과 피하기와 칭찬

교사의 기대가 학생의 배움에 대한 기회, 동기화, 성취 정도에 얼마나 영향을 미치는 것일까? 교사의 기대는 종종 교사 스스로 의식하지 않은 상황에서 일어나기도 한다. 예를 들어, 교사는 학습활동 중 대답을 잘할 것 같은 우수한 학생을 대상으로 별다른 고민 없이 질문하는 경향이 있다. 만약 그들이 대답을 제대로 하지 못한다면 교사는 다소 당황해하며 그들에게 힌트를 주어 대답하도록 유도할 수 있다. 반면에, 교사가 성취도 수준이 낮은 학생에게 질문을 했을 때 그들이 대답을 못 한다면 별로 놀라지 않을 것이고, 주변 다른 학생에게 도와줄 수 있는지 질문을 넘기게 된다. 교사는 성취도 수준이 높은 학생과 낮은 학생을 대상으로 기대 수준이 달라지며, 이는 교사로 하여금 각기 다른 방식의 교수전략 및 상호 관계를 맺게 할지도 모른다. 교사의 기대 정도에 따른 학생 지도 방법은 〈표 11-2〉에 제시되었다(Good, 2014).

교사 입장에서는 공평하고 객관적인 자세로 학생을 대한다고 생각할 수 있지만 때로는 의도하지 않았음에도 교사의 차별적인 대처방식은 학생들에게 민감하게 인식되어 자아개념에 부정적인 영향을 준다. 결국 교사 기대의 부정적인 영향은 학생들의 자신감 및 학습 동기를 저하시키며 학업성취도까지 연결되어 있음을 알 수 있다. 물론 모두가 그런 것은 아니지만 주로 교사의 기대 수준이 낮은 학생이라면 학급에서 문제행동을 나타낼 확률이 높은 학생일 수 있다. 교사는 이러한 학생이 우스꽝스러운 대답을 해서 수업 운영에 혼란을 주거나 방해가 될까 봐 질문을 덜 시키거나 질문을 시켜도 대답할 때까지 오래 기다려주지 않을 것이다. 따라서 학급 운영에 있어서 학생들이 이러한 교사의 낮은 기대치를 알아차리지 못하도록 현명하게 관리하는 것 또한 교사의 중요한 자질 중 하나이다. 나아가 교사는 모든 학생에게 가능한 한 동등하게 적절한 수준의 기대를 유지하도록 지속적인 노력을 기울여야 한다.

〈표 11-2〉 교사의 기대와 지도 방법

기대정도	교수전략	교사-학생 간 상호작용 및 관계성
높음	• 더 도전적인 수업 • 더 많은 선택의 기회 제공 • 학업성취도가 높은 집단 및 영재집단에 적용되는 편임	• 교사 질문에 답할 수 있는 더 많은 기회와 시간을 부여 • 심화질문을 위한 많은 기회들 제공 • 질문에 대한 답변을 못 할 경우, 교사가 문제를 재해석하거나 힌트 제공 • 더 많은 교사의 칭찬 • 교사의 온정적 태도, 미소, 정서적인 지지
낮음	• 덜 도전적인 수업, 더 많은 훈련과 연습 • 낮은 선택의 기회 부여 • 학업성취도가 낮은 집단에 적용되는 편임	• 교사 질문에 답할 수 있는 시간과 기회들 낮은 편 • 심화질문을 위한 기회의 제공 적음 • 질문에 대한 답변 못 할 경우, 다른 학생이 답하도록 유도 • 오답에 대한 교사의 지적 많은 편, 정답에 대한 칭찬은 부족한 편 • 오답에 대한 교정적인 피드백이 적음 • 교사의 온화함, 지지적인 태도가 낮음

'칭찬은 고래도 춤추게 한다'는 말이 있다. 과연 교사의 칭찬은 학생에게 무조건적으로 긍정적인 영향을 미치는지에 대해서도 고민해 봐야 할 것이다. 학교 장면에서 칭찬은 학생이 적절한 행동을 했을 경우 강화를 하거나 학생이 무엇을 잘했는지 피드백을 주기 위한 경우에 주로 사용된다. 물론 연령이 어릴수록 또는 학업 성취도가 낮은 학생일수록 칭찬에 대한 긍정적인 효과를 얻을 수 있다. 그러나 칭찬할 때 주의할 점은 칭찬을 얼마나 많이 받는지에 중점을 두는 칭찬의 양 보다는 어떤 방식으로 칭찬하는지 그 방법적인 면을 살펴볼 필요가 있다. 구체적으로 칭찬은 조건적인 칭찬, 구체적인 칭찬, 신뢰할 만한 칭찬이라는 세 가지 요소가 갖춰졌을 때 교실에서 효율적으로 사용이 가능하다(Sutherland, Wehby, & Copeland, 2000). 먼저, 조건적인 칭찬은 조건에 따라 그 행위와 의미를 알

려주고 인정해 주는 것으로 바람직한 행동을 할 경우 칭찬하는 것이다. 예를 들면 "지금부터 교재 68페이지를 펴고 거기에 제시된 연구문제 1번부터 5번까지 풀도록 하자"고 했을 때, 조건적인 상황에서 교사의 지시를 정확하게 따른 학생들에게 칭찬하는 방법이다. 다음으로 칭찬의 구체성은 추상적인 내용이 아닌 구체적인 특정 행동에 대해 학생을 칭찬하는 방법이다. "민수야, 너 참 잘하고 있어!"라는 일반적인 칭찬 대신에 "민수야, 네가 수업 지시를 잘 따라와주어 ○○ 부분이 이렇게 발전하고 있어서 뿌듯하겠구나"라며 무엇을 잘했는지에 대한 세부적인 내용을 들어서 칭찬한다. 마지막으로 믿을만한 칭찬은 진정성 있게 잘한 일에 대한 칭찬을 하는 것이다. 만약 수업 태도가 나쁘거나 학업성취도가 낮은 학생을 칭찬할 경우, 교사는 칭찬과는 모순되는 말투나 어조, 얼굴표정을 지을 수 있다. 비록 말로는 칭찬하고 있지만 비언어적인 다른 모습들은 칭찬하는 내용과 일치하지 않을 때 학생은 칭찬에 대한 신뢰를 할 수 없게 된다. 더불어 지능처럼 스스로 통제할 수 없는 영역의 내용을 칭찬하는 것보다, 노력하는 모습을 칭찬한다거나 결과보다는 과정에 대해 칭찬하는 것이 학생들에게 효율적으로 작용한다(Yeager & Dweck, 2012).

4. 학급운영

학창 시절의 경험을 되돌아볼 때 어떤 수업에서 가장 집중이 잘 되었는가? 혹은 어떤 수업에서 유독 지루함을 느껴 졸음이 쏟아졌다거나 옆자리 친구와 잡담을 했던 적이 있었는가? 신임교사가 우려하는 부분 중 하나는 학생들이 보이는 문제행동에 대해 어떻게 대처할지 혹은 학급운영 및 관리를 효율적으로 하기 위해 어떤 기술이 필요할지에 대한 것이다. 학급운영은 교사가 교실 환경을 위해 지원할 수 있는 모든 행동을 포함하는 것으로, 학생의 학습적인 부분, 자기조절 및 사회정서적 발달에 대한 관리도 여기에 해당된다. 만약 학생들의 자기조절능력이 잘 발달한다면 긍정적인 교실 분위기가 조성될 것이고 학생들의 문제 되는 행동은 자연스레 감소할 것이다. 이는 교사로 하여금 문제행동을 보이는 학생에 대한 신경을 덜 쓰게 만들어 학생들에게 효율적으로 더 많은 것을 가르치게 되고, 또한 학생 입장에서는 더 많은 시간을 학습하는 데 할애할 수 있다.

1) 학급 운영의 계획과 실행

긍정적이고 생산적인 학급 분위기를 만들기 위해 교사들이 사용하는 전략을 학급 운영(classroom management)이라고 한다. 효율적인 학습환경 제공을 위한 전략으로 학생의 잘못된 행동을 예방하고 대처하는 것도 있지만, 할당된 수업 시간을 잘 활용하거나 학생의 관심 및 탐구를 유도하는 분위기를 조성하는 것도 못지않게 중요하다(Levin, Nolan, Kerr, Elliott, & Bajovic, 2016). 효율적인 학급 운영의 두 가지 목표는 다음과 같다. 먼저 첫 번째 목표는 학생들이 학습에 더 많은 시간을 할애하고 목표지향적이지 않은 활동에는 시간을 낭비하지 않도록 돕는 것이다. 학생들이 실제 수업을 통해 배우는 시간은 수업에 할당된 전체시간의 약 60% 정도에 불과하다. 나머지 40%는 학교행사, 공지사항 전달, 과제 대체로 수업을 일찍 마치거나 혹은 수업 늦게 시작하기 등 비교육적인 활동이 자리를 차지하고 있다(Weinstein & Novodvorsky, 2015). 효율적인 학급 운영의 두 번째 목표는 학생들의 학업 및 정서적인 문제가 발생하지 않도록 돕는 것이다. 운영이 잘 되는 학급은 학생이 준수해야 할 명확한 기준과 규칙을 바탕으로, 학습에 대한 동기부여가 이루어지고 적절하게 도전적이고 흥미로운 과제에 몰두하게 만드는 경향이 있다(Eisenman, Edwards, & Cushman, 2015). 이러한 교실 분위기에서의 학생일수록 학업적인 문제나 정서적인 문제를 일으킬 가능성이 낮은 것이다.

그렇다면 학급을 효율적으로 잘 운영한다는 것은 정확히 어떤 의미일까? 아마도 이 질문에 대한 답은 시대적인 흐름에 따라 점차 변하고 있을 것이다. 과거의 관점에서 보자면, 학급 운영을 위해 학생들의 행동을 통제하기 위한 규칙을 만들고 적용하는 것을 강조하였다. 일방적으로 엄격한 규칙을 준수하도록 강요하는 학급에서는 학생이 수동적인 자세를 취하게 만들고 이는 고차원적인 사고를 저해하는 요인으로 작용한다(Jones & Jones, 2016). 반면, 최근 학급 운영의 새로운 관점은 학생의 욕구를 충족시키는 데 중점을 두고 있으므로 외부적으로 학생을 통제하는 것이 아니라 학생 스스로 자기 훈련(self-discipline)을 하도록 안내하고 지원하는 것을 강조하고 있다(Emmer & Evertson, 2017). 과거 학급 운영에서의 교사는 감독이나 책임자의 역할을 맡았다면 학습자 중심의 교실 환경에서 교사는 안내자, 조력자, 촉진자로써의 역할을 한다. 이러한 새로운 학급 운영의 모델은 교사가 책임감 없이 모든 것을 허용한다는 것을 의미하는 것이 아니다. 강요가 아닌 소통을 통하여 규칙을 세우기 위해 학급 전체를 참여시키고 그들 자발적으로 규칙을 지키도록 환경을 마련해주는 것이다.

2) 성공적인 학급운영의 기술

학생들이 학급 규칙을 지키고 질서를 유지하기 위해서 교사의 강압적인 통제는 최대한 지양해야 함을 앞서 밝힌 바 있다. 그렇다면 학생들로 하여금 규율에 의존하지 않고, 협력적인 자세와 함께 자발적인 규칙 준수가 일어나게 하려면 어떻게 해야 하는 것일까? 성공적인 학급운영을 위해서 학생들의 협조를 얻기 위한 다음의 세 가지의 전략이 있다(Jones & Jones, 2016).

• 학생들과 긍정적인 관계 맺기

학업과는 별개로 학생들 개개인에게 진심으로 관심이 있다는 것을 보여주면 학생들의 협조를 얻는 데 도움이 될 것이다. 성공적으로 학급 운영을 하는 교사라면 학생들에게 배려하는 태도로 대하며 이런 학급 분위기 속에서 학생들은 안정감을 찾게 된다(Emmer, Evertson, & Anderson, 1980). 교사는 학생의 사회·정서적인 요구에 민감하게 반응해야 하며 학생과의 잦은 접촉 기회를 가져야 한다. 예를 들면, 평소 학생들의 이름을 외우고 자주 불러준다거나 수업 이외의 학생들 생활 전반에 대한 조언자 역할을 한다. 이를 위해 학생들이 교사와 일대일로 면담할 수 있는 시간을 정기적으로 마련하는 방법도 효과적일 것이다. 이 외에도 교사는 자신의 감정을 학생에게 효과적으로 표현하는 기술과 탁월한 경청 능력 등 효율적인 의사소통 능력을 갖추었을 때 비로소 성공적인 학급 운영에 한 걸음 더 다가갈 수 있다. 〈표 11-3〉은 의사소통 능력 체크리스트를 제공하고 있다(1점: 매우 그렇지 않다, 5점: 매우 그렇다). 총점이 높을수록 의사소통 능력이 우수함을 의미한다.

〈표 11-3〉 의사소통 능력 평가

번호	문　　항	1	2	3	4	5
1	나는 수업 중 학생들을 대할 때 긍정적인 화법 기술의 특성을 알고 있다.					
2	나는 대중 앞에서 연설을 잘하는 편이다.					
3	나는 대화를 지배하는 경향이 없는 편이다.					
4	나는 사람들에게 말하는 것이 아니라, 사람들과 함께 대화를 한다.					
5	나는 사람들을 별로 비판하지 않는다.					
6	나는 사람들에게 반말하거나 사람을 깎아내리지 않는다.					
7	나는 사람들과 이야기할 때 훈계하는 어조로 말하지 않는다.					
8	나는 누군가 나에게 이야기할 때 그들에게 온전히 집중하는 것을 잘한다.					
9	나는 사람들과 대화할 때 눈을 마주치면서 한다.					
10	나는 사람들과 상호작용할 때 많이 웃는 편이다.					
11	나는 의사소통에서 침묵의 가치와 그것을 효과적으로 사용하는 방법을 알고 있다.					

• 학생들의 역할 분담 및 책임 공유

성공적인 학급 운영 기술을 가진 교사라면 학생들이 자기 신뢰를 바탕으로 독립적인 사고를 하도록 권장하면서 옆에서 함께 지켜봐 주는 역할을 할 것이다. 규칙과 규율에 대해서 명시하고, 필요하다면 제한도 하지만 이러한 내용을 정함에 있어서 학생들과 함께 학급회의를 열어 그 기준에 대해 논의하고 결정한다. 학생들과 함께 학급 관련 결정권을 분담하고 그에 따른 책임을 공유할수록 학생들은 그만큼 자신의 결정에 대한 책무를 다하는 모습을 보인다(Blumenfeld, Kempler & Krajcik, 2006).

• 적절한 행동에 대한 보상

학생이 바람직한 행동을 보이는 경우 효과적인 강화물을 선택해서 제공하는 방법이 있다. 여기서 강화물은 학생 개인의 성향에 맞게 선택되었을 때 강화물로써의 효과가 있다. 예를 들면, 어떤 학생에게 칭찬의 말이 효과적인 강화물로 작용할 수 있지만, 또 다른 학생에게는 자신이 좋아하는 활동이 강화물이 될 수 있다. 바깥 활동보다는 앉아서 책 읽는 것을 더 선호하는 학생에게 '제출마감일에 맞춰 오늘까지 과제를 제출하면 축구 시간을 20분 더 늘려주겠다'는 것은 크게 매력적이지 않으므로 강화물로써 제 기능을 다 하지 못하는 것이다. 또한 보상은 학생의 행동을 통제하기 위함이 아니라 바람직한 행동을 숙련시키기 위한 정보제공의 목적으로 사용되어야 하고, 이렇게 사용된 보상은 학생들로 하여금 내적 동기와 책임감을 갖게 한다(Vargas, 2009).

3) 학급의 문제를 해결하는 방법

교사가 긍정적인 교실 환경을 만들기 위해 계획을 세우고 여러모로 노력을 기울여도 학생들의 문제행동은 일어나기 마련이다. 불필요할 정도로 수업을 방해하는 문제행동을 즉각적이고 효율적으로 해결하기 위한 단계별 전략에 대해서 알아보기로 하자.

• 1단계: 예방

학급문제를 해결하기 위한 첫 번째 단계는 완벽할 수 없겠지만 문제가 일어날 만한 여지를 미연에 방지하는 것이다. 학생들이 학습활동에 관심을 가지고 몰입할 수 있도록 흥미로운 과제를 구상하거나 협동학습 중심의 팀 프로젝트 접근법을 사용하여 수업 콘텐츠를 다양하게 제공한다. 쉬는 시간을 짧게 자주 계획하거나 신체적인 활동 시간을 늘리고, 어려운 교과목은 학생들의 집중도가 높은 오전 시간에 배치하는 등 집중력 저하, 지루함으로 인해 문제행동을 일으킬 만한 환경적 요소를 사전에 관리하는 것이 좋다.

- **2단계: 비언어적인 신호**

상대적으로 사소한 문제행동을 보이는 경우 비언어적인 신호를 통해 문제행동을 멈추게 하는 효과를 볼 수 있다. 수업 중 귓속말하는 학생들에게 눈 맞춤을 하거나 입에 손가락을 갖다 대어 조용히 하라는 식의 제스쳐, 혹은 고개를 좌우로 흔들며 현재의 행동이 적절하지 않음을 알려준다. 더 나아가 문제행동을 보이는 학생 가까이에 다가가 서 있거나 그래도 해결되지 않으면 학생 어깨를 가벼운 손으로 살며시 터치하는 것도 효과가 있다. 수업 중 문제행동을 보이는 학생에게 소리 내어 질책하게 되면 수업에 집중하는 다른 학생들에게 파급 효과(ripple effect)를 일으켜 전체적인 수업의 흐름을 끊을 수 있는 단점이 있다(Wentzel & Brophy, 2014).

- **3단계: 문제행동과 상반된 바람직한 행동의 칭찬**

누구에게나 칭찬이 긍정적인 역할을 하는 것은 아니지만 칭찬으로 인해 동기부여가 되어 문제행동을 줄이려는 학생이 있을 수 있다. 잘못된 행동을 지적하는 대신에 바람직한 행동을 했을 때 칭찬하여 잘못된 행동에 대해 되돌아보는 자기반성의 기회를 주는 것이다.

- **4단계: 다른 학생에 대한 칭찬**

교사가 바람직한 행동을 보이는 친구를 상대로 칭찬을 하면 문제행동을 보이는 학생도 이를 관찰하면서 자신의 잘못된 부분을 조절하려고 노력하게 된다. 이때 주의할 점은 다른 친구들과 비교하는 듯한 어조로 이야기하면 안 된다는 것이다. 또한 문제행동을 보였던 학생이 행동 조절을 해서 점차 나아지게 되면 예전에 보였던 과오를 들춰내지 말고 바람직한 행동에 대해서만 언급하며 동일한 방식으로 칭찬해 준다.

- **5단계: 언어적인 상기**

두 번째 단계에서 '비언어적 신호'의 효과가 없을 경우, 언어적인 메시지를 통해 문제행동에 대해 상기시키는 단계이다. 단, 문제행동을 지적하거나 비난하는 대신 원하는 미래의 바람직한 모습에 대해 긍정적으로 알려주며 언급한다.

- **6단계: 반복적인 상기**

사소한 문제행동을 보이는 경우는 앞서 살펴본 5단계까지의 전략이 효과가 있을 것이다. 그러나 이러한 전략을 사용했음에도 지속적인 문제행동이 보인다면 그런 학생의 변명이나 주장을 무시한 채 반복적으로 문제행동에 대해 상기시켜 준다.

- **7단계: 결과(대가) 적용**

이전의 모든 단계들이 학생의 문제행동 해결에 효과가 없다면 마지막 단계로 학생에게 선택지를 주어 교사의 지시에 따르던지 아니면 문제행동에 대한 결과를 짊어지도록 제안한다. 교사의 지시에 끝까지 따르지 않는다면 결과의 적용으로 '타임아웃' 영역으로 보내어 쉬는 시간 및 다른 특권을 박탈하거나(일주일 동안 바깥 활동 금지) 부모님을 호출하여 학부모 면담 시간을 마련하는 방법이 있다. 학생은 자신의 잘못된 행동에 대한 결과가 어떠한지 알아야 하며 그 결과에 따른 후속 조치를 따라야 함을 알아야 한다. 이때 교사는 학생이 제대로 알아듣도록 그 결과에 대해 최대한 명확한 어조로 전달해야 할 것이다. 이후 만약 학생이 10분간 타임아웃을 처벌로 받고 돌아왔을 때 교사는 어떠한 비난도 하지 않고 학생을 이전의 원래 모습 그대로 받아줘야 한다. 이 단계의 목적은 학생의 잘못된 행동이 상대방에게 미치는 결과를 이해시키고 나아가 자기조절능력을 촉진시키는데 도움을 주기 위함이다.

〈표 11-4〉 학급 문제 다루기의 단계별 전략 및 예시

단계	절 차	예 시
1	예방	교사는 열정을 가지고 다양한 수업 활동을 구상하며 학생들의 흥미 유지를 위해 노력한다.
2	비언어적인 신호	수업 시간에 다른 책을 읽는 학생에게 조용히 다가가 읽던 책을 덮고 책상 서랍 안으로 넣는다.
3	문제행동과 상반된 바람직한 행동의 칭찬	과제 마감 기한이 지나서 제출하는 습관이 있는 학생에게 바람직한 행동에 대해 칭찬하며 "오늘 마감일에 정확히 맞춰서 과제 제출을 하였구나. 신경을 써서 과제를 챙기는 모습이 멋지구나."
4	다른 학생에 대한 칭찬	매일 지각하는 문제행동을 보이는 소담이라는 학생이 있을 때, "(같은 반 정민이를 향해) 정민이는 이번 학기 동안 지각을 단 한 번도 하지 않았구나. 학교생활을 정말 성실히 잘 해주어 선생님 기분이 좋구나."
5	언어적인 상기	"영미야, 옆 친구의 과제를 그대로 베껴서 제출하지 말아라." 대신에 "영미야, 본인 과제에 집중해서 충실하게 마무리하여 제출하여라."
6	반복적인 상기	습관처럼 지각하는 학생에게, "선생님은 수업 시간에 늦지 않고 제시간에 등교하는 것이 얼마나 중요한지 매일같이 이야기 할 거다. 내일은 꼭 등교 시간 맞춰서 오도록 하거라"
7	결과 적용	"선생님은 더 이상 이런 식의 잘못된 행동(과제 미제출)을 그냥 넘어갈 수가 없다. 사전에 말한 대로 수업 마친 후 따로 남아서 제출하지 않은 과제를 30분 동안 마무리하도록 해라. 네가 과제 제출을 하고 준비가 되는 대로 다음 수업에 함께 참여하기를 기다리겠다."

5. 부적응 행동의 예방과 지도

모든 사람은 잘못을 하기 마련이다. 그러나 일반적인 수준보다 잘못된 행동의 빈도가 잦거나 그런 행동의 정도가 심각한 경우, 특히 이러한 상황에 있는 학생인 경우 전반적인 학교생활에 문제를 일으켜 교사와 학교로부터 특별한 관리 및 지도의 대상이 된다. 구체적으로, 여학생보다 남학생이 더 심각한 수준의 문제행

동을 보이며, 가족관계의 어려움이 있는 학생일수록 문제 및 비행 행동을 나타낼 가능성이 높고, 학업성취도 수준이 낮은 학생일수록 학교생활 부적응 문제로 인해 출석률이 저조할 가능성이 높다(Perkins & Borden, 2003). 이러한 학생들의 심각한 문제행동을 예방하고 관리하기 위해 교사와 학교는 대책 마련을 위한 최선의 노력과 관심을 기울여야 할 것이다.

1) 학교에서의 부적응 행동의 유형

학교 환경에 성공적으로 적응하는 것은 학령기에 완수해야 할 주요 과업이다. 반면, 학교 상황에서 기대를 충족시키는 데 어려움이 발생하는 경우 다양한 행동을 통해 부적응 문제가 표출된다. 이는 학생의 공격적인 행동, 반항하는 태도, 낮은 성취도, 빈약한 사회적 접촉 등을 포함한다. 학교 부적응 행동의 유형은 크게 사회적 행동문제, 정서·성격문제, 학업관련 문제로 나누어 볼 수 있다. 이러한 유형에 근거하여 학교 현장에서 가장 흔하게 나타날 수 있는 문제행동으로 학교공포증, 학교폭력, 집단 괴롭힘 등이 있다.

(1) 학교공포증

8세 리아의 담임교사는 규칙과 약속을 중요하게 여기는 엄격한 성향으로 모든 면에 있어서 꼼꼼하고 세심하게 아이들을 지도한다. 급식을 지도함에 있어서 아이들이 식사 후 식판을 깨끗이 비우는지 체크하며 식판검사에 통과한 아이들에게 '점심으쓱'이라는 보상을 주어 스티커를 붙이게 하고, 스티커를 받은 아이들에게만 점심식사 후 바깥놀이를 할 수 있도록 규칙을 만들었다. 스티커를 받기 위해 먹기 싫은 반찬을 허겁지겁 억지로 먹다가 토하는 아이들도 가끔 있다. 원래 리아는 먹는 것을 아주 즐겨한다. 그런데 선생님이 엄격하게 식판검사를 하는 것이 무서워서 '점심식사 시간이 되었어요'라는 선생님의 말만 들어도 바로 복통이 시작되어 화장실을 반복적으로 가는 과민성대장증후군 유사 증상이 생겼다. 특히

> 등교 전 아침마다 복통이 심하며 학교에서 복통이 심해지면 화장실과 보건실을 수시로 가고 있다. 리아는 평소 밝고 활발한 성격으로 또래관계도 좋은 편이지만 점심시간이 되면 매스꺼움과 복통이 시작될까봐 무섭다며 등교를 거부하고 있다. 리아 어머니는 이런 신체적·심리적 문제가 점점 심각해지자 심리상담을 받아야 할지 고민하고 있다.

학교공포증(school phobia)은 등교하는 것에 대한 심한 불안감을 느껴 등교를 회피하는 것으로 등교거부증, 학교 기피증이라는 용어로 쓰이기도 한다. 이는 가정의 문제, 교우관계, 교사와의 관계, 시험에 대한 불안 등 여러 가지 요인에 의해 발생할 수 있다. 이 중 집을 떠나 양육자로부터 분리되는 것에 대한 불안으로 등교를 거부하는 경우는 엄밀히 말하면 분리불안장애의 한 형태로 볼 수 있다. 진정한 의미의 학교공포증은 학교 장면에서 일어나는 어떠한 측면이 아이의 공포감을 촉발시켜 등교해야 할 시간이 다가오면 불안이나 공황 같은 생리적인 증상이 나타나고, 리아의 사례처럼 구토, 복통, 두통, 미열 등의 증상을 호소한다. 이러한 신체적 증상은 아동이 등교하지 않고 집에 머물게 되면 감쪽같이 모두 사라진다. 이러한 특성으로 인해 종종 교사나 부모가 꾀병이라고 오해하는 경우도 생긴다. 잘못된 오해들로 인해 공포증에 시달리는 아이들이 더욱 심각한 심리적 어려움에 처하기도 한다.

학교공포증을 지닌 학생들의 공통적인 특성은 시험이나 평가받는 것에 대한 두려움이 있어서 대중 앞에서 질문받거나 말하기를 극도로 꺼리는 편이다. 이들은 자신의 기준에서 좋지 못한 학업성적을 남들이 판단하는 것에 대한 불안감을 보이는 완벽주의적인 성향을 지닌 경우도 있다. 또한 반 친구들이나 교사와의 관계가 특정 사건으로 인해 불안정한 경우, 혹은 학교를 빈번하게 옮기는 경우, 이러한 요소들은 학교 환경을 적대적으로 만드는 원인이 될 수 있다.

[사진 11-3] 학교 공포증

(2) 학교폭력(school violence)

학생들 간 또래와의 공격적인 다툼이나 자신보다 약한 상대를 일방적으로 괴롭히는 학교폭력 문제는 최근 들어 점차 빈번하게 일어나고 있다. 학교폭력은 학교 안과 밖에서 학생에게 피해를 주는 행동으로 언어폭력, 신체폭력, 성폭력, 사이버폭력, 스토킹, 금품갈취, 집단 따돌림, 강제 심부름 등이 포함된다. 신체적인 싸움은 주로 여학생보다 남학생들 사이에서 자주 발생하며 고학년으로 올라갈수록 더욱 심각한 수준의 몸싸움을 벌이는 경향이 있다. 실제 교사가 없는 상황에서 이런 다툼이 생기는 경우가 대부분이므로 교사는 각별한 주의를 기울여야 한다. 학생들이 싸움으로 비롯된 상해를 입지 않도록 주의를 기울이고 보호하는 일 또한 교사의 중요한 역할이다. 이러한 학생들 간 다툼에 대처하는 효율적인 방법으로 첫째, 가능한 한 싸움을 멈추게 하고, 둘째 피해 학생을 보호한 후에, 셋째 도움을 요청한다(Evertson & Emmer, 2017). 교실에서 실랑이를 벌이고 있는 학생들을 본 경우 교사는 소리를 크게 내거나 손뼉을 쳐서 주의를 환기시키고 문소리가 쾅 나게 닫는 등 학생이 소리에 놀라서 하던 행동을 그만두게 만드는 것이다. 교사는 이런 상황에서 가볍게 대화를 시작할 수 있고, 피해 학생이 괜찮은지 살펴본 후 도움을 받을 수 있는 장소나 교무실로 학생들을 데리고 간다. 만약 교사의 개입으로 싸움을 멈출 수 없는 상황이라면 즉시 주변 학생들에게 도움을 요청하도록 부탁하고 문제 상황에 있는 학생들 곁에서 떠나지 않도록 한다. 교사는 문제 상황에 놓여있는 학생들을 관리해야 할 책임도 있지만 교사 자신을 포함한 주변 학생들의 안전에 대한 책임도 있다. 우리나라 학교폭력 실태조사 결과에 따르면 대표적인 피해 유형으로 언어폭력과 집단 따돌림이 있다.

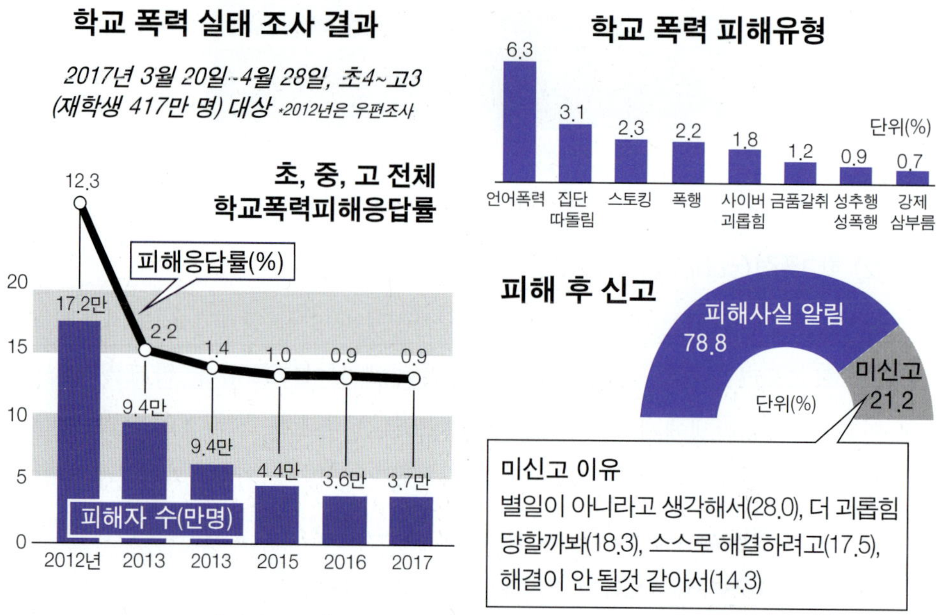

[사진 11-3] 교육부 학교폭력 실태조사 결과(2017년)

• 집단 괴롭힘(bullying)

어느 날, 예인이(12세)에게 같은 반인 지유, 영미, 수민이가 책가방 속 물통에 물을 빨리 마셔보라고 하였다. 그 날따라 이상할 정도로 3명의 친구들은 예인이를 따라다니며 물을 왜 안 마시는지 물어보는 모습을 보였다. 체육활동 후에 목이 말랐던 예인이는 그때서야 물통에 있던 물을 마시게 되었고 다 마신 물통을 책가방에 다시 넣어두었다. 다음 날, 등교하던 길에 만난 지유와 수민이가 예인이에게 "어제 물통에 물 마시고 아무 일 없었어? 이상하다… 무슨 일이 일어났어야 하는데 왜 아무렇지 않지?"라며 키득거렸다. 알고 보니 지유, 영미, 수민이는 예인이를 괴롭힐 생각에 계획적으로 집에서 가져온 슬라임 액티베이터(슬라임 굳게 만드는 용도의 응고제)를 선생님과 다른 친구들 모르게 예인이 물통을 꺼내 물속에 섞었던 것이다. 이를 알게 된 예인이는 자신을 괴롭히는 친구들이 너무 무서워졌고 물을 마실 때마다 이상한 일이 또 일어날지 의심되어 불안한 마음이 생겼다. 이후로 물을 마시면 한동안 배가 아픈 것 같은 느낌이 들기도 했다.

학교폭력 중 요즘 사회적인 이슈가 되고 있는 집단 괴롭힘(bullying), 집단 따돌림은 자신보다 약한 또래를 상대로 신체적·사회적 힘을 남용하여 체계적이고 반복적으로 해를 입히는 행위를 뜻한다. 주로 고학년으로 올라갈수록 더 심해지지만 점차 그 연령이 낮아져 최근에는 유치원 아동에게서도 나타나고 있다. 집단 따돌림은 가해자와 피해자 모두에게 우울증 및 불안감을 유발하며 폭력을 증폭시키는 등의 심각한 부정적인 영향을 미친다(Espelage et al., 2010). 최근에는 사이버 폭력(cyber bullying)이 빠른 속도로 증가하는 추세이며 사회적 문제로 대두되고 있다. 이는 온라인 상으로 불쾌한 루머를 퍼뜨리거나, 비난하는 글을 게시하거나, 굴욕적인 사진을 올리는 등의 행위를 포함한다. 이러한 집단 괴롭힘을 경험한 학생을 대상으로 조사한 결과 극소수의 학생만이 본인 스스로 문제를 해결했을 뿐, 실제 괴롭힘을 멈추게 한 건 주변 어른과 친구들의 도움이었다는 결과가 있었다(Davis & Nixon, 2011). 이를 통해 따돌림과 괴롭힘을 당하는 것을 주변에 적극적으로 알리고 도움을 청할 수 있는 학교 문화를 조성하는 것이 얼마나 중요한지를 알 수 있다.

[사진 11-4] 집단 괴롭힘(bullying)

2) 부적응 행동의 지도

학교 부적응 행동의 유형과 그 원인이 다양하듯 지도방법에 있어서도 부적응 행동의 특성에 따라 적절하게 선택되고 개입되어야 한다. 예를 들면, 학교공포증이 있는 학생에게 필요한 것은 불안이나 학교와 관련된 공포로부터 벗어나게끔 도와주어 학교 환경에 편안하고 익숙해지도록 정서적인 측면에서 접근하고 지도해야 할 것이다. 부적응 행동의 지도방법을 위해서 크게 정서적인 측면, 인지적인 측면, 행동적인 측면으로 나누어 볼 수 있다.

(1) 정서적인 측면의 지도

• 나 전달법("I" message)

'나 전달법'은 토마스 고든(Thomas Gordon)에 의해 개발된 효율적인 의사소통 방법으로 학생 자신이 어떤 행동을 하고 있는지, 그 모습이 교사에게 어떤 영향을 미치는지, 그리고 그것에 대해 교사로서 어떻게 느끼는지에 대해 솔직하고 단정적으로 표현하는 것이다(Jones & Jones, 2016). 단, 교사는 허용할 수 없는 학생의 행동을 말할 때 비난하거나 판단하는 어조로 말하는 것이 아니라 행동의 사실 그대로를 서술하는 것이 중요하다. 이때 교사가 자신을 비난하는 것이 아니라는 생각에 학생은 방어적인 태도 대신 개방적인 의사소통에 참여함으로써 자발적으로 자신의 행동을 돌아보고 변화하려는 시도를 하게 된다.

• 공감적 경청(empathetic listening)

학생은 교사가 진심으로 경청해 주고 교사로부터 자신의 있는 모습 그대로를 수용 받는다는 느낌을 가질 때 교사를 신뢰하게 되고 비로소 자신의 힘든 부분을 털어놓을 수 있게 된다. 공감적 경청, 혹은 적극적인 경청은 학생이 하는 말 뒤에 숨은 의도와 감정, 의미를 파악하고 학생이 무엇을 느끼고 있는지 온전히 학생 입장에서 받아들이는 공감적 이해 및 수용의 자세가 필요하다.

(2) 인지적인 측면의 지도

• **함께 있음(withitness)**

교사가 교실에서 어떤 일들이 일어나고 있는지 항상 알고 있으며, 모든 것을 함께 하고 있음을 학생들에게 전달하는 것을 '함께 있음'이라고 한다(Emmer & Evertson, 2017). 교사는 학생의 부적응 행동이 보일 때 즉시 개입하고 반응을 보여야 하며, 문제 상황에 대해 정확하게 파악하여 신속한 대처를 해야 한다. 교사가 이런 태도를 보일수록 학생들은 문제행동에 덜 관여하며 성공적으로 학교 적응을 해나갈 수 있다.

• **일관성 유지**

한 학생이 학급 규칙을 지키지 않아서 교사로부터 질책을 받았는데, 다른 학생은 같은 식의 규칙 위반을 했음에도 불구하고 그냥 넘어간다면 학생들은 교사의 비일관된 지도방법에 대해 신뢰할 수 없을 것이다. 또한 교사가 교실에서 어떤 일들이 일어나는지 관심이 없다고 여길 수도 있다. 어떤 규칙이나 기준을 정한 것에 대해 일관성 있게 처리하는 모습은 부적응 행동을 위한 지도방법에서 필수적이다.

(3) 행동적인 측면의 지도

• **수업에서 제외(removing from classroom)**

학생의 부적응 행동의 정도가 심한 편이고 문제행동에 대한 책임을 다하지 않으려는 경우 수업에서 제외시키는 방법이 있다. 이런 지도 방법을 사용하기에 앞서 학생에게 문제행동이 왜 수용되기 어려운지 설명해 주고, 주의를 주었음에도 여전히 문제행동이 지속된다면 교실 내에서 타임아웃(time out)을 시행하고, 이것도 효과가 없을 때 수업에서 제외시키는 방법을 사용해야 한다. 또한 학생의 잘못된 행동으로 인해 학급 전체에 어떤 영향을 미치는지 알려준다. 사실 수업에서 배제시키는 방법은 극단적인 상황을 제외하고는 최근 들어 점차 지양해야 할

지도방법으로 논의되고 있다(Skiba & Raush, 2015).

• 긍정적 행동 지원(positive behavior support)

학생의 바람직하지 않은 행동을 제거하는 대신 바람직하고 긍정적인 행동을 제시하는 방식의 행동주의적 접근법을 사용한다. 부적응적인 문제행동을 대체할 수 있도록 적절한 행동을 가르치거나 그런 환경을 조성하는 데 초점을 두는 것이다.

전문가 되기 연구문제

01 학창 시절 기억에 남는 가장 유능한 교사를 떠올려보며 어떤 부분에 있어서 많은 영향을 받았는지 생각해 봅시다. 그런 교사들의 공통적인 특징은 무엇이 있었는지 토론해 보세요.

02 다음 사례를 읽고 교사의 지도방법이 어떻게 잘못되었는지, 이러한 지도방법으로 인해 학생들은 어떤 영향을 받을지에 대해서 토론해 보세요.

• 효진이는 검은색 유성 마커를 사용하여 성준이의 등에 크게 낙서를 하였다. 담임교사는 이를 목격했지만 아무런 조치를 취하지 않았다. 2주 후에 또 다른 다툼이 일어났는데 이번에는 성준이가 펜으로 효진이의 셔츠 뒤에 낙서를 하였다. 이에 교사는 성준이의 잘못된 행동에 대한 처벌로 방과 후에 남도록 하였다. 성준이는 자신이 부당한 대우를 받았다는 생각에 화를 참을 수가 없었다.

03 다음 여름이의 사례를 읽고, 부적응행동을 위한 지도 방법의 세 가지 측면 중 가장 적절한 방법을 선택하고 그 이유에 대해서 토론해 보세요(정서적인 측면, 인지적인 측면, 행동적인 측면).

- 여름이는 8세 남자아이다. 여름이는 또래에 비해 키가 큰 편이고 잘 웃는 모습에 목소리 톤은 가늘고 높은 편이다. 3월 새 학기가 시작되면서 여름이가 반 친구들에게 여러 차례 공격적인 말과 행동을 하여 교사로부터 지속적인 지적을 받고 있다. 이번 주 체육 시간에 친구의 머리채를 세게 잡아당겨 넘어뜨리는 일이 있었다. 오늘은 하교 시간에 물통이 열리지 않는다며 장난을 치다가 옆에 있던 친구의 얼굴에 물통이 튕기면서 그 친구 입술이 터지는 일이 벌어졌다. 여름이는 남자 친구들과 시비가 붙으면 "내가 너 죽여버릴 거야"라며 거친 욕설과 함께 얼굴 부분을 때리고, 여자 친구들에게는 주로 머리를 잡아당기거나 밀어서 넘어뜨리는 행동을 한다. 가장 어려운 부분 중의 하나는 여름이가 항상 공격적인 모습을 보이는 것이 아니고, 평소에는 웃음이 많고 주변 교사들에게도 상냥하게 대하며, 친구들과 잘 놀다가 전혀 예측하지 못한 상황에서 돌발적으로 친구를 괴롭히거나 공격하는 행동을 보인다는 것이다.
- 여름이는 4살 터울 남동생이 있으며, 핑크색을 제일 좋아하고, 여자 아이들이 즐겨 하는 공주놀이, 인형 패션쇼 놀이, 메이크업과 매니큐어 칠하기 놀이를 좋아하며, 남자 친구들과는 잘 어울리지 않고 여자아이들과 함께 노는 경우가 더 많다. 또한, 수업 시간 도중에 여름이는 손가락을 심하게 빨고 있거나, 티셔츠 목 부분으로 손을 넣어서 가슴을 만지는 행동을 보인다.
- 여름이의 어머니는 바쁘셔서 뵙기가 쉽지 않아 한두 번 통화로 이야기를 나눈 적이 있는데, 그때마다 "아이들이 놀다 보면 서로 다툼도 생기고 그럴 수 있는 것 같다. 여름이는 다 이유가 있어서 친구들한테 그러는 것이다. 주로 우는 친구를 보면 가서 때리는 것 같다. 친구들이 울면 선생님이 돌보느라 힘드실 테니 대신해서 선생님을 도와주려는 의도로 그 친구에게 거칠게 대하는 것 같다"라고 하며 상황의 심각성을 인정하지 않는 입장이다.

제12장 교육평가

1. 교육평가의 이해

교육평가는 교육과정 및 교육활동의 효과를 측정하고 평가하는 과정을 말한다. 여기서, 측정이란 연령, 학년 등 일정한 준거집단에 비추어서 결과를 수량적으로 표시하거나 통계적 방법으로 표준화 점수를 계산하거나 신뢰할 수 있는 객관적인 수치 등으로 나타내는 것을 말한다. 평가란 주관적, 객관적인 결과가 교육목표를 달성했는지, 얼마나 가치 있는 결과인지 등을 포함한다. 따라서 평가가 측정보다 더 포괄적인 개념이다.

〈표 12-1〉 측정과 평가 비교

측정	평가
① 연령이나 학년 등 일정한 준거집단에 비추어서 결과의 상대적 위치를 수량적으로 표시 ② 통계적 방법으로 표준화한 점수 ③ 결과의 객관성, 신뢰도 중시 ④ 지적 능력이 주된 대상	① 교육목표의 달성 정도를 검토하고 그 가치 유무를 검토 ② 학업성취도와 함께 교육의 질적 개선을 위해 사용 ③ 여러 가지 자료를 종합적으로 사용 ④ 주관적, 객관적 의미와 타당도를 중시 ⑤ 전인적 발달이 대상 ⑥ 목적과 가치지향적
① 측정이 평가보다 먼저 생긴 개념 ② 평가가 측정보다 더 포괄적인 의미임	

출처: KOCW(2024.01.11.). 교육평가. http://contents.kocw.or.kr/document/RISS/summary%20of%20evaluation.pdf, 2p.평가와 측정표 재구성.

따라서, 교육평가란 평가대상에 대한 정보를 수집하여 교육적 의사결정을 하는 기능, 교육목표 달성 정도 파악 기능, 학습자와 교사의 동기유발 기능, 교수-학습 과정 및 학습지도 방법 개선 기능, 선발, 배치 기능, 학습자에 대한 이해와 개선에 도움을 주는 기능을 할 수 있다. 이는 교육의 품질을 향상시키고 학습자의 성취도를 파악하기 위해 수행되며, 교육체계 내에서 다양한 목적과 요소에 따라 다양한 형태로 이루어질 수 있다는 의미를 내포한다.

교육평가의 궁극적인 목적은 학습과 교육과정에 최대한 도움을 주어 학습의 효과를 극대화하려는 데 있다. 교육평가는 학습자의 성취도 측정뿐만 아니라 교육과정, 교육자료, 교육 방법 등을 개선하기 위함일 수 있다. 목적에 따라 학습자의 이해도 측정, 교육과정의 효과 검증, 정책의 성과 평가 등 다양한 평가가 이루어질 수 있다.

① 학습자 평가: 학습자의 지식, 기술, 태도 등을 평가하여 학습의 성과 측정

② 교육과정 평가: 교육과정 목표 달성 정도 평가, 교육자료와 방법 효과 파악

③ 교육기관 평가: 교육기관 전반의 운영 및 효율성 평가하여 향후 개선점 도출

④ 교육정책 평가: 교육정책의 목표 달성 여부 평가

2. 교육평가의 관점

교육평가는 다양한 관점에서 이해하고 적용될 수 있다. 교육평가의 주요 관점을 정리하면 다음과 같다.

• **목적 관점(Purpose Perspective)**

① 인지 평가(Cognitive Assessment): 학습자의 지적 능력, 지식, 이해력 등을 측정하는 것으로서 학습자의 인지 능력 즉, 지식, 이해, 기억, 적용, 분석, 탐구, 종합, 평가 측면에서의 인지 능력을 평가한다. 표준화된 시험이나 과제를 통해 학습자의 학문적 역량을 평가하는 것이 일반적이다.

② 기술 평가(Performance Assessment): 학습자의 실습 능력이나 기술을 평가하는 것으로, 프로젝트, 시뮬레이션, 실습, 작품 제작 등을 통해 수행된다.

③ 태도 평가(Affective Assessment): 학습자의 가치관, 신념, 태도, 정서, 동기, 자아효능감, 자아개념, 성격 등을 측정하는 평가이다. 설문조사, 인터뷰, 토론 등을 통해 학습자의 감정적인 요소를 평가한다.

• **시기 관점 (Timing Perspective)**

교육평가는 진단평가, 형성평가, 총괄평가로 시간적인 관점에서 구분될 수 있다.

① 진단평가(Diagnostic Assessment): 학습자의 강점과 약점을 파악하여 학습자의 수준을 판단하는 평가이다. 진단평가는 주로 교육 시작 전에 이루어져 학습자의 선행지식과 능력을 확인하는 데 사용된다.

② 형성평가(Formative Assessment): 교육과정 중에 주기적으로 이루어지며, 학습자의 이해도를 확인하고 교육 방향을 조정하는 데 사용된다. 피드백을 통해 학습자에게 지속적인 개선 기회를 제공하는 것이 목적이다.

③ 총합 평가(Summative Assessment): 교육의 최종 결과를 측정하는 평가로, 일정한 기간동안의 학습 성과를 종합적으로 평가한다. 총합 평가는 교육과정의 완료를 나타내거나 학습자의 성취를 요약하는 데 사용될 수 있다.

• **측정 도구 및 방법 관점**(Measurement Tools and Methods Perspective)

표준화된 시험, 설문지, 프로젝트, 포트폴리오, 인터뷰 등이 측정 도구로 사용될 수 있다. 이러한 도구와 방법은 평가대상의 특성과 평가의 목적에 따라 선택된다.

• **참여자 관점**(Stakeholder Perspective)

교육평가는 다양한 이해관계자들, 즉 학습자, 교사, 학부모, 교육기관, 정부 등 다양한 이해관계자들의 관점에서 이루어진다. 이들의 요구와 기대에 부응하는 평가가 중요하다.

• **윤리적 관점**(Ethical Perspective)

공정성, 투명성, 기밀성 등의 윤리적 원칙을 준수하여 모든 참여자에게 공평한 기회를 제공하는 것이 중요하다.

3. 교육평가의 유형

교육평가는 주로 정성적 평가와 정량적 평가로 나눌 수 있다. 정성적 평가는 주로 주관적인 측면을 다루며, 학습자의 태도나 의견을 수집하는 데 중점이 있다. 반면에 정량적 평가는 숫자나 통계를 사용하여 학습 성과를 측정하며, 주로 표준화된 시험, 평가지, 혹은 성적 등을 활용한다. 교육평가 유형을 평가 기준에 따라, 평가 시기에 따라 분류하면 다음과 같다.

1) 평가 기준에 따른 분류

교육평가를 평가 기준에 따라 분류하면 임의평가, 상대평가, 절대평가로 구분할 수 있다. 임의평가는 평가 기준이 교사의 개인적이고 주관적인 판단으로 설정되는 평가를 의미한다. 학생들의 성취도로 표시되며, 평가도구 자체가 불안정하고 기준이 결여되어 명확한 평가 의도를 파악하는 데에 한계가 있다. 교육평가 이론이 발달하기 이전에 사용되었던 평가 방법이다. 규준지향평가(norm-referenced evaluation) 혹은 상대평가는 학습자의 평가 결과를 그가 속해있는 집단에 비추어 상대적인 위치를 밝혀보는 평가 방법이다. 어떤 학습자의 성취 수준을, 규준(規準)을 이용하여 그가 속해있는 집단(학급, 학교 등)에서의 상대적인 위치에 비추어 해석한다. 따라서 학습자들의 상대적인 능력이나 기술을 비교해 보고 그것에 대한 어떤 결정을 내리는 학습자선발 기능이나 우열을 가려내는 기능이 크게 강조되는 평가 방법이다. 학습자 상호 간의 외적 동기유발을 가능하게 하는 평가이지만 학교 간의 우열을 간과하고 있다. 즉 같은 1등급이라고 해도 질적인 차이는 있다. 준거지향평가(criterion-referenced evaluation) 혹은 절대평가는 학습자의 현재 성취 수준이나 행동 목표의 달성 정도를 알아보기 위한 평가 방법이다. 즉 다른 학습자와 상대적인 비교를 하는 것이 아니라 교육목표에 비추어 평가하는 것이다. 이런 면에서 준거(準據)지향평가를 목표지향평가라고도 하며 교육목표 또는 학습 목표를 설정해 놓고 이 목표에 비추어 학습자 개개인의 학업성취를 따지려는 입장이다. 절대기준의 파악 방식이 교사의 주관에 의해서 좌우되기 쉽고, 다른 집단의 성적과 비교가 어렵다.

〈표 12-2〉 평가 기준에 따른 분류

임의평가	상대평가	절대평가
① 평가 기준: 교사의 개인적, 주관적 판단에 의해 설정 ② 학생의 학업 성취도를 100점 만점으로 표시 ③ 평가도구 자체가 불안정하고 기준이 결여 ④ 명확한 평가 의도를 파악하는 데에 한계	① 표준점수척도에 의거한 규준 지향적(상대평가) 방법 ② 주어진 교육목표 달성도와 상관없이 다른 학생의 점수와 비교하여 결정 〉 개인별 점수를 상호 비교 ③ 객관성 보장, 교사의 주관적 편견이 없음 ④ 학생 상호 간 선의의 경쟁 유도 ⑤ 타 집단간의 비교가 불가능함 ⑥ 교수-학습 개선 기능을 약화시킬 우려가 있음	① 평가 기준을 수업목표 또는 도착점 행동에 두는 목표지향적 평가 ② 개인의 성장 발달의 변화에 초점 ③ 검사의 타당성 강조 ④ 교수기능의 강화, 수업개선의 촉진, 경쟁심 제거 ⑤ 개인차 변별이 곤란, 타집단 간의 비교에 어려움이 많음 ⑥ 절대기준 설정의 어려움

출처: KOCW(2024.01.11.). 교육평가. http://contents.kocw.or.kr/document/RISS/summary%20of%20evaluation.pdf, 4p.평가의 기준에 따른 분류표 재구성.

2) 평가 시기에 따른 분류

교육평가를 평가 시기에 따라 분류하면 진단평가, 형성평가, 총괄평가로 구분할 수 있다. 진단평가는 수업이 시작되기 전, 집단의 특징, 출발점 위치를 진단하기 위해 실시 되며, 학습 초기 상태에서 교수계획을 수립하고 정보를 얻기 위해 실시하는 평가이다. 예를 들면, 진단평가는 교수학습과정에서 계속적인 학습 실패의 근본적인 원인을 발견하고 이를 교정하기 위해 활용할 수 있다. 둘째, 진단평가는 교수하려는 과정이나 과제 이해 여부를 확인함으로써 학습 중복으로 인한 시간 경비의 낭비는 물론, 학습자의 학습 상실 등을 미리 예방하는 데 도움을 준다. 셋째, 학습자의 흥미, 성격 특성, 신체적 특성 정서적, 경험의 배경, 적성 등을 밝혀 학습 곤란에 대한 사전대책을 수립하기 위해 실시할 수 있다. 마지막으로, 진단평가는 학생의 성취 수준을 극대화하는 데에 도움을 준다.

형성평가는 교사는 교육과정 운영이나 수업방안을 개선하고 교수학습 과정에서 학습자에게 피드백을 주기 위해 실시하는 평가이다. 형성평가는 교육목표 성취에 기초한 평가로서, 교수학습 과정에서 수시로 실시하지만, 평가결과를 누계하여 성적에 반영하지 않는다. 형성평가는 학습의 진단과 교정기능, 학습지도를 원활하게 하는 기능, 학습지도방법의 개선기능, 학습활동의 방향을 명시하는 기능을 지닌다. 학생의 문제점을 파악하여 긍정적인 피드백을 제공하는 데에 활용할 수 있는 평가방법이기도 하다. 수업의 적절성을 모니터링 할 수 있고, 수업 중에 학생들이 수행하는 연습이 적절한가에 대해서도 파악할 수 있다. 수행평가는 형성평가와 유사한 평가방법이라 할 수 있다.

총괄평가는 주어진 학습과제나 한 교과의 종료 시점에 교수 목표의 달성도를 알아보기 위한 평가 활동이다. 총괄평가는 전체 과목이나 학습 내용에 대한 교수의 효과가 어느 정도인가를 판단하고, 결과를 분석하여 성적을 산출하여 평점을 주며, 서열을 결정하는 평가이다. 이원목적분류표에 의하여 평가하며, 평가 시 일반화되고, 포괄적인 성격의 내용으로 할 때 그 효과가 높다. 또한, 총괄평가는 다음 학습의 성공적인 예언과 교수 방법 개선 및 집단 간의 학습효과를 비교하기 위해 실시한다. 교육목표 성취를 통해 학생을 판정하여 등급을 정하고 자격을 부여하여 분류하는 데에 목적을 둔 평가로, 성적을 결정하고 다음 학습의 성공 여부를 예측하고, 집단 간의 학습효과를 비교할 때, 학습지도 방법 및 교육과정을 개선하고자 할 때 수행할 수 있다. 학생의 성취 수준을 평가할 때 주로 사용되며, 성적을 부여하고 수업의 효과를 나타내는 지표를 확인하기 위해서 사용된다(공부하는 체육쌤, 2024).

〈표 12-3〉 평가 시기에 따른 분류

진단평가	형성평가	총괄평가
① 평가 기준: 교사의 개인적, 주관적 판단에 의해 설정 ② 학생의 학업 성취도를 100점 만점으로 표시 ③ 평가도구 자체가 불안정하고 기준이 결여 ④ 명확한 평가 의도를 파악하는 데에 한계	① 표준점수척도에 의거한 규준지향적(상대평가) 방법 ② 주어진 교육목표 달성도와 상관없이 다른 학생의 점수와 비교하여 결정 〉 개인별 점수를 상호 비교 ③ 객관성 보장, 교사의 주관적 편견이 없음 ④ 학생 상호 간 선의의 경쟁 유도 ⑤ 타 집단간의 비교가 불가능함 ⑥ 교수-학습 개선 기능을 약화시킬 우려가 있음	① 평가 기준을 수업목표 또는 도착점 행동에 두는 목표지향적 평가 ② 개인의 성장 발달의 변화에 초점 ③ 검사의 타당성 강조 ④ 교수기능의 강화, 수업개선의 촉진, 경쟁심 제거 ⑤ 개인차 변별이 곤란, 타집단 간의 비교에 어려움이 많음 ⑥ 절대기준 설정의 어려움

출처: KOCW(2024.01.11.). 교육평가. http://contents.kocw.or.kr/document/RISS/summary%20of%20evaluation.pdf, 4p.평가의 기준에 따른 분류표 재구성.

3. 검사와 문항

교육평가에서는 학습자의 이해 수준을 파악하고 학습의 진행을 평가하기 위해 다양한 형태의 검사와 문항이 사용될 수 있다.

1) 검사

검사는 학습자의 지식, 기술, 특정 주제 또는 능력을 측정하기 위해 설계된 평가도구이다. 검사는 일반적으로 여러 문항으로 구성되며, 학습자의 지식수준, 이해도, 문제해결 능력 등을 측정한다. 또한, 검사는 학습자의 학습 수준을 평가하고 교육과정의 효과를 측정하거나 학습자들 간의 차이를 확인하는 등 다양한 목적으로 사용된다. 예를 들면, 시험, 퀴즈, 중간고사, 기말고사 등이 검사에 해당할 수 있다.

① 검사는 학습자의 전반적인 지식, 기술, 특정 주제에 대한 이해, 능력 등을 종합적으로 평가하는 데 사용할 수 있다. 여기서의 검사는 교육과정의 일부 또는 전체 내용을 다룰 수 있다.
② 검사는 명확한 목표나 학습 목적을 기반으로 설계되며, 학습자가 특정 기준을 충족하는지를 확인하는 데 중점을 둔다.
③ 일정 시간 내에 특정 양의 정보를 학습자가 얼마나 잘 이해하고 있는지를 평가한다.

2) 문항

문항은 검사에서 개별적으로 제공되는 질문 또는 과제를 말한다. 문항은 학습자의 반응을 통해 평가되며, 주로 단일 질문 또는 여러 질문으로 구성될 수 있다. 문항은 학습자의 이해도, 기억력, 분석 능력 등을 측정하는 데 사용되며, 검사의 기본 구성 요소이다. 예를 들면, 객관식 문항, 주관식 문항, 단답형 문항, 서술형 문항 등이 있다. 따라서, 검사는 여러 개의 문항으로 이루어진 평가도구를 의미하며, 문항은 개별적인 질문이나 과제로서 검사를 구성하는 구성 요소를 말한다. 전술한 다양한 문항 유형은 교육평가에서 사용되며, 학습자의 다양한 능력을 평가하고 교육목표를 달성하는 데 도움을 준다. 먼저, 문항의 성격을 살펴보면 다음과 같다.

① 문항은 개별 학습자의 이해 수준, 기억력, 분석 능력 등을 평가하는 데 사용된다. 하나의 문항은 주로 하나의 주제나 개념을 다루며, 해당 주제에 대한 학습자의 이해를 확인한다.
② 문항은 다양한 형식으로 나타날 수 있다. 객관식 문항, 주관식 문항, 단답형 문항, 서술형 문항 등이 있어 다양한 종류의 학습자 능력을 평가할 수 있다.
③ 문항은 특정한 평가 요소에 집중하여 학습자의 특정 능력이나 이해 수준을 파악한다.

3) 문항의 유형

교육평가에서의 문항은 다양한 유형으로 설계될 수 있다. 주요한 문항 유형을 살펴보면 다음과 같다.

• 객관식 문항(Multiple-Choice Questions)

학습자에게 주어진 옵션 중에서 올바른 답을 선택하도록 하는 형태의 문항이다. 채점이 효과적이고 효율적이며, 다양한 개념을 다룰 수 있다는 장점을 지닌다.

> <예시>
> 다음 중 어떤 것이 올바른 정의인가?
> ① A ② B ③ C ④ D

• 주관식 문항(Open-Ended Questions)

학습자에게 자유로운 응답을 쓰도록 하는 형태의 문항이다. 학습자의 생각과 이해를 자세히 파악할 수 있으며, 학습자의 창의성과 깊은 이해를 평가할 수 있다는 장점이 있다.

> <예시>
> 주어진 주제에 대해 자유로운 의견을 쓰세요.
> ______________________________
> ______________________________

• 단답형 문항(Short-Answer Questions)

간단한 답변을 요구하는 문항으로, 짧은 문장이나 숫자로 답하는 형태를 말한다. 학습자의 특정 지식수준을 확인하기 용이하다.

<예시>

물리학에서 속도를 나타내는 단위는? (   )

• **서술형 문항**(Essay Questions)

학습자에게 특정 주제에 대한 자세한 서술을 요구하는 문항이다. 학습자의 분석 능력과 논리적인 사고를 평가할 수 있다는 장점이 있다.

<예시>

사회적 영향력을 가진 역사적 인물에 대해 서술하시오.

• **매칭 문항**(Matching Questions)

개 이상의 목록이 주어지며, 학습자는 하나의 목록을 다른 목록과 일치시켜야 하는 형태의 문항을 말한다.

<예시>

각 용어를 해당하는 정의와 매치하세요.

A. 객관식 •	• 학습자에게 특정 주제에 대한 자세한 서술을 요구하는 문항
B. 주관식 •	• 학습자에게 주어진 옵션 중에서 올바른 답을 선택하도록 하는 형태의 문항
C. 서술식 •	• 학습자에게 자유로운 응답을 쓰도록 하는 형태의 문항

• **참거짓 문항**(True/False Questions)

명제가 주어지며, 학습자는 그 명제가 참인지 거짓인지 판단해야 하는 형태의 문항이다. 예를 들면, 1+1은 3이다. (참/거짓).

4. 좋은 교육 평가도구의 조건

좋은 교육평가 도구는 궁극적으로, 학습자의 성취를 정확하게 평가하면서도 학습자가 학습 과정에 개입할 기회를 제공하여 학습자의 지속적인 성장과 발전을 지원해야 한다. 효과적인 학습을 측정하고 지원하기 위해 타당성, 신뢰성, 객관성, 유효성, 다양성, 모듈 가능성, 학습자 참여 등 다양한 기준을 충족하면 할수록 좋은 교육평가 도구로 이용할 수 있다. 다음의 예시를 통해 좋은 교육평가 도구의 특징과 그렇지 못한 도구의 특징을 비교해 보자. 비교한 특징들을 고려하여 평가도구를 설계하면, 효과적이고 신뢰성 있는 교육평가를 수행할 수 있을 것이다.

- **타당성(Validity)**

도구가 측정하려는 학습 목표와 실제 학습 성취도 사이의 관련성이 있어야 한다. 내용 타당성, 예측 타당성, 심층 타당성 등 다양한 유형의 타당성을 고려해야 한다.

> – 내용 타당성(Content Validity): 교육평가 도구가 측정하려는 학습 내용이나 목표를 충분히 반영하고 있는지를 나타낸다. 즉, 평가도구의 내용이 학습자들이 실제로 배워야 하는 내용과 관련 있어야 한다는 것을 말한다. 내용 타당성은 평가도구가 목표로 하는 학습 내용을 적절히 반영하고 있는지를 평가하며, 이는 평가의 유효성을 높이는 중요한 특성 중 하나이다.

<예시>
평가 주제: 수학 시험
내용 타당성의 요소: ① 기하학: 삼각형과 원에 관한 문제, ② 대수학: 방정식과 그래프에 관한 문제, ③ 측정과 차트: 길이, 넓이 및 통계에 관한 문제
전술한 각 항목을 볼 때, 해당 주제의 다양한 측면을 다루고 있다고 판단된다면 이 평가도구는 내용 타당성을 확보한 것이다.

- 예측 타당성(Predictive Validity): 교육평가 도구가 미래의 학습 성과를 예측하는 데 얼마나 효과적인지를 나타낸다. 다시 말해, 평가도구의 결과가 특정 시간 이후에 발생할 학습 성과와 얼마나 관련이 있는지를 측정하는 것이다. 예측 타당성은 평가도구가 실제로 학습자의 미래 행동이나 성취도를 정확하게 예측할 수 있는지를 평가한다.

<예시>
평가도구: 대학 입학시험 >> 미래의 학습 성과: 대학에서의 성적을 예측
평가 결과와 미래 성과의 관련성을 예측한다: 대학 입학시험의 성적이 높은 학생들이 대학에서도 성적이 높게 나올 가능성이 높다는 가설을 예측할 수 있다.

- 심층 타당성(Deep Validity): 교육평가 도구가 측정하려는 학습 내용이나 능력을 완전히 이해하고 있는지, 그리고 도구의 결과가 학습자의 개념 이해와 응용 능력을 얼마나 정확하게 반영하는지를 나타낸다. 심층 타당성은 학습자의 학습 프로세스에 대한 깊은 이해와 관련이 있으며, 단순히 표면적인 지식만을 평가하는 것이 아니라 학습자의 심리적인 과정을 파악하려는 노력을 나타낸다.

<예시>

평가도구: 창의력 평가, 측정하려는 학습 내용: 창의력

① 창의력의 핵심 특성이 무엇인지를 정의한다.

② 평가도구가 창의성의 특성을 어떻게 반영하는지 확인한다.

③ 평가도구가 학생들의 창의적인 생각 과정을 이해하기 위한 추가적인 활동이나 질문을 도입하는가를 검토한다.

④ 평가결과가 창의성을 다양한 측면에서 정확하게 측정하는가를 살펴본다.

• **신뢰성 (Reliability)**

신뢰성은 교육평가에서 매우 중요한 요소이다. 평가도구를 이용해 여러 번 반복 해서 측정했을 때, 그 결과가 일관되며 안정적이면 신뢰성이 높은 도구라고 평가한다. 신뢰성이 높은 교육평가 도구를 사용하면 학습자의 실제 능력이나 성취도를 더 정확하게 측정할 수 있다. 신뢰성이 낮으면 동일한 학습자 또는 조건에서 반복 시 일관된 결과를 얻기 어려울 수 있다. 신뢰성이 높은 결과는 교육 결정이나 개선 방향을 더 효과적으로 수립할 수 있기에 교육평가 도구의 신뢰성을 확보하는 것은 매우 중요하다.

<예시>

학업 성취도 평가

낮은 신뢰성을 갖춘 교육 평가도구
(상황) 학업 성취도 시험의 문항들이 일관성 없거나 측정 오차가 많은 경우
(결과) 일부 학생들은 실제로 이해하지 못한 내용을 제대로 알고 있다고 평가될 수 있고, 또 다른 일부 학생들은 실제로 잘 알고 있는 내용을 모르는 것으로 평가될 수 있음

(결론)
- 학생들이 부족한 영역을 개선하는 데 필요한 지원을 받지 못할 수 있음
- 교사나 교육자들이 학생들의 실제 수준을 파악하여 개별화된 가르침을 제공하는 데 어려움을 겪을 수 있음

⇓

해결책

- 문항들이 명확하고 일관성 있게 학습 목표를 측정할 수 있도록 설계
- 표준화된 절차를 통해 평가도구의 신뢰성을 확인하고 개선하는 과정 수행
- 교육목표 및 학습콘텐츠가 변할 때마다 평가도구를 업데이트하여 신뢰성을 유지하도록 노력

- **객관성 (Objectivity)**

교육 평가도구의 적용 및 채점이 주관적이지 않고 객관적으로 이루어져야 한다. 동일한 도구에 대해 여러 평가자가 동일한 결과를 얻을 수 있어야 한다.

객관성을 확보한 평가도구 예시

(문항) 다음 중 진수에 대한 설명으로 옳은 것은?
① 10진수는 0부터 9까지의 숫자를 사용한다.
② 2진수는 0과 1로만 표현된다.
③ 8진수는 0부터 7까지의 숫자를 사용한다.

이 문항은 각각의 진수에 대한 명확한 정의를 제시하고 있으며, 학생들은 주어진 명제 중에서 옳은 것을 선택할 수 있도록 효과적으로 구성되어 있다. 이러한 문항은 객관적이며 학생들의 이해도를 정확하게 평가할 수 있다.

객관성이 모호한 평가도구 예시

(문항) 다음 문장을 읽고 그 의미를 파악하시오.

"The intricate dance of colors and shadows painted a picturesque scene that ignited a myriad of emotions within me."

이 문항은 주관적이며, 학생들의 해석에 따라 점수가 크게 달라질 수 있다. "picturesque scene"이나 "ignited a myriad of emotions"와 같은 표현들은 객관성을 확보하기 어려우며, 학생들의 각자의 경험과 문화적 배경에 따라 달라질 수 있다.

• **유효성 (Practicality)**

교육평가 도구가 측정하려는 학습 목표나 능력을 정확하게 반영하고 평가하는 데 얼마나 효과적인지를 나타낸다. 다음의 예시들은 교육평가 도구의 유효성을 평가할 때 주의해야 할 요소들이다. 평가도구의 유효성은 학습 목표와 밀접한 관련 있어야 하며, 평가도구가 학생의 실제 능력을 정확하게 측정하고 반영할 수 있어야 한다.

유효성이 고려된 평가도구 예시
(질문) 학생들의 수학적 문제해결 능력 평가를 위한 시험도구 즉, 시험에 포함된 문항들이 학생들의 수학적 문제해결 능력을 정확하게 측정하는가? ① 시험에는 다양한 형식의 수학 문제가 포함되어 있다. ② 학생들은 문제를 해결하는 과정과 논리적 사고력을 증명한다. ③ 시험의 내용이 교육과정의 목표와 일치한다. ④ 교육과정에서 강조된 핵심 개념과 기술이 시험 문항에 반영되어 있다. ⑤ 다양한 채점자가 반복하여 시험 채점해도 그 점수가 일관되며 신뢰성이 높다. ⑥ 채점 기준이 명확하게 정의되어 있다. ⑦ 여러 채점자 간의 일치성이 확인된다.

유효성이 부족한 평가도구 예시
(질문) 학생들의 글쓰기 능력 평가를 위한 에세이 평가도구의 유효성은 어떠한가? ① 에세이 평가 기준이 주관적이거나 불분명하게 정의되어 있어 서로 다른 채점자들이 동일한 에세이에 대해 다른 평가를 함으로써 채점자 간의 일관성이 떨어진다. ② 채점 기준이 주관적이거나 불분명하게 작성되어 있어, 서로 다른 채점자들이 동일한 에세이에 대해 다른 평가를 한다. ③ 에세이 주제가 교육과정에서 강조된 내용과 무관하거나, 명시된 학습 목표를 충족하지 못한다. ④ 에세이 주제나 문항이 특정 유형의 글쓰기에만 적합하며, 다양한 글쓰기 능력을 평가하지 못한다.

• **다양성 고려 (Fairness)**

교육평가 도구에 다양성을 고려하는 것은 다양한 학생 그룹의 특성과 다양성을 존중하며, 공정하게 평가할 수 있도록 도구를 설계하고 사용하는 것을 의미한다. 이는 학생들의 배경, 경험, 문화적 차원, 학습 스타일 등을 고려하여 모든 학생이 동등하게 평가받을 수 있도록 하는 것을 목표로 한다. 다양성을 고려하지 않은 교육평가 도구는 일부 학생들에게 불공평하게 작용할 수 있으므로, 이러한 측면을 고려하여 도구를 설계하고 사용하는 것이 중요하다. 다음의 예시들은 교육평가 도구의 다양성을 평가할 때 주의해야 할 필요가 있다.

다양성을 고려된 평가도구 예시
학생들의 글쓰기 능력을 평가하기 위한 에세이 평가도구가 다양한 에세이 주제에 대해 학습자의 다양한 관점과 배경을 반영하여 평가된다면 좋은 평가도구라고 할 수 있다. ① 학생들은 자신의 문화적 배경, 경험, 혹은 사회적 이슈와 관련된 주제를 자유롭게 선택한다. ② 학습자의 다양한 의견과 스타일이 에세이에 표현된다. ③ 에세이 평가 기준이 다양한 글쓰기 능력을 반영한다. ④ 채점 기준에는 문법과 구문뿐만 아니라 다양한 글쓰기 측면 (논리, 창의성, 목적 달성 등)이 포함되어 있어, 학생들의 강점과 발전 가능한 부분을 포괄적으로 평가한다. ⑤ 학습자의 언어 및 문화적 다양성이 존중된다. ⑥ 학생들이 자신의 언어로 의사소통할 수 있도록 지원한다. ⑦ 다국적 학생들을 위해 필요에 따라 다양한 언어로 에세이를 작성할 수 있도록 옵션을 제공한다.

다양성이 고려되지 못한 평가도구 예시
학생들의 수학 문제해결 능력을 평가하기 위한 시험 문항 특정 문화나 지역의 경험을 가정하고 있어 일부 학생들에게 불공평하면 다양성을 고려하지 못한 평가도구라고 할 수 있다. ① 특정 지역의 일상 상황이나 문화적 배경을 이해하지 못하는 학생들에게는 문제가 어려울 수 있다. ② 시험에서 사용되는 문제 유형이 특정 학습 스타일에 불리하게 작성되어 있어 다양한 학생 그룹에 대한 적응성이 부족하다. ③ 시험에 주로 특정 유형의 문제만 포함되어 있다면, 특정 학습 스타일을 가진 학생들에게는 적합하지 않다.

④ 시험 문항이 어려운 어휘나 문장 구조를 사용하고 있어, 언어적으로 취약한 학생들에게 어려움을 준다.
⑤ 특정 어휘 이해가 필수인 문제가 있어, 언어적으로 취약한 학생들이 평가에서 손해를 입을 수 있다.

• **모듈화 가능성(Modularity)**

교육평가에서 모듈화 가능성은 평가도구나 방법이 다양한 교육 모듈에 적용될 수 있는 능력을 나타낸다. 즉, 동일한 평가도구나 방법을 여러 교육 단계나 주제에 유연하게 적용할 수 있는지에 대한 특성을 의미한다. 모듈화 가능성이 높은 교육평가 도구는 다양한 교육적 맥락에 유연하게 적용될 수 있으며, 학습 목표와 학습자의 다양성을 고려하여 개발되어야 한다.

모듈화 가능성이 높은 평가도구 예시
학생들의 의사소통 능력 평가를 위한 구두 발표 평가도구가 다양한 주제에 적용될 수 있어, 다음과 같이 여러 교육 모듈 활용이 가능하다면 좋은 평가도구의 요소에 포함될 수 있다. ① 도구는 과학, 역사, 문학 등 다양한 주제 발표에서 학생들의 의사소통 능력을 측정할 수 있다. ② 도구는 초급부터 고급까지 다양한 학습 단계에 맞게 조정이 가능하다. ③ 평가 기준은 초급 학생들에게 기본적인 발표 기술을, 고급 학생들에게는 깊은 분석과 논리를 반영하도록 구성되어 있다. ④ 도구는 구두 발표뿐만 아니라 토론, 그룹 프로젝트 등 다양한 유형의 의사소통 활동에도 적용될 수 있다. ⑤ 학생들은 발표뿐만 아니라 그룹 토론이나 패널 토론에서도 동일한 평가도구를 사용하여 의사소통 능력을 측정받을 수 있다.

모듈화 가능성이 낮은 평가도구 예시
학생들의 글쓰기 능력 평가를 위한 에세이 평가도구는 특정 주제나 분야에 한정적으로 적용되어, 다양한 주제에 대한 평가에는 부적절한 경우가 많다. 다음과 같은 예시는 모듈화 가능성이 낮은 평가도구의 특징이다.

① 도구는 문학에 대한 에세이에는 적합하지만, 과학이나 수학과 같은 주제에는 적절하게 대응하지 못한다.
② 도구가 특정 학습 단계에만 적용되어 초급이나 고급 학습 단계에서는 적합하지 않다.
③ 평가도구의 기준이 초급 학습자에게는 너무 단순하거나, 고급 학습자에게는 너무 복잡하여 적절한 평가를 수행하지 못한다.
④ 도구가 특정 유형의 활동에만 적용 가능하여 다양한 의사소통 방식을 다루는 교육에서는 활용이 어렵다.
⑤ 특정 유형의 에세이 평가도구가 토론이나 발표와 같은 다른 형식의 의사소통 활동에는 부적절하게 사용될 수 있다.

- **투명성(Transparency)**

교육평가 도구의 투명성은 평가가 어떻게 이루어지고 어떤 기준으로 학생들이 평가되는지에 대한 명확하고 이해하기 쉬운 정보를 제공하는 것을 의미한다. 투명성이 높은 평가도구는 학생들이 자신의 성과를 이해하고 향상시키는 데 도움이 되며, 학습 환경에서의 공정성을 강화한다. 평가도구의 투명성이 높으면 학생들이 자신의 학습에 대한 이해를 증진시키고, 평가 과정에 대한 신뢰를 높일 수 있다. 투명성은 학생들에게 공평하고 명확한 평가를 제공하는 데 중요한 역할을 한다.

투명성이 높은 평가도구 예시

수학 시험을 위한 객관식 문항 평가도구의 각 문항이 학습 목표와 어떻게 연결되는지 명확하게 설명이 된다면 평가도구의 투명성이 높다고 할 수 있다. 투명성이 높은 평가도구를 제작하기 위해 다음과 같은 점을 고려할 수 있다.

① 각 문항 뒤에는 해당 문항이 특정 수학 개념 또는 기술을 평가하기 위해 선택되었음을 설명하는 간단한 주석을 포함하여 제시한다.
② 채점 기준을 학생들에게 공개하여 학생들이 자신의 성적을 이해하고 향상하는 데 활용할 수 있도록 한다.
③ 시험 후, 각 문항에 대한 정답 및 채점 기준이 전자매체나 학습 플랫폼을 통해 학생들에게 제공된다.
④ 평가가 어떤 프로세스를 통해 이루어지는지 학생들에게 명확하게 설명이 되어 있다.
⑤ 시험 전, 교사는 학생들에게 시험의 목적, 구조, 그리고 어떻게 평가되는지에 대한 간단한 설명을 제공한다.

투명성이 낮은 평가도구 예시
글쓰기 능력 평가를 위한 에세이 평가도구의 경우에 어떤 기준으로 에세이가 평가되는지에 대한 설명이 부족하다면 투명성이 낮은 평가도구로 평가된다. 투명성이 낮은 평가도구의 특징을 살펴보면 다음과 같다. ① 채점 기준이나 평가 절차에 대한 설명이 부족하여, 학생들은 자신의 성적에 대한 피드백을 이해하기 어렵다. ② 채점자가 어떻게 주관성을 피하고 공정하게 평가하고 있는지에 대한 정보가 부족하다. ③ 채점자에게 제시된 채점 기준이나 교육을 통한 평가 훈련에 대한 정보가 제공되지 않아, 채점자 간의 일관성이 떨어질 수 있다. ④ 평가결과에 대한 해석이 어려워 학생들이 자신의 강점과 약점을 파악하기 어렵다. ⑤ 채점 기준이 일반적이거나 구체적이지 않아, 학생들은 자신의 에세이 성과를 어떻게 향상시킬지 이해하기 어렵다.

• 학습자 참여(Learner Involvement)

평가도구의 학습자 참여는 학습자가 평가 프로세스에 적극적으로 참여하고, 자신의 학습 과정을 이해하며 향상시키는 데에 주도적으로 참여하는 것을 의미한다. 이는 학습자가 자기평가, 피드백 수용, 목표 설정 등의 활동을 통해 평가에 개입하고 자신의 학습 경험을 개선하는 데에 중요한 역할을 한다. 학습자가 평가 프로세스에 적극적으로 참여하면 학습 목표 달성에 더 효과적으로 기여할 수 있다.

학생 중심의 동료평가 예시
학생들의 수학 과제를 평가하기 위한 동료 평가도구로 학습자를 어떻게 참여시킬 수 있는가? 다음의 예시를 통해 학습자가 참여한 평가가 어떻게 이루어질 수 있는지 예를 들어 설명하면 다음과 같다. ① 자기평가: 학생들은 과제를 완료한 후, 자신이 설정한 평가 기준을 기반으로 자기평가를 실시하고, 향후에 동료들의 평가를 받기 전에 작업물을 수정할 수 있다. ② 피드백 요청: 학생들은 다른 학생이나 교사에게 자신의 과제에 대한 피드백을 요청하고, 해당 피드백을 통해 자기평가를 보완한다. ③ 목표 설정: 학생들은 이전 평가에서의 피드백을 분석하여 개선이 필요한 부분을 식별하고, 다음 평가에서 이러한 부분을 개선하기 위한 목표를 설정한다.

교사 중심의 평가 예시
학생들의 프로젝트 발표를 평가하기 위한 교사 평가로 수행될 경우, 평가 기준이 명확하지 않아 학생들이 어떤 측면에서 평가되는지 이해하기 어려울 수 있다. 즉, 교사가 사용하는 평가 기준이 너무 일반적이어서 학생들이 어떤 측면에서 개선이 필요한지 파악하기 어렵다는 것이다. ① 학생들이 자신의 발표를 먼저 평가하고 수정하는 기회가 제공되지 않는다. ② 학생들은 발표 이후에 교사의 피드백만을 받고, 자신의 발표를 먼저 자가평가하고 수정할 기회가 부족하다. ③ 학생들이 받은 피드백을 이해하고 개선에 적용하기 어렵다. ④ 교사가 제공한 피드백이 충분히 구체적이지 않아, 학생들은 어떤 부분을 어떻게 개선해야 하는지 명확히 이해하지 못한다.

5. 다양한 평가방법

교육평가에서 사용되는 평가방법은 필기시험을 비롯하여 실기시험, 논문 또는 보고서 평가, 포트폴리오 평가, 토론 및 발표 평가, 자가평가 및 피드백, 표준화 테스트, 수시 평가, 종합 평가 등이 있다. 이러한 교육평가 방법들은 학습자의 이해도, 기술, 지식, 태도 등을 평가하고 향상시키기 위해 다양하게 적용된다. 주요한 교육평가 방법은 다음과 같다.

평가방법	내용
필기시험	주관식이나 객관식 문제로 이루어진 시험으로 학습자의 지식을 평가
실기시험	학습자의 기술 또는 실제 능력을 평가하는 시험으로, 실험, 프로젝트, 실습 등이 포함될 수 있음
논문/보고서	학습자에게 특정 주제에 대해, 논문이나 보고서를 작성하도록 요구하여 논리적인 사고와 글쓰기 능력을 평가
포트폴리오	학습자가 수행한 작업물, 프로젝트, 과제 등을 종합적으로 평가
토론 및 발표	학습자들에게 주제에 대한 토론이나 발표를 하도록 하여 의사소통 및 설득 능력을 평가

평가방법	내용
학습자 참여도	학습자의 수업 참여, 질문 응답, 그룹 활동 등을 통해 수업 참여도를 평가
자가평가 및 피드백	학습자가 스스로 평가하고, 동료나 교사로부터 피드백을 받아 개선할 수 있도록 하는 방법
표준화 테스트	일정한 표준화된 절차에 따라 설계된 테스트를 사용하여 학습자의 성취도를 측정
수시 평가	수업 중간중간에 이루어지며 학습 경과를 추적하고 개선을 위한 정보를 제공
종합 평가	특정 학습 기간 또는 단위가 끝난 후에 학습자의 전반적인 성과를 측정하는 평가

전술한 평가방법들은 상황과 목적에 따라 적절하게 조합되어 사용될 수 있다. 평가는 학습자의 성과를 정확하게 측정하고 교육과정을 개선하기 위한 중요한 도구로 활용된다.

6. 학업성취도 평가 도구 설계 및 제작

학업성취도 평가를 설계할 때에는 목표와 측정 도구, 평가방법 등을 고려하여 체계적으로 계획해야 한다. 다음은 학업성취도 평가를 설계하는 일반적인 단계와 고려해야 할 사항이다.

평가 단계	고려 사항
목표 및 목적 설정	평가의 목표는 명확하게 설정했는가? 평가하는 명확한 목적은 무엇인가?
학습 목표와 기준 규정	어떤 학습 목표를 달성하고자 하는가?
평가도구 및 형식 선택	필기시험, 실기시험, 프로젝트, 포트폴리오, 토론 등 다양한 평가방법 중에 어떤 평가도구를 사용할 것인가?

평가 단계	고려 사항
평가 문항 및 과제 작성	• 문항은 명확하고 이해하기 쉬워야 하며 목표를 충족하는 내용으로 평가도구에 포함될 문항이나 과제를 작성한다. • 다양한 난이도와 유형의 문항을 활용하여 학습자의 다양한 능력을 평가
평가결과 분석 및 피드백	• 평가결과를 분석하고 학습자에게 피드백을 제공함 • 피드백은 학습자의 강점과 약점을 알려주며 향후 학습에 도움이 됨 • 평가결과를 사용하여 교육과정을 개선하는 데 활용할 수 있음
평가의 공정성 보장	• 평가는 학습자들에게 공정하게 적용해야 함. • 다양성과 평등을 고려하여 모든 학습자가 기회를 가질 수 있도록 해야 함.
평가 일정 및 관리	• 평가 일정을 계획하고 수행함 • 시험 일정, 제출 기한 등을 학습자들에게 미리 알려야 함 • 평가 과정을 효율적으로 관리하기 위한 체계 마련해야 함

전문가 되기 연구문제

01 학생들은 팀 활동에서 팀원들의 무임승차 때문에 팀 활동으로 프로젝틀 수행하는 것을 불편해 한다. 무임승차를 방지할 수 있는 평가 방법을 제안해 보세요.

02 학생들의 학업성취도를 평가하는 궁극적인 이유는 무엇인가요? 왜 그렇게 생각하시나요?

03 유치원에서 놀이 중심 교육과정이 얼마나 효과적으로 운영되었는가를 평가하기 위한 설문지를 제작한다고 가정할 때, 누구를 대상으로 설문을 할 것인가와 이에 따른 설문 문항을 5문항 이상으로 구성하여 설문지를 제작해 보세요.

참고문헌

참고문헌

강경미 · 구광현 · 백경숙(2005). **아동발달**. 경기: 대왕사

강유정 · 배제현 · 윤호열 · 신연희(2019). **교육심리학**. 서울: 동문사

강인숙 · 김영훈 · 김정임 · 최지혜(2017). **교육심리학**. 서울: 동문사

강태훈, 김명연(2023). **이해하기 쉬운 교육평가**. 서울: 피와이메이트.

공부하는 체육쌤: 티스토리(2024.01.11.). https://py-edu.tistory.com/1116

곽유미 · 김 경 · 김경희 · 김수정 · 이유미 · 차영희(2019). **교육심리학**. 서울: 창지사

곽윤정(1997). 정서지능의 발달경향성과 타당성에 관한 연구. 서울대학교 대학원 석사학위논문.

구광현(2019). **교육심리학**. 서울: 동문사

권대훈(2003). **교육심리학**, 서울: 원미사.

권대훈(2015). **교육심리학의 이론과 실제(3판)**. 서울: 학지사

김영숙(2020). **새롭게 배우는 교육심리학**. 경기: 지식공동체

김진규(2021). **교육평가의 탐구**. 서울: 동문사.

김진영 · 김연순 · 오선아 · 이성주 · 이순덕 · 진화봉(2023). **교육방법 및 교육공학**. 서울: 북앤정

김철주 · 신선희(2019). **효과적인 교수 · 학습을 위한 교육공학적 접근**. 경기: 어가

김현호 · 김기철 · 정희정 · 최철용 · 최용득 · 현영렬(2014). **유아발달**. 경기: 정민사

노현미 · 최외선 · 박인전(2009). 아동의 자기조절능력이 친구관계 및 학교적응에 미치는 영향. **가정과 삶의 질연구**, 27(2), 281-292.

민혜경(2005). 초등학생의 정서지능이 사회성 발달 및 학업성취도에 미치는 영향. 춘천교육대학교 교육대학원 석사학위논문.

박성익 · 임철일 · 이재경 · 최정임 · 조영환(2021). **교육공학과 수업**. 서울: 교육과학사

박일수(2022). **예비 및 현직 교사를 위한 교육평가의 이해**. 서울: 창지사.

성태재(2019). **교육평가의 기초**. 서울: 학지사.

신명희 · 강소연 · 김은경 · 김정민 · 노원경 · 서은희 · 송지수 · 원영실 · 임호용(2010). **교육심리학(2판)**. 서울: 학지사.

신명희 · 강소연 · 김은경 · 김정민 · 노원경 · 서은희 · 송지수 · 원영실 · 임호용(2018). **교육심리학(4판)**. 서울:학지사.

신명희 · 강소연 · 김은경 · 김정민 · 노원경 · 서은희 · 송수지 · 원영실 · 임호용(2023). **교육심리학**. 서울: 학지사.

신종호 · 김동민 · 김정섭 · 김종백 · 도승이 · 김지현 · 서영석(2016). **교육심리학: 교육 실제를 보는**

창. 서울: 학지사.

유구종·강병재·박선희(2023). **유아교육에서의 교수학습 및 교육공학**. 서울: 창지사

유진은(2019). **교육평가: 연구하는 교사를 위한 학생평가**. 서울: 학지사.

윤가현·김문수·김정희·남기덕·도경수·박권생·박영호·손영숙·송인섭·심응철·유승엽·윤영화·이철원·이현진·조한익·천성문(2005). **심리학의 이해(3판)**. 서울: 학지사.

이병승·우영효·배제현(2019). **쉽게 풀어쓴 교육학(4판)**. 서울: 학지사

이민숙(2003). 초등학생의 정서지능이 사회성 발달 및 학업성취도에 미치는 영향. 경희대학교 교육대학원 석사학위논문.

이성진(2003). **교육심리학서설**, 서울: 교육과학사.

정미경·한윤영·권재기·안혜진(2020). **효과적인 수업을 위한 교육방법 및 교육공학**. 서울:공동체

정범모(1976). **교육과 교육학**. 서울:배영사.

정윤경(2011). **내 아이를 망치는 위험한 칭찬**. 담소.

추성경·손은주(2019). **교육방법 및 교육공학**. 서울: 교육과학사

허승희·이영만·김정섭(2015). **교육심리학**, 서울:학지사.

Amabile, T. (1982). Social psychology of creativity: A consensual assessment technique. *Journal of Personality and social Psychology, 43*., 997–1013.

Ambron, S. R., & Irwin, D. M. (1975). Role–taking and moral judgment in five–and seven–years olds. *Development Psychology, 11*, 102.

Ausubel, D. P. (1968). *Educational psychology: A cognitive view*. New York: Holt, Rinehart and Winston.

Ausubel, D. P. (1969). Is there a discipline of educational psychology? *Educational Psychologist, 5*, 1–9.

Bono, E. D. (1990). Lateral thinking for management: A handbook.

Boring E. G. (1923). *Intelligence as the tests measure it*. New Republic, 36, 35–37.

Brophy, J. E. & Good, T. (1986). Teacher behavior and student achievement, In. M. Wittrock (Ed.), *Handbook of research on teaching*(3rd ed., pp. 328–375).

Bruner, J. (1993). *Schools for thought: A science of learning for the classroom*. Cambridge, MA: MIT Press.

Carrier, M., & Pashler, H. (1992). The influence of retrieval on retention. *Memory & Cognition, 20*(6), 633-642.

Catell, R. B. (1971). *Abilities: Their structure, growth, and action*. Boston: Houghton Mifflin.

Csikszentmihalyi, M. (1996). *Creativity*. New york: Harper Collins.

de Bone, E. (1985). The CoRT thinking program. In R. W. Segal, S. R. Chipman, & R. Gkase (Eds.), *Thinking and learning skills: Research and open questions*. Hillsdale, NJ: Lawrence Erlbaum Association Publishers.

Deci, E. L., & Ryan, R. M. (1985). *Intrinsic motivation and self-determination in human behavior*. New York: Plenum.

Deci, E., Vallerand, R, Pelletier, L., & Ryan, R. (1991). Motivation and education: The self-determination perspective. *Educational Psychologist, 26*, 325-346.

Eberle, R. F. (1972). Developing imagination through scamper. *The Journal of Creative Behavior, 6*(3), 199-203.

Flynn, J. R. (1987). Massive IQ gains in 14 nations: What IQ test really measure. *Psychological Bulletin, 101*(2), 171-191.

Gage, N. L. (1991). The obviousness of social and educational research results. *Educational Research, 20*(1), 10-16.

Gallagher, J. (1985). *Teaching the gifted child*. Boston: Allyn & Bacon.

Gardner, H. (1983). *Frames of mind: The theory of multiple intelligences*. New York: Basic Books.

Getzels, J. W., & Jackson, P. W. (1962). *Creativity and Intelligence*. New York: Wiley.

Gilligan, C. F. (1982). *In a different voice. Cambridge*, MA: Harvard University Press.

Gilligan, D. (1982). *In a different voice: Sex differences in the expression of moral judgment*. Cambridge, MA: Harvard University Press.

Good, T., & Marshall, S. (1984). Do student learn more in heterogeneous or homogeneous groups? In P. L. Peterson, L. C. Wilkinson, & M. Hallinan(Eds.), *The social context of instruction*(pp. 15-38). New York: Academic Press.

Gough, H. G., & Heilbrun, A. B. (1983). *The adjective check list manual* (2nd ed.). Palo Alto, CA: Consulting Psychologists Press.

Guilford, J. P. (1959). Three faces of intellect. *American Psychologist, 14*, 469-479.

Haensley, A. P., & Reynolds, C. R. (1989). *Creativity and intelligence*, Handbook of Creativity.

Harkness, S., Edwards, C.P., & Super, C. M. (1981). The claim to moral adequacy of highest stage of moral judgment. *Developmental psychology, 17*, 595-603.

Henry, B., Caspi, A., Moffitt, T. E., Harrington, H., & Silva, P. A.(1996). Staying in school protects boys with poor self-regulation in childhood from later crime: A longitudinal study. *International Journal of Behavioral Development, 23*(4), 1049–1073

Heyes, T. (1988). *The complete problem solver*(2nd ed.). hillsdale, NJ: Erlbaum.

Jose, P. M. (1990). Just world reasoning in children's immanent justice arguments. *Child Development, 61*, 1024–1033.

Kaufman, J. C., Plucker, J., & Baer, J. (2008). *Essentials of creativity assessment*. New York: John Wiley & Sons.

Kennedy, M. M. (1997). The connection between research and practice. *Educational Researcher, 26*(7), 4–12.

Kochanska, G. (1997). Multiple pathway to conscience for children with different temperaments: From toddlerhood to age 5. *Developmental Psychology, 33*, 228–240.

Kochanska, G., Murray, K., & Coy, K. C. (1997). Inhibitory control as a contributor to conscience in childhood: From toddler to early school age. *Child Development, 68*, 263–277.

Kolhberg, L. (1984). The psychology of moral development: The nature and validity of moral stages. *In Essays on moral development*(vol. 2). New York: Harper and Row.

Kolhberg, L. (1963). The development of children's orientations toward moral order, Pt 1 Sequence in the development of moral thought. *Vita Humane, 6*, 11–33.

Kopp, C. B.(1982). Regulation of distress and negative emotions: A developmental view. *Developmental Psychology, 25*(3), 343–354.

Kruger, A. C. (1992). The effect of peer and adult–child transactive discussions on moral reasoning. *Merrill-Palmer Quarterly, 38*(2), 191–211.

Kurtines, W., & Grief, E. B. (1974). The development of moral thought: Review and evaluation of Kohlberg's approach. *Psychological Bulletin, 81*, 453–470.

Lapsley, D. K. (1996). *Moral psychology*. CO: West view.

Lepper, M. R., & Greene, D. (2015). *The Hidden Costs of Reward: New Perspectives on the Psychology of Human Motivation*. London: Psychology Press.

Nelson, S. A. (1980). Factors influencing young children's use of motives and outcomes as moral criteria. *Child Development, 51*, 823–829.

Perkins, D. N. (1988). Creativity and the quest for mechanism. In R. J. Sternberg & E. E. Smith (Eds.), *The psychology human thought*(pp. 309–336). New York: Cambridge University Press.

Piaget, J. (1965). *The moral judgement of the child*. New York: The Free Press.

Pintrich, P. R., De Groot, E. V. (1990). Motivational and self-regulated learning component of classroom academic performance. *Journal of Educational Psychology, 82*(1), 33-40.

Rosenthal, R., & Jacobson, L. (1968). *Pygmalion in the classroom*. New York: Holt, Rinehart & Winstion.

Santrock, J. W. (2003). *Children development* (10th ed.). New York: McGraw-Hill.

Shaffer, D. R. (2002). Development psychology: Childhood and adolescence (6th ed.). Belmont, CA: Wordsworth Thomson Learning.

Shulman, L. (2000). *Knowledge and teaching: Foundation of new reform*. Thousand Oaks, CA: Sage.

Skinner, B. F. (1938). The behavior of organisms: an experimental analysis. New York: Appleton-Century-Crofts.

Slavin, R. E. (1987). Ability grouping and student achievement in elementary schools: A best evidence synthesis. *Review of Educational Research, 57*, 293-336.

Spearman, C. (1927). 8. New York: Macmillan.

Sternberg, R. J. (1985). *Beyond IQ: A triarchic theory of human intelligence*. New York: Cambridge University Press.

Sternberg, R. J., & Lubart, T. I. (1995). *Defying the crowd: Cultivating creativity in a culture of conformity*. New York: Free Press.

Sternberg, R. J., & Williams, W. M. (2010). 교육심리학(2판). (김정섭, 신경숙, 유순화, 이영만, 정명화, 황희숙 공역). 서울: 시그마프레스.

Stipek, D.(2002). Motivation and to learn: Integrating theory and practice(4th ed.). Boston: Allyn & Bacon.

Terman, L. M. (1925). Genetic studies of genius: Mental and physical traits of a thousand gifted children (Vol. 1). Stanford, CA: Standford University Press.

Terman, L. M. (1930). Trails to psychology. In G. Murchison (Ed.), A history of psychology in autobiography (vol. 2). Worcester, Ma Clark University Press.

Thurstone, L. L. (1938). *Priamary mental abilities*. Chicago: University of Chicago Press.

Torrance, E. P. (1995). *Rewarding creative behavior*. Engiewood Cliffs, NJ: Prentice-Hall.

Trotter, J. W. (1990). *Coal, class and color*. New York: University of Illinois Press.

Turiel, E. (1998). The development of morality. In W. Damon (Series Ed.) & N. Eisenberg (Vol. Ed.), Handbook of child psychology(5th ed., Vol. 3, pp. 863-932). New york: Wiley.

저자소개

형 정 은

부산대학교 대학원 교육심리전공 교육학박사
현)동의과학대학교 유아교육과 교수

김 지 아

중앙대학교 대학원 교육심리전공 박사수료
현)대림대학교 교양직업교육센터 외래교수

손 혜 미

미국 레슬리대학교 교육학박사
현)재능대학교 유아교육과 교수

이 성 하

계명대학교 일반대학원 교육심리및공학전공 교육학박사
현)계명문화대학교 유아교육과 교수

교육심리학

초　판 1쇄 인쇄 2024년 8월 2일
초　판 1쇄 발행 2024년 8월 9일

지 은 이 | 형정은 · 김지아 · 손혜미 · 이성하
펴 낸 이 | 김기섭
편 집 인 | 이현남
펴 낸 곳 | 창지사 www.changJisa.com
08589 서울시 금천구 가산디지털 1로 83 파트너스타워 1차 9층
전화 (02)719-2211~3
팩스 (02)701-9386
등　록 | 1977년 4월 28일 · 제1-421호

ISBN 978-89-426-1883-5 (93370)

값 19,000원